福州大学哲学社会科学学术著作出版资助计划项目

福州大学哲学社会科学文库

企业生态创新驱动机制研究

蔡乌赶 著

科学出版社

北　京

内 容 简 介

　　生态创新是实现可持续发展的有效载体和基本路径，然而由于资源环境市场失效、传统发展模式的路径依赖等因素的阻碍，我国企业生态创新动力不足。研究企业生态创新驱动机制有助于深入了解企业生态技术研发的决策机制和创新行为。因此，本书基于分层偏好理论、制度理论和资源观理论，运用结构方程模型和系统动力学方法，深入系统地研究企业生态创新的驱动机理、量化模型和调控机制：通过确立企业生态创新的主要驱动要素，构建企业生态创新驱动模型，运用问卷调查数据量化各驱动因素的具体驱动效应，并通过计算机模拟与仿真，识别长期的关键驱动要素，进而提出促进我国企业生态创新的相关对策。

　　本书适合经济管理类本科生、研究生选读。

图书在版编目（CIP）数据

企业生态创新驱动机制研究 / 蔡乌赶著.—北京：科学出版社，2018.1
ISBN 978-7-03-054903-7

Ⅰ.①企… Ⅱ.①蔡… Ⅲ.①企业创新—研究 Ⅳ.①F273.1

中国版本图书馆 CIP 数据核字（2017）第 259567 号

责任编辑：陶　璇 / 责任校对：樊雅琼
责任印制：吴兆东 / 封面设计：无极书装

科学出版社 出版
北京东黄城根北街 16 号
邮政编码：100717
http://www.sciencep.com

中国科学院印刷厂 印刷
科学出版社发行　各地新华书店经销
*
2018 年 1 月第 一 版　开本：720×1000　1/16
2018 年 1 月第一次印刷　印张：14 3/4
字数：300 000
定价：98.00 元
（如有印装质量问题，我社负责调换）

前　　言

长期以来，追求单维商品财富增长的发展模式，客观上导致环境污染、资源枯竭和生态恶化，这已经成为制约人类经济社会可持续发展的瓶颈。因此，从可持续发展的本质出发，中国应从仅追求商品财富的量态增长，转向实现商品财富、自然财富、社会财富相互协同的综合质态增长，确立三维的财富观。生态创新是实现三维财富持续增长的有效载体和基本路径，是企业在资源约束下赢得竞争优势的必然选择。由于大部分企业片面追求短期的经济效益，中国企业生态创新实践尚为稚嫩，生态创新绩效不容乐观。如何构建有效的制度安排，激励中国企业主动、持续地进行生态创新是企业界和理论界亟待研究的新兴领域。

本书以企业生态创新驱动机制作为研究对象，重点对企业生态创新驱动机理、量化分析及激励制度安排等方面进行深入研究，吸收并融合创新理论、分层偏好理论与制度经济学、环境经济学等理论，对各驱动因素的作用机理进行分析，运用模型构建、实证分析和模拟仿真等方法，剖析各驱动因素对企业生态创新行为及创新绩效的影响路径和效应，并提出推行电子排污票环境规制、促进企业进行生态技术路径创造等优化机制。具体的研究内容包括如下几个方面。

(1)本书运用经济学理论与研究方法对企业生态创新驱动机制进行研究，以弥补之前研究的不足。在反思传统偏好理论和剖析个体人性假设的基础上，探讨分层偏好的形成机理及其演化过程，并尝试提出内层偏好、准内层偏好和外层偏好关系的分析框架。通过一个标准的经济学实验，考察了文化、经济制度和个体认知水平对于个体偏好的影响，继而说明个体分层偏好的存在性。结合社会责任理论和分层偏好理论，把企业偏好划分为内层偏好和外层偏好两种类型，构建了企业生态创新驱动研究新的理论视角。这部分内容是本书的理论基石，为后续实证研究奠定了基础。

(2)结合企业制度经济学、企业资源基础理论和分层偏好理论，运用经济学范式分析研究企业生态创新的四类关键驱动因素：政府环境规制、市场压力、公众压力和企业内部资源(生态技术优势和环境管理能力)的具体作用机理。从社会责任的角度，分析了企业外层偏好在驱动因素和创新行为之间的调节作用，并阐述生态创新行为、环境绩效的中介作用，提出了本书研究的若干假设。

(3)根据对驱动企业生态创新行为的四类关键因素的分析，以企业生态创新绩效为结果变量，生态创新行为、环境绩效为中介变量，企业外层偏好为调节变量，构建了企业生态创新驱动模型。本书采用奥佩勒(Aupperle)问卷来测度企业分层偏好水平，基于中国不同地区的 442 家制造业企业大规模问卷调查的数据，运用结构方程模型对相关假设进行实证检验，揭示各驱动要素的具体作用路径。研究表明：首先，四类创新驱动因素正向影响企业生态创新行为，按照影响效应的大小排序，依次是市场压力、政府环境规制、企业内部资源、公众压力；其次，企业生态创新行为显著提高企业环境绩效，但是对经济绩效并没有直接的显著影响，环境绩效在企业生态创新行为和经济绩效之间起中介作用，该结论验证了波特假说；最后，证实了外层偏好水平调节企业创新驱动因素对创新行为的影响，外层偏好强的企业创新驱动效果大于内层偏好强的企业。

(4) 结合系统动力学方法，把企业生态创新过程的四个阶段当成相互联系又内部独立的子系统，构建企业生态创新驱动系统动力学模型，从动态角度运用系统动力学仿真软件 Vensim PLE，模拟不同驱动因素变化对系统的长期冲击效应，对企业生态创新水平发展的未来趋势进行拟合，以仿真结果获取驱动企业生态创新的最优路径和政策措施。通过对不同情景下企业生态创新水平发展曲线变化趋势进行对比，可以看出：四类创新驱动因素的作用效果是有差异的，其中，增加市场压力对企业生态创新驱动效应最大，其次为加强政府环境规制、丰富企业内部资源和增加公众压力。

(5) 基于定量分析和动态模拟的结果，借鉴机制设计理论的主要思想，对驱动企业生态创新的制度安排进行优化，建议政府尝试推行电子排污票制度，并引导企业采用兼容技术以实现生态技术路径的创造。更为重要的是，应通过政府、企业和公众三方的协同互动，改变三方失衡的态势，营造多元价值文化，增强企业外层偏好水平。这将有助于中国企业生态创新合理、有效、持续、健康发展，推进中国"五位一体"协调发展，也将丰富企业生态创新理论与管理方法，为有关部门的政策制定提供理论依据和决策参考。

本书是国家自然科学基金青年项目"企业生态创新驱动机理、量化及调控对策研究"的研究成果的一部分。

作　者

2017 年 3 月

目　　录

第1章 绪 论

随着环境问题的日益恶化与突出，从 20 世纪 70 年代开始，世界各国逐步重视资源节约和环境保护。从《联合国气候变化框架公约》到《京都议定书》再到《哥本哈根协议》，目前解决全球气候问题和环境污染的途径逐渐明朗化，然而，事实表明这一系列举措并没有取得预期的效果。2008 年之后气候变暖和温室效应等全球化问题，凸显了全球层面生态化转型的必要性、艰巨性和复杂性，即生态化转型不是单纯的传统技术创新所能完成的，也不是渐进式或增量式创新所能实现的。本质上，全球框架下的生态化转型落实到国家、行业和企业层面上，就变成了以实现竞争优势为导向的生态创新行为。全球及中国领先企业的经验表明，生态创新是实现可持续发展的有效载体和基本路径，是企业在资源约束下赢得竞争优势的必然选择。但由于大多数环境问题具有负外部性，加上传统发展模式的路径依赖等因素，中国企业很难有开发环保产品的动力，所以生态创新实践尚为稚嫩。同时，创新理论与环境经济学的交叉融合发展也使生态创新成了一个崭新的独立学术概念，生态创新驱动机制逐渐成为研究重心，这构成了本书的现实基础和理论背景。

为此，本书试图吸收并融合多学科的创新理论、分层偏好理论与环境经济学的经济学分析方法，分析并解决企业生态创新驱动机理、量化和优化机制等一系列理论与现实问题。本章的任务是从六个方面说明本书所研究问题的基本背景，阐释企业生态创新驱动研究的重要意义，并对研究内容、拟解决的关键问题和结构设计、相关概念等做出说明。

1.1 研 究 背 景

1.1.1 生态创新是国际竞争的核心举措

生态创新是实现可持续发展的重要途径。纵观人类经历的渔采狩猎、农业和工业三个产业发展阶段，贯穿其中的主题就是如何最大限度地实现经济财富增长，以满足人类生存繁衍和发展的需要，这凸显了以人为中心和增长至上的发展理念与模式。经历了漫长的发展，如今经济至上、唯利是从的发展方式对人类生存环境的挑战是前所未有的，表现为自然资源紧缺、能源匮乏、环境恶化、可耕地减少、生态失衡等一系列危及人类自身经济社会可持续发展的严峻问题。随着人们对这种发展模式的不断质疑，国际社会逐渐认识到可持续发展的重要性，这是人类对自身生产生活方式的反思。1962 年美国人卡森发表《寂静的春天》，对传统工业文明造成的环境破坏问题做出了反思，引起世界对环境保护的重视。1972 年《增长的极限》的发表，对西方工业化国家高污染、高能耗增长模式的可持续性提出了质疑，为科学发展思想的萌芽营造了学术氛围。但是，当时工业发达国家的生态意识主要集中在采取末端治理措施治理环境污染，如增加环保投资、建设处理设施并制定污染物排放标准等；直到 20 世纪 70 年代中期才开始实施清洁生产的环境管理战略，从末端治理向整体预防转变；20 世纪 80 年代可持续发展思想产生并在全球范围内逐渐推行；20 世纪 90 年代在工业生态学的理论广为传播的同时，发达国家也开始规划生态工业园区的建设；1998 年德国提出"循环经济"的理念，英国引入"低碳经济"，美国则多次倡导发展"新能源经济"，而日本一直孜孜不倦地致力于建设循环型社会；2011 年欧盟启动"生态创新行动计划"，该计划强调建立生态友好型科技创新，促进经济增长并减少其对环境的影响。亚洲的许多国家和地区也制定了生态创新方面的计划和战略，如表 1-1 所示，所有这些实际上都表明生态创新是世界框架下践行可持续发展的体现。

表 1-1 亚洲国家生态创新计划和战略

国家	生态创新计划和战略	部门					
		I	II	III	IV	V	VI
新加坡	新加坡海上环保倡议 (2011)	—	√	—	—	√	√
日本	新增长战略 (2009—2010)	—	—	√	—	√	—
	能源战略计划 (2010，2014)	—	√	√	√	√	—
	绿色创新战略 (2010)	—	√	√	√	√	√
	第三期科学技术基础计划 (2006—2010)	—	√	√	√	√	√
	第四期科学技术基础计划 (2011—2015)	—	√	√	√	√	√
韩国	能源技术十年发展计划 (1997—2006)	—	√	√	√	√	√
	新的可再生能源技术十年发展计划 (2003)	—	√	√	√	√	√
	第一个国家能源总体规划 (2008—2030)	√	—	√	√	√	√
	绿色增长五年计划 (2014—2018)	√	√	√	√	√	√
马来西亚	国家可再生能源政策和行动计划 (2009)	—	√	√	√	√	—
	绿色技术总体规划 (2013)	√	√	√	√	√	—
	国家固体废物管理战略计划 (2005)	—	—	√	√	√	—
	国家废物最小化总体规划 (2006)	—	√	—	—	—	—
中国	节能与新能源汽车产业发展规划 (2012—2020)	—	—	—	√	√	—

续表

国家	生态创新计划和战略	部门					
		I	II	III	IV	V	VI
泰国	国家绿色采购计划(2008)	—	—	—	√	—	—
	国家科技创新政策(2012—2021)	√	—	√	√	√	√
	泰国能源效率 20 年发展计划(2011—2030)	√	—	√	√	√	√
	绿色增长战略计划(2013—2018)	√	√	√	—	√	√
印度尼西亚	国家能源政策(2006)	—	—	√	√	√	√
	绿色投资计划(2010—2011)	—	√	√	√	√	√
菲律宾	菲律宾能源计划(2008—2030)	—	—	√	√	√	√
	国家可持续政府采购行动计划(2010—2012)	—	—	—	√	√	√
越南	国家能源总体计划(2007)	—	—	√	√	√	√
	2011—2020 国家绿色增长战略及 2050 年愿景	√	—	√	√	√	√
老挝	生态旅游战略和行动计划(2005—2010)	√	—	—	√	—	—
	可持续交通战略(2020)	—	—	—	√	√	√
	可再生能源计划(2011—2025)	—	—	√	√	√	√
印度	科技和创新战略(2013)	—	—	—	—	√	√
	国家生物燃料政策(2008)	—	—	√	√	√	√
	新能源和可再生能源部门战略计划(2011—2017)	—	—	√	√	√	√
巴基斯坦	替代和可再生能源政策(2011)	√	—	√	√	√	√
	巴基斯坦能源愿景(2014—2035)	—	—	√	√	√	√
柬埔寨	国家绿色增长路线图(2010)	√	√	√	√	√	√
孟加拉国	孟加拉国气候变化战略及行动计划(2008)	√	—	√	—	√	√

注：I 表示环境保护和管理；II 表示污染；III 表示可再生能源；IV 表示政府采购；V 表示清洁技术；VI 表示气候变化；"√"表示明显；"—"表示不明显

资料来源：Jang 等(2015)

世界范围内的生态创新实践方兴未艾，取得了丰硕的成果。美国在 2010 年上半年，将风险投资的 25%投向生态科技、节能技术，同时可再生能源技术在政府能源预算中所占的份额从 1990 年的 13%上升到 26%。欧盟国家生态创新行为比较广泛，并且在发展过程中较成功地完成了从末端治理到清洁生产的转型，如英国于 2012 年以 30 亿英镑公共资金启动绿色投资银行，为低碳项目提供资金；新西兰成立了财政部、经济发展部和环境部联合组成的私营部门高级顾问组，通过清洁技术等生态创新，帮助中小企业提高效能，并促进出口工业产值的增加。在亚洲，韩国提出将每年国内生产总值(gross domestic product，GDP)的2%用于绿色增长计划项目；日本设立了全国生态创新战略项目，目前已有86.5%的企业实施了清洁生产，并计划完成约50万亿日元价值的环境市场(董颖，2011)。全世界的生态创新成果不断涌现，在申请专利方面，1999~2009年，可再生资源技术增长24%，建筑及照明节能技术增长11%(曲峰庚和董宇鸿，2013)。

积极应对气候变化、保护生态环境、有效利用资源、节能减排、发展循环经济及促进经济社会可持续发展等只能依靠生态创新。生态创新是实现工业产值和民生财富持续增长的重要手段，20世纪80年代以来，这一观念在世界各国受到高度重视并被积极付诸实践。特别是发达国家，率先开展并扎实推进生态技术创新，进而创造了巨额的经济效益，生态创新对各国GDP的贡献率不断提高。从典型的生态技术——环保技术来看，环保产业的全球市场规模从1992年的2500亿美元增至2011年的6000亿美元，年均增长率4.7%，远远超过全球经济增长率，成为各个国家十分重视的"朝阳产业"(孙育红和张志勇，2013)。

此外，随着人们环保意识、健康意识的增强，绿色产品越来越受到消费者的青睐，在国际竞争中以关税为代表的传统贸易壁垒的影响逐渐减弱，"绿色壁垒"的作用越来越大，加大了产品出口的难度。近几年，一些发达国家为了保护本国利益，在资源、环境等方面设置了发展中国家目前还难以达到的技术标准，不仅要求最终产品达到环保要求，而且规定从产品的研发、设计、生产、包装到使用、循环利用等环节都必须符合环保标准，全方位监督产品对环境的影响。例如，欧盟出台的大量新的限制和措施，如生态标签制度、RoHS指令、WEEE指令、REACH指令、EuP认证、PFOS指令、EMC指令等，更是使欧盟的环保体系更加完善、环境标准更为严苛、形式更隐蔽、范围进一步扩大。欧盟从1992年5月开始实施生态标签制度，申请生态标签成为产品畅销欧盟的关键因素，其申请标准比较严格；欧盟明确规定包装物的95%必须使用可回收的物质；从2005年8月13日起，生产者负责回收或处理废旧电子电器产品；2006年7月1日起，新投放欧盟市场的十大类100多种电子电器设备中，限制使用铅、汞、镉等六种有害物质；欧盟推行CE认证，任何产品想要在欧盟市场上自由流通就必须加贴CE认证标志；2012年11月1日起，欧盟强制实施了绿色轮胎标签法规。此后，美国、日本、韩国、英国、加拿大和中国台湾等国家及地区纷纷效仿欧盟的做法，提高机电产品的出口门槛。面对日益严峻的绿色壁垒，各国家和地区更要全面推进生态创新，提高产品的国际竞争力，增加出口，促进产业调整和走内涵式发展道路，从而避免技术和贸易壁垒对企业与经济发展的制约。

综上所述，从世界范围看，生态创新是各国家和地区实现可持续发展的基本途径，也是国际竞争的焦点之一。

1.1.2　企业生态创新成为中国经济转型的必然选择

从单维经济目标和短期效益的发展方式逐步向兼顾商品财富、社会财富和自然财富相互协同及长期效益的发展方式转变，为本书的研究提供了现实契机。

中国目前存在人口众多、人均资源匮乏、污染问题突出及技术基础薄弱等问题，毋庸置疑，科学处理人、资源和生态环境的复杂发展关系具有十分重要的战略意义。改革开放之后，邓小平同志高瞻远瞩地强调要使我们的发展能够持续、有后劲，必须保持经济建设与人口、资源、环境相协调。2003 年党的十六届三中全会提出了科学发展观，坚持全面、协调、可持续发展。党的十七大有针对性地提出"转变经济发展方式"，区别于以往"转变经济增长方式"的表述，"转变经济发展方式"是一个多维概念，涵盖经济发展的动力、结构、效率、消费、分配、就业、生态和环境等要素的变化过程。"十二五"规划提出建设资源节约型、环境友好型社会，这充分表明了我国走"生态"之路的决心，致力于创新型国家和环境友好型社会的建设，开启经济转型大幕。党的十八大报告中，更是旗帜鲜明地提出大力推进生态文明建设，把生态文明建设融入"五位一体"的总体战略，进一步明确了经济转型的主要落脚点。"十三五"规划提出加快建设资源节约型、环境友好型社会，形成人与自然和谐发展现代化建设新格局，推进美丽中国建设。2015 年 3 月 24 日，中共中央政治局审议通过的《关于加快推进生态文明建设的意见》，首次明确提出"协同推进新型工业化、城镇化、信息化、农业现代化和绿色化"，在"新四化"的基础上加入"绿色化"变成"新五化"，鼓励绿色产业的发展，倡导勤俭节约、绿色低碳、文明健康的生活方式和消费模式，将生态文明纳入社会主义核心价值体系，形成崇尚生态文明的社会新风。可见，无论是可持续发展理论、科学发展观思想还是以生态经济为代表的经济社会发展实践，都充分体现出对过去人类中心主义导引下的商品财富本位的褊狭发展观的反思，即承认旨在谋求财富效应的经济增长行为及其结果对人类终极福利的复杂影响，倡导更为长期的包容社会(知识和人本)财富和自然财富质态协同发展的经济增长模式。

经济转型的本质是经济发展方式的转变，其要解决的主要问题是经济、社会和自然的持续增长，具体体现为确立商品财富、社会财富和自然财富相互协同的三维财富观。相应地，作为实现经济发展方式转变的重要途径，绿色经济、循环经济和低碳经济及与之相适应的生态创新，近年来成为我国发展战略的重要组成部分，也成为经济发展方式转变的有效载体。生态创新不断拓展商品财富系统、社会(知识和人本)财富系统和自然财富系统的交集，促进民生财富系统持续发展，如图 1-1 所示。

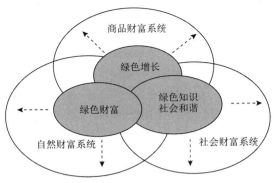

图 1-1 民生财富系统的扩展

　　商品财富系统、社会财富系统和自然财富系统是三个既统一又对立的系统。经济发展的目标是为了实现民生财富三大系统的福利增值。首先，不论是熊彼特的"创新—扩散—创新"理论、罗默教授的"新增长理论"还是卢卡斯的"人力资本模型"，都刻画了知识是经济增长的发动机。生态创新带来绿色知识的增长，是绿色工业革命的主要推动力和新的经济增长点。其次，生态创新在实现知识财富（生态创新专利）和商品财富增长的同时，降低对环境的影响，使人类经济系统的活动与资源消耗和污染排放脱钩，有利于自然财富系统从生态赤字转向生态盈余，缓解了代与代之间发展的不均衡。与此同时，自然财富的增长使人类的生活环境更加美好、身心更加健康，促进了人与人之间的和谐相处，从而实现了人本财富的累积。综上所述，生态创新能促进民生财富系统外延的拓展，是实现经济转型的必然选择。

1.1.3　驱动企业生态创新是可持续发展的关键环节

　　中国国家主席习近平 2015 年 9 月 25 日在华盛顿同美国总统奥巴马举行会谈，双方再次发表关于气候变化的联合声明。声明指出，中国到 2030 年单位 GDP 二氧化碳排放将比 2005 年下降 60%～65%，森林蓄积量比 2005 年增加 45 亿立方米左右。这充分表明，我国推动可持续发展和向绿色、低碳、气候适应型经济转型的决心。面对环境保护的约束，企业实现生态效益和经济效益"双赢"的路径选择成为需要探讨的重要问题。实现生态化发展与转型本质上是对传统发展模式的变革和创新。这种生态创新往往是全方位的，涉及技术、政策、制度、组织、管理、文化等多个维度，涵盖宏观和微观两个层面，甚至是革命性的或根本性的。生态创新以经济系统、生态系统和社会系统渗透发展作为技术创新的最高目标，它符合社会可持续发展的本质要求，能够缓解和修复经济、社会与环境之间的矛盾，打破制约中国建设资源节约型和环境友好型社会的瓶颈。生态技术包括新能源的开发和利用技术，也包括各种节能减排技术的开发与推广。专家估计，仅二氧化碳的捕获技术就能使企业的减排行为降低 30% 的成本，把燃料更替、二氧化碳的捕获与埋存、增加能源综合利用率等措施综合起来，可以有效减少温室气体的排放（单宝，2009）。以电力行业为例，传统发电企业使用的普通机组，每千瓦时耗煤 500 克以上，采用先进的节能技术，超临界机组的煤耗降为 300 多克，超超临界机组的煤耗进一步降为 200 多克。与此同时，采用先进的脱硫技术可以减少 95% 的二氧化硫排放和 98% 以上的烟粉尘排放；采用空冷技术比传统水冷技术要节水 75% 左右。从微观层面上看，实施生态创新有利于改造传统工业、发展清洁生产、降低节能减排的成本、提高资源的利用率、改进产品、减少停工期等，并增强企业的竞争优势，如图 1-2 所示。

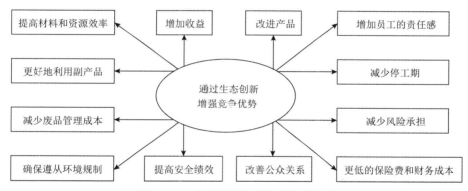

图 1-2　生态创新增强竞争优势的途径
资料来源：Halila 和 Rundquist (2011)

我国多次提出要将节能减排、低碳经济作为国家发展的重要任务，并确定了减排的阶段性目标，并陆续在不同领域和环节出台了有助于生态创新的相关法律、法规，如《中华人民共和国科学技术进步法》《中华人民共和国促进科技成果转化法》《可持续发展科技纲要》《中华人民共和国环境保护法》《中华人民共和国清洁生产促进法》等。

但遗憾的是，一方面，囿于大部分企业片面追求短期的经济效益，生态创新意识和能力仍有待提升；另一方面，国家层面尚未建立规范化的生态创新激励机制，开展生态创新相关活动的企业利益受损，中国企业生态创新绩效不容乐观。以生态工业示范园区建设为例，中国于 2000 年开始生态工业示范园区的建设实践，截至目前仅有 85 个生态工业示范园区通过规划，30 个批准命名国家级生态工业示范园。从数量上看，这相对于中国庞大的工业园区发展体系(仅国家级和省级开发区就超过 1500 个)明显偏小。在循环经济试点建设方面，根据《关于组织开展循环经济试点(第一批)工作的通知》（发改环资〔2005〕2199)和《关于组织开展循环经济示范试点(第二批)工作的通知》(发改环资〔2007〕3420)的要求,国家发展和改革委员会、环境保护部、科学技术部、工业和信息化部、财政部、商务部、国家统计局组织开展了两批国家循环经济试点示范单位的建设工作,共确立 183 个国家循环经济试点示范单位。2014 年和 2015 年相关主管部门组织验收工作,委托有关第三方咨询机构对相关材料进行了审核,有 26 个国家循环经济试点示范单位未通过验收,未通过率高达 14.2%。在企业清洁生产方面,环境保护部自 2005 年以来公布五批全国重点企业清洁生产的名单,有 17 862 家重点企业开展了强制性清洁生产审核,占全国工业企业总数的 0.15%。即便如此,有的企业参加清洁生产审核仅仅是为了通过验收,缺乏清洁生产的主体意识,并不能持续有效地开展清洁生产,影响企业生态创新的效果。从宏观角度上看,绿色生产指数(包括绿色投入指数与绿色产出指数)是综合反映生产过程中节约自然资源、减少废物排放,以及提供绿色产品和服务的变动趋势与程度的相对数。“十一五”规划时期,虽然中国绿色生产指数整体上呈上升趋势,但各年数值偏低,2010 年是生产绿色化程度最好的一年,其值也仅为 0.3795,如表 1-2 所示。从环比增长速度来看,2006~2010 年中国绿色生产指数均呈现下降趋势。导致上述现象的主要原因是企业绿色投入不足,历年绿色投入指数较低。而绿色投入指数低的主要原因又表现为自然资源节约程度不高,环境治理投入占 GDP 比例连年下降,特别是工业污染治理投入更是如此,环境污染内部化没有真正得到体现。与此同时,废物的循环利用没有得到应有的发挥,影响企业生态创新发展进程。

表 1-2　2006~2010 年中国绿色经济发展指数

项目	2006 年	2007 年	2008 年	2009 年	2010 年
绿色投入指数	−0.018	0.0306	0.0402	0.0675	0.0614
绿色产出指数	0.0986	0.1846	0.2674	0.2758	0.3181
绿色生产指数	0.0806	0.2152	0.3076	0.3433	0.3795
绿色生产指数环比增长率/%	—	1.6700	0.4294	0.1161	0.1054

资料来源:向书坚和郑瑞坤(2013)

　　综上所述,驱动企业生态创新是十分必要和紧迫的,成为企业管理领域中理论研究和实践探索的新焦点,也是我国实现可持续发展的重要突破口。

1.1.4　当前学术研究的局限

　　由于资源环境市场失灵、传统发展模式的路径依赖、对生态产品需求不足及公众生态环境意识淡薄等因素的阻碍，生态创新面临诸多困境。目前绝大多数企业没有把资源节约和环境保护作为企业创新的核心战略，对生态创新的重视程度和投资水平都是相当低的。研究企业生态创新驱动，有助于深入了解企业生态技术研发的决策机制和创新行为。

企业生态创新研究刚起步，对"生态创新"存在着多种不同的学术表达，如环境创新、绿色创新、低碳创新、可持续创新等。严格地讲，迄今为止，生态创新尚无统一的定义，如表 1-3 所示，研究结论也不一致。在中国学术期刊专题文献数据库中进行检索，与生态创新相关的文章仅有 233 篇(1998~2016 年)，其中以"生态创新"搜索，只有 65 篇；以"低碳创新"搜索，只有 26 篇；以"可持续创新"搜索，只有 27 篇；以"绿色创新"搜索，只有 115 篇。

表 1-3 生态创新的概念

概念内容	提出者	本质特征
给客户带来具有商业价值的新产品和新过程，而且大大降低对环境的影响	Fussler 和 James(1996)	减少对环境不利影响，不管是否能带来经济效益
各种能对环境产生有益影响的创新，不管这些影响是否是创新的主要目的	OECD(2009)	
新的和改进的过程、技术、实践和产品以减少或消除不利的环境影响的创新。环境创新可以被分为组织维度和技术维度(包括产品创新和过程创新)	Kemp 等(2001)	
开发并应用新的想法、行为、产品和流程，有助于减少环境负担或具体生态的可持续发展目标，包括技术、组织、社会和制度创新	Rennings(2000)	以可持续发展为目标
生态创新是在技术创新过程中全面引入生态学思想，考虑技术对环境、生态的影响和作用，既保证技术的创新性和实用性，又确保环境清洁和生态平衡	荣诚(2004)	
将可持续发展的考虑融入企业从产生想法到研发再到营销的整个系统的过程，这适用于产品、服务和技术，同样也适用于新的企业和机构模式	Charter 和 Clark(2007)	
关于环境管理等方面的产品或生产过程的提升与改进	田虹和潘楚林(2015)	
生态创新看成是顺应环境改善趋势的创新	Mirata 和 Emtairah(2005)	
生态创新是可以吸引绿色市场租金的创新	Andersen(2008)	追求绿色市场租金
生态系统本身的变革、创造新的人工系统和经济社会系统，即社会生产、分配、交换、消费再生产各个环节生态化过程。这是一个经济与生态一体化的完整过程	刘思华(1997)	系统变革

资料来源：根据相关文献研究整理

　　首先，国内外研究基于创新经济学、环境经济学、战略管理理论、利益相关者理论等众多学科，立足于生态创新的双重性认识，从不同的学科角度直接或间接地构建驱动企业生态创新的理论框架或者识别主要驱动因素，并明确提出激励企业生态创新的相关对策。这些研究成果固然有助于驱动企业生态创新，为本书研究奠定了不可或缺的学术基础，但是总体而言，这些研究侧重于理论和案例研究描述，有说服力的实证研究还不多见（Eiadat et al.，2008）。其次，现有生态创新影响因素的研究主要是基于发达国家的样本进行的，发达国家的环境规制较发展中国家更为严厉和有效，研究结论不一定适用于中国。

　　需要指出的是，社会的意义在于个体的差异。企业间存在偏好差异是一个不争的事实，也是演化理论中多样性形成的来源。早期生态创新驱动的相关研究，偏重于从经验、直觉或者理论角度评估某一经济活动对生态创新的影响，忽略企业偏好差异的问题。企业偏好的内容和结构是什么？企业偏好差异到底如何影响企业生态创新行为？外层偏好程度的增大到底是促使企业采取"搭便车"的战略，还是鼓励社会中的企业自愿采取生态创新以增进社会收益？这些都是亟须回答的问题。

　　目前，如何有效地构建制度安排激励我国企业主动进行生态创新，是企业界和理论界亟待研究的新兴领域。本书结合作者自身的兴趣，考虑企业偏好的异质性，将企业生态创新驱动机理和量化作为本书的研究内容，在此基础上设计可以强制和诱致企业实施生态创新的激励对策，具有重要的理论和现实意义。

1.2　研究意义

　　生态创新是一种为客户和企业带来价值并促进可持续发展与减少环境影响的战略。从宏观角度看，党的十八大后，企业生态创新成为中国实现"五位一体"协调发展的重要途径，其发展具有重要的战略意义。中国要实现资源节约型国家的创建，要适应绿色经济发展的主流趋势，必须积极探索具有中国特色的生态创新理论。从微观角度看，企业生态创新是企业在资源约束下赢得竞争优势的必然选择，研究企业生态创新驱动机制有助于深入了解企业生态技术研发的决策机制和创新行为。识别生态创新的驱动因素及确定生态创新在工业方面能够并且应该扮演什么角色，已成为近年来日益重要的课题（Horbach et al.，2012）。

　　本书延续主流经济学从偏好出发研究个体行为的分析思路，在文献述评基础上，把分层偏好理论纳入企业生态创新驱动机制研究框架，构建企业生态创新驱动模型，运用结构方程模型，结合中国企业数据检验各驱动要素的作用路径及强度，并借助计算机模拟及仿真实验手段，对企业生态创新水平的未来发展趋势进行拟合并提出相应激励对策，具有一定的理论和现实意义。

1.2.1　丰富与拓展了创新驱动理论

生态创新驱动是推动企业生态创新的动力和源泉。国内外学者对生态创新驱动进行了一些探讨，但是他们的研究大多还是停留在描述性的层次上或侧重于个别变量的影响计量，忽视了企业偏好异质性问题。事实上，企业偏好不符合新古典经济学所刻画的"同质稳定"特征，因此本书尝试基于分层偏好理论，打开企业偏好的黑箱，研究企业偏好的属性、结构及其形成过程，强调不同偏好在企业生态创新选择中的作用。借鉴其他学科对生态创新驱动要素的认识成果，提炼出四类关键驱动因素：企业内部资源、市场压力、政府环境规制、公众压力，在偏好异质和演化的前提下分析企业生态创新驱动要素作用机理，构建更加符合现实和经济主体特征的激励问题分析框架，丰富企业生态创新驱动的理论基础，为实现"经济-社会-文化-政治-生态"五维复合系统健康运行与可持续发展提供重要的理论支撑。本书在微观层面上，探讨企业生态创新驱动效应的量化和评价方法，在中观层面上构建企业生态创新的驱动模型，在宏观层面上设计激励企业生态创新的管理模式与政策取向，是全面系统地研究企业生态创新驱动理论方面的新突破。

1.2.2　扩展了系统动力学的理论应用领域

企业生态创新水平发展趋势具有较强的非线性特征和多变性，各子系统相互影响耦合形成一个复杂创新体系。企业生态创新是一个始于构想、立项、研究开发，经过设计制造，再到实现商业化的过程。从创新过程来看，企业生态创新驱动系统包括构想、立项、研发和商业化四个子系统。创新行为的产生是一个累积的过程，要实现对企业生态创新行为的驱动，必须依赖于各子系统内驱动因素的合理构造、协调发展和对系统的有效调控。本书将驱动企业生态创新的因素融入生态创新的四个不同发展阶段，构建了企业生态创新驱动系统动力学模型。紧接着，将相关驱动因素变化作为系统变量引入系统仿真模型，模拟不同驱动因素变化对企业生态创新行为的长期影响趋势，并模拟现实外层偏好水平变化对企业生态创新行为的影响，进而定性地、动态地比较分析不同驱动因素对企业生态创新的长期驱动效应，扩展了系统动力学的理论应用领域。

1.2.3 验证了波特假说

关于环境规制对生态创新的影响，波特和林德提出"双赢"观点，指出环境规制能引发创新并且刺激企业开发其他被忽略的机会，能带来生态收益并增加企业竞争力。正如波特所言："正确设计的环境标准能促进创新并且能公平地或者更好地补偿运用政策的成本。"(Porter and van der Linde，1995a)具体而言，他们认为环境规制通过生产环保产品和提高技术来增加企业的资金周转率和利润，足以补偿执行环境规制的成本(Khanna et al.，2009；Leitner et al.，2010)。许多学者的观点支持了波特假说(张倩和曲世友，2013；Maxwell et al.，2000；许士春等，2012；Nogareda，2007)。

然而新古典经济学家并不赞同波特的"双赢"假说，认为这种"双赢"只是特例，指出环境保护实践和企业绩效之间存在不可调和的矛盾，认为更为严格的环境规制会给企业带来额外的污染治理成本，加重企业的负担，分散企业专注于其核心领域的注意力和投资，进而损害企业的利益和竞争力(Palmer et al.，1995；Ambec and Lanoie，2008)。简言之，在一些情况下，环境规制会给企业带来大量的合规成本、机会成本，导致其在国际市场上丧失竞争优势。一些学者对波特的"双赢"理论进行修正，Schmutzler(2001)、Mohr(2002)运用委托代理理论、有限理性和溢出效应理论研究发现：环境规制在很少的情况下能诱发完全抵消执行成本的创新(Schmutzler，2001；Mohr，2002)。这些理论上的分歧给予我们进一步研究关于环境规制与生态创新绩效之间关系的动力。本书在理论分析的基础上，构建了"驱动要素—创新行为—创新绩效"的逻辑分析框架，以我国442家制造业企业为研究对象，利用结构方程模型和系统动力学方法，对企业生态创新的制度压力及其实施的效益进行实证研究。研究结果表明：政府的环境规制显著地驱动企业生态创新行为，企业生态创新行为显著地正向影响企业环境绩效，对经济绩效没有显著的直接影响效应，但通过企业环境绩效这一中介变量间接地影响经济绩效，即环境绩效在企业生态创新行为和经济绩效之间起中介作用。本书的实证研究结果支持了波特假说，即增加环境规制强度，有利于推动企业开发新的、低成本的减污技术，并带来长期创新绩效的增加。

1.2.4 增进对激励企业生态创新的实践指导

生态创新对于人类生存和发展的意义毋庸置疑，但生态创新具有正外部性，导致企业缺少生态创新的动力。本书认为，驱动企业生态创新的具体因素及其驱动效应的测度，有助于人们完整地、定量地认识企业生态创新驱动的多重效应和现行生态创新治理政策的有效性，是理解生态创新的产生机制并寻求最优激励的途径，也是企业制定正确的科技发展战略的必要前提。

中国当前促进企业由传统生产方式向生态化生产方式转变仍然过多依赖法律法规和其他命令控制型规制手段，市场激励型规制及其他激励措施的运用明显不足(李怡娜和叶飞，2011)。加之由于企业生态创新驱动因素难以计量，客观上影响了驱动要素及其影响效应的精确界定，并为有效培育生态创新机制的社会努力造成了极大的困难。其结果是，一方面，人类越来越充分地意识到生态创新能带来发展的丰硕收益；另一方面，短期内企业执行生态创新的动力有待于进一步提升。本书的研究力求帮助人们进一步深刻理解企业偏好形成的社会经济基础，提取有代表性的指标，了解驱动要素的作用及动态变化过程，提出电子排污票制度等企业生态创新激励机制，并培育企业外层偏好的相关举措等，这对于可持续发展背景下，提升企业的生态创新水平和增强企业的长期竞争能力，从而推进我国"五位一体"协调发展，有重要现实意义。

1.3 研究构想

1.3.1 研究内容

本书主要研究在可持续发展背景下的企业分层偏好理论、企业生态创新驱动机理、驱动模型的检验仿真及激励企业生态创新对策等四个方面的问题。本书各章节的具体内容分为如下几个方面。

(1)绪论。本章主要是提出所要研究问题的现实背景及研究意义；建立本书的整体分析框架；介绍本书的主要内容、研究方法和技术路线，明确本书拟解决的关键问题；界定关键概念，作为本书研究的起点。

(2)文献综述。首先，本章通过对分层偏好理论的回顾，阐述分层偏好提出的理论意义；其次，重点梳理企业生态创新驱动的相关研究，国外文献主要从创新经济学、环境经济学、战略管理理论、利益相关者理论等四个理论视角进行概述，国内文献部分则侧重整理企业生态创新驱动因素、环境政策工具对企业生态创新的激励效果等方面的相关研究；最后，基于理论基础的梳理和概述，了解前人的研究动态，并提出当前研究的薄弱之处。

(3)分层偏好理论的形成机理及其演化研究。在反思传统偏好理论和剖析个体人性假设的基础上，探讨分层偏好理论的形成机理及演化，并尝试提出了内层偏好、准内层偏好和外层偏好关系的分析框架。通过一个标准的经济学实验，考察了文化、经济制度和个体认知水平对于个体分层偏好的影响，继而说明个体分层偏好的存在性。结合企业社会责任理论和分层偏好理论，把企业偏好划分为内层偏好和外层偏好两种类型，构建了企业生态创新驱动研究的新视角。这部分内容是本书的基石，为后续研究提供理论基础。

(4) 分层偏好视角下企业生态创新驱动机理分析。本书结合制度经济学、资源基础理论和分层偏好理论，研究企业生态创新四个主要驱动要素的基本构成问题，包括政府环境规制、市场压力、公众压力和企业内部资源(生态技术优势和环境管理能力)之间的关系结构及作用机理。主要运用经济学范式分析研究生态创新诸多驱动因素的作用机理；剖析企业外层偏好在驱动因素和创新行为之间的调节作用；阐述创新行为、环境绩效的中介作用，提出本书的基本假设，为实证研究提供理论上的支持。以福建省三钢(集团)有限责任公司(以下简称三钢集团)的生态创新为例，分析企业生态创新驱动现象。

(5) 企业生态创新驱动模型的实证检验。本书采用奥佩勒(Aupperle)问卷来测度企业分层偏好水平(Aupperle et al.，1985)，在大规模企业问卷调查和对企业家访谈的基础上，对问卷设计、变量度量、数据收集过程、问卷的信度和效度进行分析，并运用结构方程模型对本书第4章提出来的一系列假设进行实证检验，揭示各驱动要素的具体作用路径，并将实证检验的结果和已有的研究结论进行对比、分析和讨论，这部分是本书研究的重点。

(6) 企业生态创新驱动系统动力仿真。依据企业生态创新的过程，建立企业生态创新驱动系统动力学模型，从动态角度运用系统动力学仿真软件 Vensim PLE，对企业生态创新驱动的未来发展趋势进行拟合，以仿真结果获取驱动企业生态创新的最优路径和政策措施。

(7) 企业生态创新驱动优化机制。基于定量分析和动态模拟的结果，借鉴机制设计理论的主要思想，对驱动企业生态创新的制度安排进行优化，建议政府尝试推行电子排污票制度，并具体分析电子排污票制度增进社会福利的机理。在促进企业生态技术提升和扩散方面，政府应进一步引导企业采用兼容技术以实现生态技术路径的创造。更为重要的是，应通过政府、企业和公众三方的协同互动，改变三方失衡的态势，营造多元价值文化，增强企业外层偏好水平。

拟解决的关键问题：在吸收前人研究的基础上，在分层偏好视角下，阐释和解决企业生态创新驱动的机理、量化和优化机制的设计问题。本书需要在以下问题取得突破：①企业的偏好内容是什么？各层偏好形成的经济和社会基础是什么？企业偏好水平如何进行量化？偏好如何影响企业生态创新水平？②企业生态创新驱动因素属于管理研究中无法准确、直接观测的潜变量，定量研究它们对企业实施生态创新行为的影响程度，只能用一些外显指标间接测量，如何选择间接指标？在研究的过程中，引入企业外层偏好这个调节变量，如何测度其调节效应？③驱动企业生态创新的因素很多，基于什么理论框架对相关因素进行凝练？如何阐释企业生态创新的内外部驱动医素的驱动机理，并通过实证研究检验驱动模型？④如何动态测度企业生态创新驱动系统动力学模型的未来适用性？从长期来看，各驱动要素的影响效应是什么？⑤如何对现有的企业生态创新驱动机制进行优化，以获得持续激励？

1.3.2　研究方法和技术路线

企业生态创新驱动是一个跨学科的问题，对其分析和研究涉及生态经济学、创新经济学、制度经济学、系统动力学等多种前沿理论，具有交叉性、综合性和复杂性等特点，各个环节紧密相连，具体研究方法可归纳为以下几个方面。

（1）运用文献研究方法，本书在写作的过程中，研读了大量的国内外文献，通过对前人研究成果的总结，提炼出有关研究问题，结合分层偏好理论、制度经济学和企业资源基础理论视角形成本书的理论基础，并剖析企业生态创新驱动机制，构建企业生态创新驱动机理概念模型，较为系统地研究了各个驱动因素和企业生态创新行为之间的关系，创新行为和创新环境绩效之间的关系，以及创新环境绩效和经济绩效之间的关系。

（2）运用经济学实验，通过一个典型的公共品实验，设置八个投资情境略有不同的实验局，以中国内地的企业家为研究对象，分析制度因素、文化因素和认知状态因素对个体偏好的影响，论证了个体偏好的分层和演化。

（3）坚持实证性研究和规范性研究相结合。通过文献调研和分析，结合问卷调查法和深度访谈法获取大量企业资料，采用结构方程模型、因子分析、相关分析、回归分析等数据分析方法对相关观点进行实证研究，研究各驱动要素的实际效应及作用路径。

（4）运用系统动力学仿真软件 Vensim PLE，动态检验企业生态创新驱动系统动力学模型，并根据中国企业生态创新驱动的实际情况，对所构建的驱动模型不断修正，从而使所构建的理论模型更具前瞻性。

（5）在企业生态创新效用最大化的三导思想下，运用动态演化博弈的方法，设计相关的政策调控手段和激励机制，以便更好地发挥政府在推进企业生态创新中的作用。

本书以"问题导向—理论拓展—影响机理—模型构建—优化机制"为逻辑主线展开研究，以提高企业生态创新的积极性、增进民生福利为目标，力争将规律研究与实践操作相结合，对于如何提高企业生态创新驱动力有参考价值。本书的研究方法和技术路线，如图 1-3 所示。

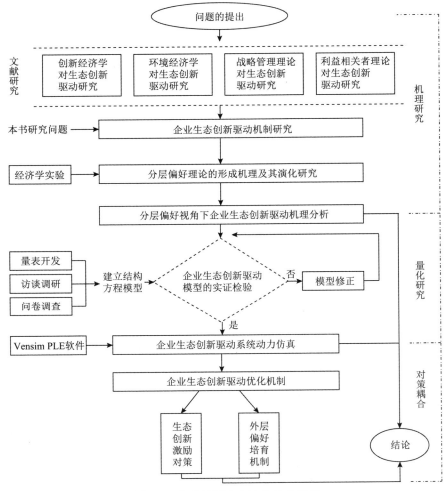

图 1-3　本书的研究方法和技术路线

1.4　本书主要创新点

（1）本书考虑企业偏好异质性的微观属性，打开企业偏好的黑箱，分析了企业偏好的三个层次、形成机理及其演化，通过一个典型的公共品实验验证个体分层偏好的存在性，并首次尝试解决企业偏好的测度问题。

（2）基于企业分层偏好理论视角，从制度维度和资源维度着手，识别了驱动企业生态创新的主要制度压力和资源要素，系统剖析企业生态创新驱动机理，构建企业生态创新驱动、行为、绩效的概念模型，首次提出了七个研究命题，基于问卷调查所得的数据，运用结构方程模型进行验证。通过对理论推导的结论与实证分析的结论对比，进一步对研究结论做出分析。本书得出了新的结论：外层偏好水平对企业生态创新驱动和创新行为具有调节作用。

（3）动态测度企业生态创新驱动因素的长期影响效应。以往学者们更多地按照经验判断、直观认识和推理的方法，研究驱动企业生态创新的因素，忽略了企业生态创新形成和积累的基本过程，没有按照严谨的因果关系考察企业生态创新的驱动因素。本书将系统动力学原理运用到企业生态创新研究领域，把企业生态创新过程的四个阶段当成相互联系又内部独立的子系统，构建了企业生态创新驱动系统动力学模型，运用仿真技术拟合企业生态创新驱动因素的长期影响效应。

（4）在优化企业生态创新驱动的制度设计方面，创新性地设计了电子排污票市场激励机制，详细阐述推行电子排污票制度的基本要素、实施条件及优势。本书分析表明，该激励机制能较为有效地诱发企业理性地选择污染排放的方式和时间，带来持续的生态创新激励。

1.5　生态创新的几个基本问题

1.5.1　生态创新的概念界定

创新是由美籍奥地利经济学家约瑟夫·熊彼特于 1912 年在《经济发展理论》一书中提出来的。这一概念的提出为经济增长的创新学说奠定了理论基础。熊彼特摒弃了亚当·斯密提出的劳动力数量的增加能够增进国民福利或企业发展的说法，他强调了创新是经济增长和企业发展的根本源泉。熊彼特认为，创新是一种新的生产函数的建立，即把一种新的生产要素和生产条件的新结合引入生产体系，目的在于获取潜在的超额利润。他把创新划分为五种类型：第一，生产新的产品；第二，引入新的生产方法、新的工艺过程；第三，开辟新的市场；第四，获得新的原材料或半成品的供应来源；第五，采用新的组织形式。在熊彼特的观念里，创新包括产品创新、工艺和技术创新、市场创新和企业组织管理创新，即创新是一个全方位的概念，只要是对企业和经济发展具有促进作用的"新组合"，就是创新。熊彼特的另一个贡献是将发明与创新相区别。他认为发明是知识的创造，是一个新观念、新设想，在它们转化为新装置、新工艺系统、新产品之前，不能创造任何经济价值，即科技行为。创新则是把发明或者其他科技活动的成果引入生产体系，生产出符合市场需求的产品，将科技成果商业化和产业化，是经济行为。因此，发明是创新的必要条件之一，但不是充分条件。对于创新而言，发明只是创新过程的一个环节。

　　基于熊彼特的思想，美国经济学家曼斯菲尔德，将创新定义为企业从新产品的构思开始，到产品的生产，直至新产品的销售和交货为终结的探索性活动，是技术的首次商业化应用。英国经济学家弗里曼从经济学的角度考虑创新，他认为，技术创新就是指新产品、新过程、新系统和新服务的首次商业性转化。中国学者傅家骥（2014）将技术创新定义为企业家抓住市场的潜在盈利机会，以获取商业利益为目标，重新组织生产条件和要素，建立起效能更强、效率更高和费用更低的生产经营方法，从而推出新的产品、新的生产（工艺）方法、开辟新的市场，获得新的原材料或半成品供给来源或建立企业新的组织，它包括科技、组织、商业和金融等一系列活动的综合过程。可见，技术创新不是狭义的产品创新和工业创新，它包含一个更广泛的范围。

　　虽然大多数的研究人员和政策制定者都很熟悉"创新"的概念，但是关于生态创新这一相对较新的概念，尚没有一个统一的定义，不同学科对生态创新的定义有不同的边界。20世纪90年代，富斯勒和詹姆斯（Fussler and James，1996）在其著作——《推动生态创新：为创新和可持续发展的突破体系》中首次提出生态创新的概念，他们将其定义为："给客户带来具有商业价值的新产品和新工艺，而且大大降低对环境的影响。"企业生态创新作为一种有效的创新模式，一经提出便引起广泛关注。丹麦政府在白皮书《促进生态高效技术——改善环境之路》中，将生态创新定义为导致生态效率提升的创新。生态高效技术是指直接或间接改善环境的技术手段，包括减少污染的技术、更环境友好的产品和生产工艺、更有效的资源管理和减少环境影响的技术系统。减少环境影响有时也可以表达为环境友好、环境节约、生态友好或生态智能。此后，其他的研究者提供了一系列细微差异的定义。贝克尔（Berkel）把生态创新定义为，能为生产者或消费者提供更多价值且逐步减少环境净影响的产品、服务和流程的改进（Berkel，2007）。

　　另外，经济合作与发展组织（Organization for Economic Co-operation and Development，OECD）认为，生态创新不同于一般创新的两个重要方面："这种创新概念明确强调减少对环境的影响，不管这样的效果是否是有意的。同时，它不局限于在产品、工艺、营销方法和组织创新，还包括社会和体制结构创新。"（OECD，2009）根据卡里罗等的观点，生态创新提高了环境绩效，并且可产生其他副带效果，如降低生产成本等（Carrillo-Hermosilla et al.，2010）。除了环境影响和环境激励方面，一些欧洲委员会的学者和政策制定者强调判断生态创新的关键因素是其"新颖性"。尽管对生态创新的精确定义存在不同的意见，但其本质是相同的，即可以降低环境影响的技术、组织、社会或制度创新。在一定意义上，企业或非营利组织都可以开展生态创新。

生态创新体现人类对传统创新的理性思考，主要包含生态技术创新和生态制度创新。生态技术创新，是指把生态学思想引入传统技术创新的过程，研究开发生态产品、工艺或进行清洁生产，以达到改善生态环境、实现绿色产品商业化的活动过程，包括清洁生产、新能源使用、资源回收、生态环境治理、生态环境监测等技术。本书的主要研究对象，侧重剖析生态技术创新。

1.5.2 生态创新的四个层面

和所有的创新一样，生态创新包括多个层面，不同层面的改变能够被识别和区分。生态创新主要关注以下不同层面：设计层面、用户层面、产品服务层面及制度创新层面。

1. 设计层面

生态创新设计层面包括附加组件、子系统革新和系统革新三个层次，如表 1-4 所示。

表 1-4 生态创新设计的三个层面

生态设计层面	特征	实例
附加组件	开发额外组件，减少对环境的负面影响，如末端治理技术	烟囱；工厂化学废弃物处理；应用于化石燃料发电厂的碳捕集和封存技术
子系统革新	促进子系统环境绩效的提高，以减少对环境的负面影响，如生态高效型解决方案和子系统优化	在工业生产过程中高效使用能源、水和原材料建筑隔热；节水型洗衣机；节能型家用电器
系统革新	围绕对生态创新的影响，重新设计系统，同时考虑对环境的正面影响，如采用生态效益型解决方案	闭环式工业生产循环，如纺织企业基于氢能的可再生能源系统；福特汽车公司"U 形概念车"

资料来源：赫莫斯拉等（2014）

附加组件通常指的是在不改变现行生产体系的情况下，开发出额外组件以在生产的最后环节消除生产过程产生的污染，提高环境质量，如末端治理技术。附加组件层面的改变，目标是减少和修复产品的负面影响，而不一定改变生产工艺和系统。末端治理技术用于减少现行工业系统和运输体系对环境的破坏，如废气排放过滤和工业废水处理。工业革命以来，这些技术的实施极大地改善了局部空气质量和水质量，特别是在发达国家。目前，许多发展中国家也逐步推广和使用类似的生态技术。然而，这些技术不能根本性地改变生产工艺，它们只是解决部分问题。例如，催化转换器是一种典型的附加组件，它降低了内燃机排放物的毒性，但是提高了燃料消耗和二氧化碳的排放。

子系统革新，即子系统优化，通过对一个复杂的产品系统做出部分改进，实现生产效率的改进和环境绩效的改善，目标是提高生态效率。1992年在里约地球峰会上，世界可持续发展工商理事会（World Business Council for Sustainable Development，WBCSD）构建了生态效率的测度指标，即生态效率=产品和服务价值/生态环境负荷。生态效率意味着减少生态环境负荷并增加经济价值，该指标能较好地反映经济发展和生态环境状况。子系统革新追求的目标值得推崇，但是容易陷入"N形曲线困境"，从而抵消子系统革新对环境的改善贡献。例如，内燃机是典型的子系统革新，能有效地降低能源消耗，改善能源效率和生态环境，短期内具有竞争力。然而，能源效率的改善，降低了消费者的驾驶成本，导致机动车数量的增长，扩张了能源消费行为，出现经济回弹效应，使子系统革新的环境效应低于事先预期。

系统革新是指运用系统科学思维方式，开发出比现有系统更环保的生产或者消费系统，从增加商品财富、人本财富和自然财富出发，融合自然生态系统和工业生态学，探讨如何把"资源—产品—废弃物"的线性系统转变为"资源—产品—再生资源"的闭环系统，实现环境治理由外部处理转向内部消化，最小化经济活动对环境的影响。福特汽车公司"U形概念车"体现了系统革新的设计观，汽车内部设计采用模块化，使用绿色工艺及环保材料。这些材料永远不会成为废品，也不会对价值链造成损害，而是作为有益成分进入土壤，或是回到生产过程。汽车零部件、聚合体和金属，也可多次循环回收或者重新回到工业生产过程中。系统革新伴随着某项根本性创新的扩散和渗透，可能影响到所有经济部门，并改变人们看待事物的角度和观念。

2. 用户层面

用户行为对生态创新的产生和扩散具有举足轻重的作用，其重要性体现在发现问题、开发新产品和应用创新成果等方面。

（1）用户参与创新。生态创新本质上是技术和市场的有效结合，而用户是市场的代名词，因此，理解用户需求、了解市场趋势，对企业的绿色产品和服务创新而言是不可或缺的。创新学者通过大量的实证研究发现，在生态创新过程中，用户以发明者或合作开发者的身份参与产品创新，在很大程度上影响创新的方向和速度。用户参与创新，通过技术与市场的配合来实现企业与用户之间的互动式产品开发，在这一过程中，双方通过信息与技术上的互动沟通，完成新产品开发，达到各自追求的目标，实现了"双赢"。从企业角度来看，用户，特别是领先用户，对市场上未来的主流产品特别敏感，在使用产品过程中基于自己的技术积累，不断地试错以求方案的创新。企业通过与用户互动，能够获取生态创新的新产品概念和需求信息，可以大大减少创新的时间和成本。从用户角度来看，生态创新能给用户带来许多潜在价值，除了品质、功能和美学等方面的价值外，也可以让用户在使用产品的过程中享受到情感的愉悦。用户参与生态创新过程既能增加愉悦的、挑战性的体验，也能获得物质奖励、同伴认知和更满意的新产品或服务。因此，用户在企业生态创新中具有重要的战略价值，有助于企业更快获取需求信息和技术能力，并提高新产品开发效率。

(2)用户接受度。生态创新所带来的价值是否被用户所承认和接受，直接影响到生态技术创新的扩散。用户通常对产品有着丰富的体验和迫切的期待，从而影响用户对生态创新产品的评价。生态创新产品评价的结构包括产品属性、产品情感和消费者主观偏好。满足以上三个方面特性的生态创新产品更容易提高用户满意度：生态创新产品必须具有一定程度的新颖性、功用性和环保性；用户必须从该产品的体验中感受到一定程度的情感愉悦；产品必须与用户的主观偏好相吻合。企业向用户提供参与产品生产过程的机会，能使用户更多地了解企业，认知产品及其生产过程，发挥他们的创造力，把用户对生态创新的评价和功能定义结合起来运用到设计过程中，增强用户对新产品或者服务的认同度。

3. 产品服务层面

(1)产品服务革新。企业通过产品、工艺和服务创造附加值，能对创新体系和环境产生至关重要的影响。新产品创造意味着交付产品服务的功能有重大的改变，具有超越备选产品的竞争力优势。新产品可以在原有技术或者产品的基础上进行改进，也可以对原有技术或者产品进行颠覆性创新，以一种技术或产品替代原有的技术或产品，以实现产品功能差异化并降低能源消耗。例如，美国著名的跨国企业——明尼苏达矿务及制造业公司(以下简称美国 3M 公司)通过产品服务革新，推出新型节能环保建筑材料——极景多层光学微附建筑隔热防爆膜，产品结合了尖端的纳米涂布技术和微层技术。与普通玻璃贴膜相比，该隔热防爆膜具有突出的三大功能：一是会随着太阳照射角度变化而提高隔热效果，能提高室内舒适度，并降低空调使用费用；二是可以隔离太阳光中高达 99.9%的紫外线，保护家具免受紫外线伤害，最大限度地延缓家具褪色；三是能防止玻璃自爆产生的碎片飞溅，大大降低安全隐患。

(2)工艺革新。生态产品服务革新侧重于创新活动的结果，而生态工艺革新侧重于创新活动的过程。生态工艺革新是参与生态工艺活动的各主体为提高质量、降低成本和减少环境负荷，准确把握市场动态，通过主体间的互动学习和信息交流，开发和改良生产工艺、加工技术、操作方法及生产设备的一系列活动。生态工艺革新需要特别强调总体商业策略和逻辑，包括产品研发、生产、消费、售后服务和废物处理的整个供应链的整合。生态创新管理和运行的重点从短视的局部优化转向整个供应链，需要考虑生态创新中供应链的相关性。生态工艺革新，可以被视为价值网络、流程的改变或者逆向物流系统的建立。生态工艺革新经历了从"以治为主"到"以防为主"再到"防治结合"的三个阶段。"以治为主"的生态工艺是在生产的最后环节降低生产过程产生的污染。随着工艺的发展，仅在生产的末端削减污染是远远不够的，"无废工艺"和"废物最少化技术"应运而生，它们都属于"以防为主"的生态工艺创新。为了进一步实现经济、社会和环境收益的协同增长，制造业提出"防治结合"的生态工艺创新，强调"产品设计、研发、生产和销售"全过程的资源节约和污染预防。

4. 制度创新层面

要实现生态技术创新，特别是突破性创新，通常具有较大难度，因为当前创新体系也许会成为新体系建立和创新扩散的阻力。许多的技术，如汽车、个人计算机等的诞生都曾遭到根深蒂固的已存在体系的阻碍。私营部门和公共部门的制度创新可以减少或者克服这些阻力。生态制度创新是私营部门和公共部门着眼于体制与组织层面，旨在提供环境资源冲突的新应用型解决方案。近年来，生态创新依托不同政策领域、支持政策的统筹和协调。企业内部生态创新的开发过程促进不同部门之间的合作，创造了企业和高等学校、研发机构、金融机构、公共部门等利益相关者之间的新伙伴关系。

综上所述，生态创新包括了三个设计层面、两个用户层面、两个产品服务层面和一个制度创新层面，形成一个综合的创新体系。本书以真空自动垃圾收集系统为例来阐述生态创新的八个具体层面。20世纪60年代，瑞典恩华特环境技术有限公司开发了真空自动垃圾收集系统，通过地下管道将垃圾快速运送到一个中转站，在那里对垃圾进行压缩，然后密封在罐体中运走。通过建立一个能覆盖1.5千米范围的地下管道网络，利用负压技术，把各个存放点的垃圾吸入管道并运送到最后的处理点，排除了垃圾收运过程中的二次污染。真空自动垃圾收集系统是一个设计不同创新层面的生态创新过程。首先，需要设计一个系统，对居民生活和工业垃圾的收集与分类方式做出重大改变，主要包括垃圾投放点、地下管道网和一个中心收集站。其次，用户层面主要考虑终端用户怎样改变处理垃圾的方式。产品服务层面则重点关注该系统给用户带来的附加值和服务商应具备的专业技能。最后，地方政府应在推动真空自动垃圾收集系统的应用方面发挥积极的作用。真空自动垃圾收集系统的生态创新层面，如表1-5所示。

表 1-5 真空自动垃圾收集系统的层面分析

生态创新层面	描述
附加组件	新专利组件促进真空垃圾分类和收集系统的开发
子系统革新	利用空气来运送同质颗粒的技术已成熟，该系统开发新技术通过管道运送异质的材料。与传统垃圾收集方法相比，真空自动垃圾收集系统是一种突破式的垃圾收集新方法
系统革新	真空自动垃圾收集系统创新性开发出不同种类的先进垃圾分类和处理技术，为垃圾的循环利用提供了部分解决方案，系统性地减少垃圾收集带来的环境问题
用户参与创新	通过试点用户推动系统开发，该系统最早连接 600 户家庭，目前已经能处理 2000 户家庭的生活垃圾
用户接受度	家庭用户和企业必须积极改变垃圾的分类方式
产品服务革新	克服传统垃圾收集方式的缺陷，提高环境绩效
工艺革新	真空自动垃圾收集系统涉及重大技术突破、专业技能和整个价值网络的革新
制度创新	瑞典的地方政府在创新开发阶段起到极其重要的作用，如提供投资资金、提高绿色购买需求等

1.5.3 生态创新的特征

传统的创新理论认为，创新活动按照创新强度可以分为渐进性创新和突破性创新。渐进性创新，是指对目前现有技术进行非质变的改进，主要依靠需求压力和技术机会，持续不断推动技术发展的创新活动。它是一种连续的和线性的过程，可以采取两种形式：一种是简单产品通过使用更高性能的组件或者材料来提高性能或降低成本，如用塑料代替金属生产厨房设备；另一种是通过对一个复杂的产品系统做部分改进实现系统革新，如小气车的制动系统引入电子技术。突破性创新则表示技术设想上的重大突破，是一种不连续的创新过程。一旦实现了突破性创新，将开拓新的市场、降低现有产品的成本或显著改善产品质量。它常常带来产品创新、工艺创新和组织创新的连锁反应，甚至会引起产业结构变迁。

目前，国内外学者认为，生态创新是把生态学思想引入传统技术创新的过程，相对于传统技术创新而言，属于突破性创新，是一种技术范式的转变。与传统技术创新相比，生态创新在创新目标、创新主体、创新内容和渠道、创新驱动因素、创新预见性和创新社会成本等方面存在明显差异。

第一，创新目标不同。一般认为，传统技术创新可以从狭义和广义两个方面来认识：狭义的技术创新是指从发明创造到市场实现的整个过程；广义的技术创新则指从发明创造到市场实现，直到技术扩散的整个过程。尽管熊彼特之后的学者对技术创新概念的理解和表达各不相同，但有一点是相同的，即技术创新是科技成果首次商业化应用，是以追求经济利润或者技术发展为目的的技术创新模式。传统技术创新以经济效益为目标，追求企业利润最大化，不惜强化技术创新对资源和环境的消耗，造成高能耗、高排放和高污染，引发了明显的生态和环境负效应，其目标往往与人类社会可持续发展背道而驰。

生态创新是对传统技术创新的一种全新革命。它要求在技术创新过程中全面引入生态学思想，全面考虑技术对经济、社会和生态环境的影响和作用，既要保证创新技术的功能性和实用性，又要确保社会和谐和生态平衡，在实现商品财富的同时，创造社会财富和自然财富，从而引导技术创新朝着有利于经济、社会和环境系统之间良性循环的方向发展。所以，传统技术创新向生态创新转变，是技术创新从一元目标向多元目标转变的过程。例如，艾默生电器公司把节能环保融入企业战略，努力将民用、商用和工业用产品对环境的影响降至最低，其清洁能源技术和解决方案有助于电力生产降低碳排放，并有效利用风能、太阳能、核能、水能和天然气等清洁能源。罗地亚集团把白炭黑加入轮胎后，既改善了轮胎滚动阻力、湿牵引性和耐磨性等综合性能，又降低了车辆 5%的燃油消耗。该集团通过生态创新，开发的柴油机用微粒过滤器技术能改善催化式排气净化器的效能和使用寿命，又能消除 99%的污染物排放颗粒；研发制造的聚酰胺工程塑料可以降低汽车重量的 10%，不仅节省了燃油消耗，还降低了二氧化碳排放。北京桑德环境工程有限公司自主研发的 UF-NF-RO[①]全膜法废水治理技术，可将达标排放的焦化废水处理达到循环冷却水水质标准，实现回收再利用，系统回收率可达到 80%。该技术拥有很强的市场推广性，首先从具体个案做起，被运用于唐山中润煤化工废水深度处理回用项目，然后覆盖一个地区、一个行业。UF-NF-RO 全膜法废水治理技术是中国国内第一个连续稳定运行的焦化废水深度处理回用技术，不仅做到了零排放，而且具有一定的环境效应，企业也因此获得巨大的经济效应。

第二，创新主体不同。在传统的技术创新理论中，企业或企业家是唯一的创新主体。熊彼特就明确指出，企业家是创新的主体，并将发明引入经济系统的企业家称为"创新者"，创新是企业家的基本风格或基本职能。有研究指出，知识型和学习型员工或者具有创新精神的企业决策者是创新主体。企业创新集群研究者还指出，创新主体可能是集群中的创新机构或创新协会等，因为创新活动往往是较为封闭的，集中在企业或者集群内部，具有机密性。

生态创新强调经济、社会与自然的协调发展，因而其创新主体多元化，除了企业外，还包括政府和公众。构建国家生态创新体系是政府作为创新主体的表现。国家生态创新体系是创造、储存和转移知识、技能与新产品的相互联系互动的网络系统，其运行效率高低将决定国家生态创新能力的大小。具体来说，就是政府

---

① UF（ultra-filtration）表示超滤，NF（nanofiltration）表示纳滤，RO（reverse osmosis）表示反渗透。

把生态创新战略纳入国家发展战略，通过政策引导创新资源向"生态化"倾斜，运用财政、金融和税收等手段，引导和激励企业成为生态创新主体；整合高等学校、科研院所、环境保护部门和产业界力量，建立集技术服务、成果转化、中介机构和管理咨询等职能于一体的生态技术服务体系；完善生态技术信息传递机制，使企业可以及时了解国内外生态创新和扩散的最新发展动态，提高创新效率；通过制定相关环境规制和生态技术标准，对企业行为进行管制，使企业的创新目标和可持续发展目标一致。公众参与生态创新主要是通过听证会、舆论监督、环境决策和环境诉讼等方式，限制危害环境的传统技术，促使企业开展生态创新活动。

总之，生态创新是一种多主体、互动式的系统创新，更加关注主体间的资源交换、竞合协同、延伸互动、创新扩散等机制的影响。以低碳末端治理技术创新为例，该技术需要政府部门负责创新的扶持、科研机构和企业完成创新的实施、公众参与创新的倡导、竞合企业推动创新的扩散。

第三，创新内容和渠道不同。传统技术创新主要集中在新产品的生产、消费及工业革新等环节，其技术运行过程呈单向性，呈现"资源—产品—废物"单程物质流动模式，缺乏逆向的恢复过程，加大了资源压力，也潜藏着巨大的生态和环境危机。生态创新将生态化思想贯穿于产品创新和工艺创新的各个阶段，沿着"资源—产品—再生资源"的双程物质流动回路运行，在不影响产品质量和安全的前提下，充分利用原材料以降低消耗，通过生态化循环控制以减少污染。

第四，创新驱动因素不同。传统技术创新主要受到技术推动和市场拉动的共同作用。生态创新存在较强的正外部性，表现为社会收益大于私人收益。同时，生态技术相对比较复杂，多数情况下企业创新成本和风险高，单个企业生态创新动力较弱。因此，对于生态创新而言，不能完全依靠技术推动和市场拉动，还要靠政府的激励和引导，通过制度安排尽可能缩小生态创新社会收益和私人收益的差距。当前，我国生态创新刚刚起步，很多法律和法制不够健全，导致企业生态创新意愿不强烈。生态创新还应部分通过公众压力来驱动。公众通过实施环境教育、参与环境决策和公益诉讼、监督组织环境行为、披露和抵制非环保行为等，形成规范压力，诱发企业生态创新。

第五，创新预见性不同。传统技术创新以追求经济效益最大化为目标，主要有两种创新方式：一是回报式创新，即企业创新的投入较小，或者创新产出明显大于创新投入，企业可以在相对较短的时间内实现经济收益，如二次创新或模仿创新，创新企业沿着既定技术轨迹，对首创性创新进行改进性的创新，并参照已有的盈利模式，容易获得创新成果；二是应变式创新，即企业根据外部环境和内部条件，在不违背政策要求的前提下，采用快速创新方式满足消费者对产品和服务的需求。而生态创新更多的是一种预见式创新，特别是当前我国已经进入环境与发展的重要转型期，企业面临越来越严格的环境约束，传统的二次创新、模仿创新及快速创新等方式，应对复杂多变的外部市场已经越来越乏力。换句话说，企业不仅要考虑产品生命周期、市场份额或盈利能力等核心业务，也要考虑与利益相关者、周边环境甚至生态系统的关系等问题。在某种程度上，企业要进一步获利必须以绿色经济和绿色商机为起点，提前发掘绿色市场和绿色产品发展趋势，确定自身低碳发展方向，通过预见式的生态创新模式形成企业竞争力。

第六，创新社会成本不同。对经济增长问题的研究表明，技术创新已成为现代经济增长最强劲的驱动力，经济增长过程是经济在技术创新的介入下，不断从一种均衡状态向另一种均衡状态的动态变化过程。到目前为止，技术创新活动绝大部分是以符合社会和公众利益为初衷设计的，可以称为主观善意的技术创新行为。技术创新通过提高生产效率以促进人类生产方式的变革，并增进人类健康、愉悦和便利等需求，以推动人类生活方式的变革。然而，传统技术创新缺乏对自然界各个物质运动层次之间、各个生态环境要素之间的联系和循环方式的理论阐明，不能从系统的角度分析整个物质世界的运动，会带来巨大的社会成本，包括身心健康损失、生物多样性损失、环境恶化、自然资源消耗增加、公共安全风险增多等。从中国国内情况来看，在极端经济利益的驱使下，一系列危害公众健康和生态安全的重大事件，如冰毒提炼、苏丹红鸭蛋、人造鸡蛋、三聚氰胺奶粉的背后，都少不了某种技术创新的支持，这是人类技术史上令人尴尬的污点。生态创新基于系统科学思维方式，不以追求某一环节或过程的最优为目的，而旨在实现整体和系统目标的最优化。生态创新建立在现代最新绿色科学技术发展的基础上，能预计到技术作用的远期效果和对自然系统的整体影响，避免和预防技术发展可能带来的负面效应，从而最大限度地降低社会成本。

1.6　相关概念的界定

1.6.1　生态创新绩效

绩效问题是企业生态创新驱动研究中的一个重要内容。然而，国内外相关企业经济绩效和环境绩效的研究中，对此没有一个相对一致的理解，这种对绩效多样化的解读使得在企业生态创新与企业环境绩效、企业环境绩效与企业经济绩效的关系研究中，呈现多样性的研究结论。针对这种情况，伍德（Wood）和琼斯（Jones）指出，大量环境管理的研究没有清晰界定绩效的含义，相关观念缺乏理论基础，不同学者依据研究目的及其相关的知识背景来选取测度的指标，这在很大程度上导致研究结论的不一致。可见，生态创新绩效的概念界定是正确地检验生态创新驱动效应的关键。

不同的学者对绩效有不同的理解，大致可以划分为三种：一是把绩效看成结果。Bernardin 等（1995）指出，绩效是特定时间内的工作结果，因为这些工作结果与组织的战略目标、顾客满意度及所投资金的关系最密切。二是把绩效当成行为。行为绩效观对结果绩效观进行反思，认为绩效是行为，它是人们实际的能观察到的行为表现，应该与结果区分开。就本定义而言，绩效只包括与组织目标相关的一组行动或者行为，能够用个体的熟练程度来测度。三是把绩效视为综合体，包括行为和结果两个方面。该观点主张绩效指行为和结果，行为不仅是结果的工具，行为本身也是结果，是为完成工作任务所付出的脑力劳动和体力劳动的结果。

具体到企业生态创新绩效的含义，究竟是"行为"还是"结果"，还是二者兼而有之，至今仍然没有统一的界定，如表 1-6 所示。一些研究把生态创新绩效看成是企业具体的创新行为或者环境管理手段、废物或者副产品的减量化和循环再利用等；另一些研究则认为，生态创新绩效是指企业通过生态创新所带来的产出的结果或效益，如减少环境违法处罚、提高生态效率等；还有一些研究认为生态创新绩效，包括创新行为和创新效果，是生态产品创新和生态过程创新的统一。

表 1-6 企业生态创新绩效的含义

研究学者	企业生态创新绩效的内容	行为	结果
Chen（2008）	在生产制造过程中有效地减少有害物质排放；创新性地使废物再循环、再利用	√	
Rennings 等（2006）	企业营业额、出口和雇佣数量表征生态创新经济绩效，减少三废的排放量		√
Bernauer（2006）	增加消费者和生产者剩余，并促进环境改善		√
吴雷（2009）	生态创新的经济绩效、知识绩效、节能绩效和环境绩效四个范畴		√
华振（2011）	生态创新的环境效益、经济效益和社会效益		√
程华（2011）	经济产出绩效、知识产出绩效和环境产出绩效		√
余慧敏（2015）	提高企业的生产率，弥补企业应对环境规制所带来的非生产性成本的增加；提高资源综合利用率，减少相关废弃物的排放		√
吕希琛（2015）	生态技术创新绩效、管理创新绩效和营销创新绩效		√
董颖（2001）	可持续竞争绩效，包括环境绩效和竞争绩效		√
Ziegler 等（2004）田虹和潘楚林（2015）	生态产品创新和生态过程创新	√	√

资料来源：根据相关文献整理所得

根据生态创新的定义，企业通过生态创新实践可以获得环境绩效和经济绩效的双赢（Halila and Rundquist，2011），这有效地解释了实施生态创新所带来的效益。为了便于计量，本书中我们把企业生态创新绩效界定为"结果""产出""效益"，具体划分为经济绩效和环境绩效。如表 1-7 所示，列举了几家著名企业为应对资源约束和环境管制法规，着手生态创新技术与工艺变革，发展横向共生耦合关系，从而获得经济效率与环境收益回报的实例。

表 1-7 企业生态创新的经济效率和环境收益回报实例

公司名称	创新技术与工艺	经济效率	环境收益
美国 3M 公司	发现一种避免使用溶剂且更安全的水性涂料	减少90%的溶剂挥发物的使用，降低成本	避免了有毒废料的产生
上海日立电器有限公司	重新设计便于报废分解的产品系统	新工艺使洗衣机零件成本减少16%，吸尘器零件成本减少 30%	降低生产材料用量和消费者的废弃成本，促进企业回收
美国库尔斯公司	运用溶剂型墨水替代技术（紫外线处理法）	使墨水使用量减少90%	减少了墨水材料的应用，同时大大降低了生产过程中对人员健康的损害
丹麦卡伦堡炼油厂	废水生物净化处理，铺设专门管道输送给邻近电厂作为冷却水	每年获得出售 7 万立方米冷却水的收益	每年减少所在工业区系统25%的用水量
福建凤竹纺织科技股份有限公司	生物酶脱氧新技术	工艺时间缩短 37 分钟，生产效率提高21%	工艺用水和废水排放减少50%
冀中能源集团有限责任公司	水源热泵技术供暖	每年节省投入 1000 多万元	节省供暖燃料
宁波贝发集团公司	开发可降解、可回收、可重复使用等一系列"gogreen"环保文具	销售收入提高 50%	减少环境污染及节约资源
青岛海尔股份有限公司	不用洗衣粉的洗衣机	消毒率达到99%，节电和节水各50%	排放水的含磷量是无磷洗衣粉指标的1/10

资料来源：根据相关文献整理所得

1.6.2 机制

《现代汉语词典（第 7 版）》中把"机制"定义为：①机器的构造和工作原理，如计算机的机制；②有机体的构造、功能和相互关系，如动脉硬化的机制；③指某些自然现象的物理、化学规律，如优选法中优化对象的机制，也叫机理；④泛指一个工作系统的组织或部分之间相互作用的过程和方式，如竞争机制。可见，机制指系统内部组织构造和运行变化的规律，原指机器的构造和动作原理。生物学和医学通过类比借用此词，常用于表示生物有机体各种组织和器官的有机结合及其产生特定功能的相互作用关系。机制一词后来被人们引入经济学的研究范畴，用来表示一定经济系统内各构成要素之间相互联系和影响的关系及其功能。从广义上来理解机制这个概念，需要把握重要的两点：一是事物或者系统由哪些部分构成，以及为什么由这些部分构成，这是机制存在的前提；二是事物或者系统如何工作，以及为什么要这样工作，或者说事物或系统协调其各部分之间关系的方式是什么和这种协调方式如何发挥作用。在社会科学领域，机制的载体是制度，它由一系列法律框架、规章制度、社会习俗、价值观、意识形态等共同构成，并正式或非正式地规定了事物或系统各个组成部分的结构及其关系，从而使机制能够有效地发挥作用(王朝全等，2015)。在人类生产实践活动中，机制广泛存在于自然系统和社会系统的各个方面。从社会科学研究的视角来说，无论是家庭、企业，还是社区、政府或其他组织，甚至是整个社会系统，各种不同层次、不同领域的组织系统都需要协调其组织活动的机制，甚至可以说机制深刻地影响人类社会的发展方向与发展进程。

　　本书作者认为，企业生态创新驱动机制应该是促使企业进行生态创新的动机、规范、条件及其相互作用、相互制约而形成的系统，是推动企业生态创新的动力。生态创新驱动机制研究通过对创新系统的内在机理研究分析，使人们能够不断发现社会的运行规律，从而创建出遵循客观规律并能引导企业生态创新的好机制，这也是研究生态创新驱动机制的重要目的。

第 2 章　文　献　综　述

本章主要是对以往相关理论和研究文献进行系统的梳理与述评,共分为两个部分。第一部分围绕本书核心理论——分层偏好理论的相关研究成果进行梳理,阐述分层偏好理论提出的理论意义;第二部分从创新经济学、环境经济学、战略管理理论、利益相关者理论四个理论视角,概述企业生态创新驱动的相关研究。基于理论基础的梳理和概述,本书提炼和归纳了基本研究方向,为相关理论假设和检验奠定了基础。

2.1　分层偏好理论回顾

2.1.1　传统偏好理论

偏好的形成与演化是一个令人着迷而又充满困惑的话题。尽管传统的偏好理论经历了从"基数效用论""序数效用论"到"显示性偏好理论"的发展,其内核假设依旧是"同质和稳定不变",即其评价一项政策或者一种资源配置方案的标准仍然建立在外生给定偏好的基础上。

19 世纪 70 年代的边际革命之后,新古典经济学家,主张采用基数效用论来解释消费者行为,认为消费者在了解所选商品效用大小的基础上做出理性选择行为。基数效用,顾名思义指的是用具体数值来刻画消费者从既定的商品中获得的主观满足程度。按照这一分析逻辑,那么必须先解决效用的评价和计量问题,但是经济学家们遇到的第一个难题就是作为效用本身是无法精准计量和加总的,因此客观上需要对基数效用论进行变革。1934 年序数效用论者在改造埃奇沃思的契约曲线的基础上创立了无差异曲线的分析方法。假设个体偏好在特定时间内是不变的,且满足完备性、传递性、反身性、连续性,那么,存在着一个能刻画该偏好的连续效用函数。消费者的行为选择不需要对商品效用进行数值描述,本质上是对不同商品和服务进行排序。效用函数表示一种状态能根据一种偏好(或者无差异)关系和另一种状态进行排序,直接地看,效用值的大小并没有实质性的意义,只是通过数值大小的比较来预测消费者可能的行为选择。

然而,诸多厂商、消费者在现实中的行为选择并不符合新古典经济学中的完全理性假设,他们偏好的秩序排列并不总是一致的。传统偏好理论的缺陷和不足引起了其他学者们的质疑和修正。早在 20 世纪四五十年代，西蒙(Simon)详尽而深刻地分析传统偏好理论的假设的不足，指出个体由于心理机制的作用存在有限理性(考虑到活动者信息处理能力限度)(Simon，1957)，人的行为并不是由可直接作为"行动指针"的明确和稳定的偏好所构成的总和，实际上，他们经历着相互冲突的欲望和承诺之间的内在紧张关系。后来的"阿莱悖论"(Allais paradox)、"偏好反转"(preference reversal)、"损失厌恶"(loss aversion)和近年来实验心理学家提出的"框架效应"(framing effects)和"锚定效应"(anchoring effect)等，均对新古典效用理论的单调性、连续性和稳定性提出挑战。

由于个体偏好是主观的心理状态，本身无法直接观测，却可以观察到个体的行为，所以可以观察经济主体的行为来推论他们的偏好。萨缪尔森提出显示性偏好理论，认为只要消费者购买或者消费了某一商品组合，那么实际上他的偏好就被间接地显示了(Samuelson，1954)。显示性偏好理论意味着消费者本人内心有不为人知的稳定偏好排序，在其做出行为选择之后为人所观察，从而显示出其内心的偏好。

毫无疑问，这种经济学方法假设特定个体偏好在短期内是不会发生重大变化的，仍然把偏好刻画成为外生的、稳定的或者根据所研究的问题不可以随意改变的。传统偏好理论为经济学提供了标准的分析范式，有利于数学模型化，并且被广泛运用于其他社会科学。从偏好的发展历程来看，我们清楚地看到，无论是新古典效用理论，还是反其道而行的显示性偏好理论，都坚持一个外生、同质和稳定不变的预设，不能为个体行为选择提供合理、恰当的解释。新古典经济学推崇理性逻辑，没有把制度、习俗等可能导致非理性选择的因素纳入分析框架，从而缩小了理性选择的解释范畴。主流经济学的同质和稳定偏好假设具有其理论魅力，但是其现实的解释力疲弱，且忽略了对偏好形成和塑造的分析，使得偏好理论的发展停滞于显示性偏好理论(叶航，2003)。

2.1.2 各学派对传统偏好理论的修正

1. 对同质稳定假设的修正

为了应对现实中的诸多经济现象对稳定偏好理论的背离，经济学家开始尝试探索更富有解释力的个体偏好理论。来自实验心理学、制度经济学、行为经济学和演化经济学等不同领域的专家学者，一直致力于推动偏好的融合与拓展：实验心理学家对偏好稳定假设提出了反思，指出"锚定效应""框架效应"等会诱致个体偏好的变化；以科斯等(1991)为代表的新制度经济学家，从制度视角对传统偏好理论进行重新诠释，提出制度因素是制约个体行为选择的重要约束因素；行为经济学家萨缪·鲍尔斯在偏好分析中引入制度变量，发展了一整套解释经济制度和个体偏好行为如何相互影响的经验性假说，他所提出的情景依存偏好也批驳了偏好的同质性和不变的假设（鲍尔斯，2006）；演化经济学认为新奇创新是个人的独创性和选择的结果，个人的独创性和选择则要求经济行为主体存在异质的和可变的偏好。以凡勃伦（Veblen）、康芒斯（Commons）为代表的制度经济学或演化经济学对传统偏好理论进行了反思，初步打开个人偏好这一黑箱，重视对偏好的形成基础和变化的研究，强调"制度"因素对个体偏好变化所起的作用，无疑提供了研究偏好演化的有益借鉴（凡勃伦，1964；康芒斯，1962）。周小亮和笪贤流在质疑稳定偏好假设的基础上主张偏好的融合和拓展，提出个体偏好是利己偏好与利他偏好的统一，是内生于社会制度的、异质的和演化的（周小亮和笪贤流，2010）。

2. 对利己假设的修正

新古典经济学家认为，利己是推动经济发展的强大动力，而利他是经济活动的附属品，是追求利己结果的额外收益，对它的忽略并不影响经济学得出普遍有效的结论。在斯密等看来，我在你的配合下得到了自己想要的东西，也会让你得到或多或少的好处，因而，利己的支配性被解释为"人性"，而利他主义长期被主流经济学家忽视。经济人的这种自利行为并不能全面增进社会利益，而是会导致商品财富、社会财富和自然财富非协调发展。例如，个体与个体之间、群体之间追求各自的利益肯定会加剧社会矛盾，不利于社会财富的增加。利己的经济人出于追求自身利益最大化的需要，对自然资源的掠夺式开发，导致了人和自然之间的矛盾与冲突，进而减少自然财富存量，不利于实现代际差异最小化。因此，对利己假设的修正是经济学理论发展的必然趋势。

1）社会偏好理论

行为经济学以人类行为作为基本研究对象，通过观察与试验等方法，对个体和群体的经济行为特征进行研究，不断修正利己假设。利他的思想在斯密（2014）的《道德情操论》中已经有了初步的体现。斯密（2014）指出："无论人们会认为某人怎样自私，这个人的天赋中总是明显地存在着这样一些本性，这些本性使他关心别人的命运，把别人的幸福看成是自己的事情，虽然他除了看到别人的幸福而感到高兴以外，一无所得。"西蒙（Simon）提出的有限理性，对经济人理论进行重新界定且详尽地对利他主义进行考察，他认为人是一种独特的动物，经常与大量无亲缘关系的同类合作，利他主义完全符合达尔文的遗传适应性和有限理性等理论（Simon，1957）。利他主义是客观存在的，能较好地解释公共品的供给，并且会对经济行为和结果产生重大影响。随后，卡尼曼（Kahneman）和特沃斯基（Tversky）通过心理学和经济学的有机结合，研究指出：人们的行为不仅受到利益的驱使,而且还受到多种心理因素的影响,如本能、偏见、歧视和嫉妒等(Kahneman and Tversky,1979)。他们提出了经济行为主体有限理性决策的理论模型,即前景理论(prospect theory)。Rabin(1993)认为,利他主义、社会意识及追求公正的品质和观念在现实中是广泛存在的,否则就无法解释大量存在的"非经济动机"或"非物质动机"。

社会经济活动需要合作,合作就必须考虑经济行为人的公平、互惠等社会偏好。行为经济学家对自利假设提出质疑,将人的自利、公平、利他等心理进行分解,通过一系列博弈实验验证社会偏好。最后通牒实验中响应者拒绝正的收益,公共品供给实验中个体向公共品账户的投资行为,礼物交换博弈中提约者提供高要约(效率工资,efficiency wage)和接受者提供高努力程度的互惠行为,独裁者博弈中独裁者的给予行为(独裁者并不是完全都给响应者最小单位的钱数),表明个体具有社会偏好,即个人不仅关注自身的物质收益,还关心他人的物质收益,社会偏好可能会导致重要的经济结果。贝克尔把新古典经济学理论拓展到家庭生产领域、犯罪行为等分析,通过构建经济模型阐释为什么人类的利他行为能够延续下来,研究发现利他主义行为多见于家庭而鲜见于市场。许多经济学家,如阿罗(Arrow)、萨缪尔森(Samuelson)等,进一步发展和完善关于利己与利他的关系,都曾经指出,在现实中个体是有限自利的,经常会关心他人的利益,关心利益分配是否公平,致使经济人的世界日益丰富。

2)互利模型

Rabin(1993)提出基于动机的互惠偏好理论,对行为经济学的基础理论做出开创性贡献,因而获得2001年美国经济学会的克拉克奖章。他根据人们普遍表现出的"互惠互损"行为准则,把公平严密地定义为"当别人对你友善时你也对别人友善,当别人对你不善时你也对别人不善"。在给出了公平的定义之后,Rabin以两人博弈为例,改造标准的物质博弈模型中的支付函数,构造一个善意函数(kindness function)来测度一个博弈方对另一个博弈方的善意程度,并由此构造博弈方的效用函数,进而对其进行最大化分析,得到除标准的物质博弈中的纳什均衡之外的新均衡,即公平均衡(faimess equilibrium)。该博弈模型表明,个体行为在许多情形下是遵循"互利公平性"规则,特别是在按照这种规则做出反应时所可能造成的潜在物质利益损失不太大的情况下更是如此。但是,该模型没有设定非均衡路径中的信念形成,不能运用于序贯博弈。杜文伯格(Dufwenberg)拓展了Rabin(1993)的互利模型,研究结果表明,存在一个序贯互惠均衡。该模型在现实中,一方面,有助于获取互惠的直观意义;另一方面,也验证了一些实验数据。

社会偏好经历了从思想到理论再到具体模型的发展过程,其不断修正利己假设,并逐渐成为行为经济学研究的热点。

近年来，国内学者对利己和利他行为研究的文献成果也十分丰富。管毅平 (2002)将动机、偏好、行为和效用四者结合起来，给出了行为人约束条件下的个体最大化行为的传递调适次序图，如图 2-1 所示，主张利己动机和利他动机都处在效用函数的作用下，利己行为和利他行为在现有约束下都是为了满足自身偏好的最大化，一个人的动机是唯一且不变的，而偏好具有多样性和可变性。

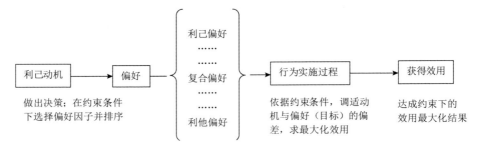

图 2-1　约束条件下个体最大化行为的传递调适次序图

张旭昆(2005)教授将利己动机和利他动机都看成是行为人在不同制度下的具体动机，利他动机对于分析纯粹的经济现象意义不大，特别是分析市场机制的具体活动时可以被抽象掉。董志勇(2005)、徐贵宏等(2008)认为行为主体在实现自己的利己目标过程中，发现需要借助某些利他行为作为手段，而间接形成的利他动机直接支配利他行为的产生，即这样的利他行为最终是为了利己，利己动机和利他行为二者是统一的 。陈叶烽(2014)通过设计相关实验并运用相关实验数据分析，对人类社会常见而被主流经济学所忽视且超越经济人自利假设的三种亲社会行为：公平行为、信任行为和合作行为进行了社会偏好检验，最后通牒实验发现，响应者对于不同可供选择分配方案下的同一个分配方案的拒绝率显著不同，这说明互惠偏好确实在很大程度上影响人的行为决策；信任博弈实验中，代理人的可信任回报行为受到纯粹利他偏好和互惠偏好的双重影响；公共品博弈实验中的合作行为表明，个体社会偏好呈现异质性，受差异厌恶偏好(公平偏好)的显著影响。以上学者对个体动机的剖析，对传统的同质偏好假设提出质疑和修正，较好地刻画了个体偏好的多元性和层次性。

2.1.3　分层偏好理论

1. 分层偏好理论的提出

个体偏好是如何形成的，又如何影响和制约个体的行为选择呢？近年来，随着经济学与生物学、心理学、脑科学等前沿学科的交叉日益紧密，学者们对偏好的研究有突破性的进展，提出了分层偏好理论，对偏好和制度的形成及演化进而对行为选择提供了新的解释框架。

在进行经济分析之前，对不同的偏好内容和结构进行区分是有益和必要的，许多学者已经意识到这种区分的必要性。以哈耶克为代表的奥地利学派，关于知识论、行为规则的系统论述表明，个体偏好具有稳定的层次，个体偏好是个体认知形成的重要基础，而个体的认知是决定个体行为选择的个人属性（Hayek，2003）。两位诺贝尔经济学奖获得者斯蒂格勒（Stigler）和贝克尔（Becker），尝试在主流框架中解决偏好的内生演化问题，他们的观点是"个人阅历""习俗惯例""文化背景""社会关系"等是改变人们偏好的重要因素（Stigler and Becker，1977；Becker et al.，1977；Becker，1998）。朱宪辰和黄凯南（2004）借助生物学知识来阐述偏好形成的基础，颇有见地提出个体偏好是异质的且具有层次性，其中内层偏好由基因决定，是稳定不变的，而外层偏好具有情景依存性，是可习得的，他们深刻的学术洞见显然对之后偏好理论的发展产生了重要的影响。山东社会科学院的张清津（2006）研究员提出"强偏好"和"弱偏好"的概念，进一步拓展了对偏好层次性及偏好和制度互动演化的理解。强偏好是指那些与个体生存竞争密切相关的偏好，这与朱宪辰教授的"内层偏好"相似，区别之处在于，朱宪辰教授的"内层偏好"更强调一些与个人生存有关的稳定偏好，而"强偏好"内容更为宽泛，还包括对企业、组织甚至国家的生存竞争有显著影响的偏好。在通常情况下，弱偏好指对竞争效率影响不大或根本没有影响、不太稳定的偏好。宋妍和晏鹰（2012）基于哈耶克关于"偏好—行为"的分析框架，进一步拓展分层偏好理论，认为个体偏好包括内核层、基本层、表象层和行为层四个层次，个体分层的偏好关系决定了认知结构进而影响个体行为选择，如图 2-2 所示，该观点较好地阐释了微观个体在不同情景下的行为选择，扩大了偏好的分析视野。这些研究对分层偏好内涵的解释不尽相同，但是学者们根据其各自理解或各自理论建构的需要，为"分层偏好"一词注入不同的含义。

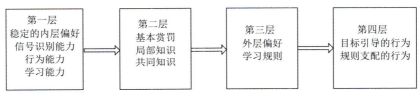

图 2-2　分层偏好图

2. 其他学术流派对界定企业偏好内容的理论铺垫

对企业偏好理论的探索是经济学和其他社会科学领域不可避免的问题。严格地讲，迄今为止，西方经济学家尚未专门地对企业分层偏好的内容予以系统的界定和研究。但是，企业社会责任（corporate social responsibility，CSR）理论和企业道德发展阶段理论关于企业存在的目标及其社会性的系统研究与思路，以及这一领域的实证研究，为本书界定企业分层偏好的内容提供了很好的理论铺垫与准备。

1) 企业社会责任

企业社会责任概念和理论的演变经历了一个长期的发展过程。20 世纪之前，企业社会责任的概念还没有被明确提出，但企业社会责任观念已经开始萌芽。此时，企业家几乎不认可社会责任的概念，他们认为企业存在的唯一目标就是实现经济利润最大化，不需要承担社会责任，更不需要主动考虑社会上其他利益相关者的收益。

进入 20 世纪以后，随着企业规模和社会影响力的逐步扩大，由此引发的一些负外部效应，迫使人们开始重新审视企业的社会性问题。美国芝加哥大学学者克拉克（Clark）在 1916 年就提出关于企业经济和社会责任的思想，呼吁要建立有责任感的经济，其观点被视为现代企业社会责任思想的萌芽（Clark，1916）。20 世纪20 年代，谢尔顿（Sheldon）首次正式对企业社会责任的内涵做出阐述，他把企业社会责任与企业满足产业内外人们需要的责任相联系，指出企业社会责任应含有道德因素（Sheldon，1965）。20 世纪 30 年代，企业社会责任观念不断提升，许多企业经营者已经开始认识到，企业不应单纯追求经济目标，还应积极解决有关环境保护、失业和人力资源的有效利用等社会问题。

1953 年现代企业社会责任之父鲍恩（Bowen），将企业社会责任定义为，"按照社会的目标和价值观的要求制定政策，做出决策及采取行动"（Bowen，1953）。这一观点成为后续企业社会责任研究的基础，带动了企业社会责任的现代讨论。他提出企业社会责任包括三个重要内容：一是强调了现代大公司是承担社会责任的主体；二是明确了企业社会责任的实施者是企业管理者；三是明晰了企业社会责任遵循自愿原则。随着企业成为最重要经济组织和社会变革的主要力量，关于企业社会责任的理论探索及其成果日益丰富，且更加正式化、精确化地描述企业社会责任的意义。戴维斯（Davis）是该阶段研究企业社会责任的杰出代表，他认为企业社会责任是指企业家的决策和行动部分，超越公司直接的经济、技术和立法方面的议题，企业的社会责任不仅局限在传统经济方面，还包括非经济方面（Davis，1960），现在，这一看法得到学术界广泛认可。

20 世纪六七十年代以后，关于社会责任范围的界定问题，学术界涌现了几次激烈的大范围争论，主要集中在"股东利益至上论"与"广义的社会责任观"两大阵营之争。"股东利益至上论" 顽守亚当·斯密的立场，批判社会责任从根本上破坏了自由社会的基础，因此反对企业承担过多社会责任。正如诺贝尔经济学奖得主弗里德曼(Friedman)在《资本主义与自由》一书中，指责关于社会责任的学说是"根本破坏性的"(Friedman，1962)。他认为企业的天职是获取利润，企业仅具有一种而且只有一种社会责任，那就是在法律和规章制度允许的范围内，利用它的资源从事经营活动为股东赚尽可能多的利润。随着企业规模逐渐扩大、生产方式和融资渠道日渐多元化、内外利益相关者的种类增多且其影响力不断加强，股东利益至上的观点遭到广泛质疑。在对社会、公众压力及资源环境问题重视程度不断提高的情景下，企业逐渐意识到，必须对此类社会规范和压力做出积极的回应，费德里克(Federick)称之为企业社会责任的社会回应阶段，更强调企业的实际行动，企业社会责任研究从此进入了广义概念阶段(Frederick，1994)。

20 世纪八九十年代以来，学术界对企业社会责任研究的重点已经从相关概念的界定和完善开始转向实证研究，尝试着将企业社会责任与利益相关者理论相结合，把对企业社会责任研究推向了一个新的高度(Wood，1991；Clarkson，1995)。先前关于企业社会责任内涵的理解可归纳为以下两个范畴。

第一，古典观点。古典学派和自由主义学派将企业目标假设为"企业社会责任就是获得最大利润"的传统观念，认为企业只有在追逐更多的利润的过程中才能增加整个社会的利益，其完全站在经济分析的角度来诠释企业社会责任，企业的本质是经济组织，其社会责任是单一维度的，即仅考虑收入、利润和成本等因素，非经济收益在经济利润收益面前显得苍白无力。

第二，社会经济学观点。社会经济学认为，管理者的社会责任不只是创造利润，还包括保持自然生态平衡、社会和谐有序、增进社会福利等更广泛的需求(Deniz and Sudrez，2005)。社会经济学说不仅包含了对企业角色的丰富见解，而且在其著述中鲜明地表达了其对企业社会责任的辩证判断：企业不仅是经济组织，社会接受并且鼓励企业参与政治的、社会的和法律的事务，因此企业不应只是对股东负责的独立实体，还要解决社会的多种需求问题。从这个角度来看，企业就像普通公民一样承担责任、履行义务，在遵守法律法规和道德伦理的基础上，在促进经济增长、保持自然环境和可持续发展等更广泛的范围内，做出贡献并实现商业成功。基于社会经济学观点，美国经济发展委员会、卡罗尔(Carroll，1979)、恩德勒(2002)和崔新健(2007)等政府机构和学者，围绕企业经济活动范畴，构建了企业社会责任分层模型。国内学者惠宁和霍丽(2005)构建了三个同心责任圈：一是最里圈，界定企业有明确的经济责任(产品、就业、经济增长等)；二是中间圈，界定企业在完成经济职能时，以社会系统效益最大化为价值判断和决策依据，高度关注环境保护、雇佣及雇员之间的关系、消费者期望等；三是最外圈，包括新出现的还不明确的责任，也就是企业必须保证越来越多地参与到环境保护中来。作者认为，企业社会责任的构建必须以投资者为核心，充分考虑股东、员工、消费者、社区、政府的利益，满足利益相关者的要求，为股东谋求最大的利润，为员工提供良好的工作环境，为消费者提供一流产品和服务，热心社区建设，服从国家利益，且企业履行社会责任不意味着利润的减少，相反地，其在企业自身利益的范畴之内。王红（2013）从系统辩证的角度来研究企业社会责任，认为企业社会责任包括经济责任、法律责任、社区责任和环境责任。其中，环境责任是指企业在经济活动中认真考虑自身行为对环境的影响，并且以负责任的态度将企业行为的负外部性降到最低，以成为资源型企业为目标。企业社会责任的主要对象包括股东、员工、消费者、商业伙伴、社区和环境。企业要尊重股东权利，确保其资金安全和收益；为员工提供安全、健康的工作环境，平等的就业机会，以及民主参与、自我管理的机会；为消费者提供安全、可靠的产品，尊重他们的知情权和自由选择权，使他们尽可能地了解产品，在公平交易的基础上自由地选择商品；对于商业伙伴，企业要在遵守商业契约的基础上进行公平竞争；在社区中，企业要利用自身产品和技术优势履行"社区公民"的职责；对于自然环境，企业要以绿色价值观为指导，实施绿色管理，倡导绿色生产和消费，把保护环境和获取利润当成是同等重要的问题来对待。

毫无疑问，企业社会责任是一个与时俱进的概念，随着时代的变迁被赋予不同的内容，企业由"经济人"到"社会人"再到"环境人"的演进轨迹清晰可见。但不论是涵盖企业自身经济责任和利益相关者利益的广义责任的解读，还是创设于企业经济责任之外的，对社会要求做出积极回应的概念，或是因企业发展阶段而异的权变社会责任，均不同于古典学派一元化的企业社会责任，均强调两点共识：一是企业行为有可能对社会整体或个人的合法权益造成不利影响；二是企业不光应追求财务绩效，还应追求社会、伦理和环境等绩效。

2）企业道德发展阶段

企业道德发展阶段理论，主张企业的道德随着发展阶段的发展不断演变。Reidenbach 和 Robin（1991）对企业道德发展阶段进行识别分类，提出企业道德发展概念模型，主张金字塔顶部代表道德发展最高的或最先进的阶段，金字塔的底部描述道德发展最低或最落后的阶段。沿着这一学术思路，齐善鸿等（2012）表达了类似的见解，指出道德主体在社会化成长过程中呈现出阶段性发展的特点，不断地进行道德内化，一般而言发展的顺序依次为：道德失范性阶段、道德遵从性阶段、道德资本性阶段和道德皈依性阶段，如图2-3所示。当然，企业家的道德在特定情境下也有可能出现倒退现象，图2-3中用向下的虚线箭头表示。

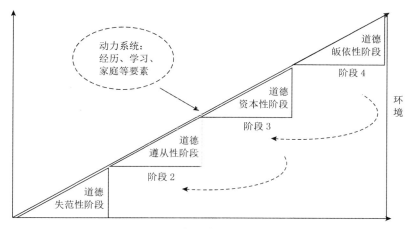

图 2-3　企业家道德发展权变模型图

从上述研究文献的梳理可以看出，从企业社会责任理论到企业道德发展阶段理论，从"社会责任"到"企业道德"，人们对于企业价值和社会性的理解不断深化，其基本观点是：企业行为不可能仅仅体现于单一的经济层面，而是必然地与外部产生多维复杂的社会联系。企业除了关注自己的物质利益外，还关注声誉价值、生态价值等某种社会目标（Angelidis and Ibrahim，2004；Aupperle，1991）。虽然上述研究均尚未对企业偏好领域的内容做出具体界定，但是其结论对于丰富和拓展分层偏好理论无疑提供了必要的理论基础。

2.2　企业生态创新驱动研究回顾

在概述分层偏好理论的基础上，本节将综合回顾驱动企业生态创新的规范性研究和实证性研究。生态创新具有复杂性，驱动因素很多，国外对生态创新驱动的研究，主要基于创新经济学、环境经济学、战略管理理论、利益相关者理论等视角。鉴于此，本书从四个不同学科或理论视角来对现有相关研究文献进行梳理。

2.2.1　基于不同视角的国外研究脉络梳理

1. 创新经济学视角

创新经济学兴起于熊彼特提出的"创新"概念，该流派的相关实证研究表明，技术创新受需求拉动和技术推动的共同作用，其中，技术推动在技术发明阶段十分重要，而技术扩散阶段则主要是需求拉动的结果。

技术推动说是技术创新动因具有代表性的理论学说，该学说认为，"一般是生产者发动经济的变化，而消费者只是在必要时受到生产者的启发。消费者好像被教导去需要新的东西"，即科学技术上的重大突破是驱动技术创新的根本原因。技术推动说简化了技术创新的过程，把它看成是传统的单向线性模式，即"科学发现→技术创新→市场需求"。日本学者森谷正规也认为，晶体管取代电子管是一种高级的发明，它是一系列技术革命的导火线。不仅是晶体管，而且 20 世纪 40 年代的一系列革命性的发明均为重大的技术创新提供了动力，掀起了滔滔不绝的技术创新的洪流。虽然这一学说重科技、轻需求，过于片面，但学者们仍然承认"技术决定了创新成功的可能性及成本"。

技术推动说在 20 世纪 60 年代受到美国经济学家施穆克勒（Schmookler）的挑战，他提出"需求引致创新"理论，指出创新与其他经济活动一样，基本上是追求利润的经济活动，是受市场需求引导和制约的。在刺激创新活动方面，需求比知识进步更重要，因此，市场需求驱动了技术创新行为（Schmookler，1966）。他研究了 1800～1957 年美国铁路、炼油、农业和造纸业等行业的数据，用专利作为度量创新的指标，通过对数线性方法、横截面回归模型，发现资本产出（投资）和专利的时间序列表现出高度的一致性，且资本产出（投资）序列往往趋向领先于专利序列。因此，施穆克勒认为，需求是推动技术进步的主要外生因素，这是由于：一方面，企业只会对具有市场前景的科学发现感兴趣，将之实用化、产业化；另一方面，企业也只会对于有市场、有利润的技术进步进行模仿改进，推动技术扩散。需要说明的是，施穆克勒并不认为市场需求是技术进步的唯一决定因素，他反对这种极端的理论。市场需求引致技术创新学说提出后，很多支持者通过一系列的实证研究验证了该学说的正确性。1974 年，美国学者厄特巴克（Utterback）选取一系列代表性企业，通过实证分析后表明，60%～80% 的重要创新是需求拉动的结果，这一观点支持了施穆克勒的理论。1982 年，麦尔斯和马奎斯研究了美国工业中 567 个成功的技术创新项目，其中，3/4 的技术创新以市场需求或生产需求为出发点，只有 1/4 的技术创新以技术本身的发展为来源，因此，他们认为市场需求和生产需求对技术创新的推动力远大于技术发展的推动力。1995 年，美国麻省理工学院罗伯茨（Roberts）教授研究发现，在美国，47% 的创新来自市场需求，22% 的创新来自科学和技术的推动，31% 的创新来自生产上的需要。而在英国，48% 的创新来自市场需求，27% 的创新来自科学和技术的推动，25% 的创新来自生产上的需要。1996 年，布劳沃（Brouwer）和克莱因克内希特（Kleinknecht）运用 Tobit 模型，基于欧盟社区创新调查库中 8000 家企业的数据进行研究，发现需求增长是引致创新产出增加的主要因素（Brouwer and Kleinknecht，1996）。1998 年，霍尔（Hall）等基于法国、日本和美国高科技企业的面板数据，运用向量自回归方法，研究得出销售收入增长促进研发经费的提高，即市场需求是拉动创新的重要因素（Hall et al.，1998）。

基于创新经济学的理论，首先应明确生态创新能否被视为"正常的创新"，是否需要新的理论模式。总体而言 传统的创新管理理论有益于理解和发展生态创新，生态创新的研究框架离不开一般的创新管理理论。

一般创新理论非常重视企业的技术能力(Pavitt，1984)，这些能力包括企业用以开发新产品和新过程的物质资本与知识资本存量。为了获得这样的资本储备，企业必须加大研发投入或者对员工进行再教育。企业创新能力的累积导致未来下一步创新的成功，因此，鲍莫尔(Baumol)用"创新培育创新"来刻画这种路径依赖特征(Baumol，2002)。在此基础上，霍巴赫(Horbach)运用德国两个面板数据库——IAB 和 MIP，研究得出，技术能力的增加、环境政策、环境管理工具和组织变革等是驱动生态创新的重要因素(Horbach，2008)。马赞蒂 (Mazzanti)、齐格勒(Ziegler)、任宁斯(Rennings)、特里普斯威特(Triebswetter)实证揭示了加大研发投入有利于生态创新(Mazzanti and Zoboli，2006；Ziegler and Rennings，2004；Rennings et al.，2006；Triebswetter and Wackerbauer，2008)，如表 2-1 所示。

表 2-1 技术及市场因素对生态创新驱动的实证分析

驱动因素	研究结论	数据来源	数据规模	方法	相关文献
技术能力	通过研发累积的技术优势驱动了环境创新	问卷调查 (2001~2004 年)	德国面板数据	离散选择模型	Horbach (2008)
	生态研发是生态创新的驱动因素之一	问卷调查及电话访谈(2002~2004 年)	意大利制造业数据	回归模型	Mazzanti 和 Zoboli (2006)
	研发活动对生态产品创新和过程创新有显著积极作用	电话调查和访谈(2003 年 7~11 月)	德国 11 个产业 588 家企业	二元和多元离散选择模型	Ziegler 和 Rennings (2004)
	研发部门的积极参与有利于生态创新	电话调查 (2001~2002 年)	德国 1277 家环境 EMAS (environmental management and auditing scheme) 验证的企业	二元 Probit 模型及 12 家企业案例分析	Rennings 等 (2006)
	企业技术领先和节约成本，而不是规制压力驱动了生态产品创新	访谈、问卷调查(2004 年 5~10 月)	德国 14 家制造业和服务业企业	案例研究	Triebswetter 和 Wackerbauer (2008)
市场因素	顾客收益是培育生态化产品创新的关键因素	网上问卷及电话调查(总经理或者研发经理)	德国电器及电子产品制造业 360 家企业	二元和次序 Logit 回归模型	Kammerer (2009)
	需求因素驱动了企业从事生态创新	环境食品和农村事务部的调查数据(2006 年)	英国 1566 家企业	Hechman 选择模型	Kesidou 和 Demirel (2012)

资料来源：根据相关文献整理所得

消费需求及顾客收益的大小，从根本上决定了生态创新成果的商业价值能否实现。Pavitt(1984)指出消费者、公共采购、其他企业及出口需求等推动创新的开展，特别是在新产品的扩散阶段。对于环境友好型产品的创新和扩散，消费者和企业的环境意识是一个非常重要的影响变量。高收入消费群体更可能偏好环境友好型产品，从而增加对这类产品的需求，该"绿色诉求"从外部驱动了企业主动开展内化负外部性的技术创新，换句话说，企业为了满足消费者的绿色需求，调整产品和市场战略，把生态产品创新看成是增加市场份额的工具。在实证研究方面，卡默勒(Kammerer)和凯斯多(Kesidou)阐明了顾客收益是驱动生态创新的关键因素(Kammerer，2009；Kesidou and Demirel，2012)，如表 2-1 所示。

当然，生态创新有别于传统创新，总体来说，生态创新具有降低生产成本和减少环境影响的双重效应。由于大多数环境问题意味着负外部性，实行生态创新通常要求企业把外部成本内部化，那么单纯依靠技术推动和需求拉动是不够的，还应有相应的制度安排以促进企业向生态创新转变。在研究生态创新驱动问题时，应适当地扩展一般创新理论，把环境规制因素纳入分析框架。在分析框架上，霍巴赫(Horbach)、林德(Liddle)和卡菲尔(Kafafi)提出技术供给方的推力、需求方的拉力及制度牵引力共同构成了生态创新的驱动力(Horbach，2008；Liddle and Kafafi，2010)。然而，任宁斯(Rennings)、伯诺尔(Bernauer)则提出企业内部因素、市场因素、规制因素是企业生态创新的三个关键驱动力(Rennings et al.，2006；Bernauer et al.，2006)。

2. 环境经济学视角

20 世纪 60 年代，西方发达国家严重的环境污染和生态问题引起了国际社会的普遍关注，环境经济学作为经济学的一门分支学科逐步走向成熟，其主要从微观层面剖析各种环境规制对企业创新行为的影响。

环境规制长期以来被看成是促使企业外部成本内部化的一种手段，可以治理市场失灵。1995 年，Porter 和 van der Linde(1995b)提出"双赢"观点，指出结构上恰当的环境规制能引发创新，并且刺激企业开发其他被忽略的机会，能带来生态收益并增加企业竞争力。正如波特所言："正确设计的环境标准能促进创新并且能公平地或者更好地补偿运用政策的成本。"同时，他们还认为环境规制能够刺激企业创造环保产品和工艺流程以提高企业的竞争力，因此，企业生态创新足以补偿运行环境规制的成本(Porter and van der Linde，1995b)。短期来看，实施严厉的环境规制，会提高企业的成本，影响企业的市场份额和竞争力。但是长期而言，实施严厉的环境规制，企业可以通过以下四个途径获取竞争优势。

(1)环境规制有利于激发企业的生态创新。环境保护增加企业的生产成本，迫使企业组织更有效率地生产，而生态创新通过改进生产工艺，减少污染物排放，从而降低生产中的投入成本。

(2)带来废物利用的额外收益。严厉的环境规制会促使企业想方设法把废物转换为可用资源，这能为企业带来额外收入。因此，严厉的环境规制，既降低了生产投入成本又增加企业收益。

(3)降低 X-非效率。企业中不可避免地存在 X-非效率的资源配置现象。严厉的环境规制能促使企业重新审视组织内部结构，进行企业流程再造，提高组织的生产效率，从而弥补环境成本提高的不利影响。

(4)获得一系列竞争优势。面临严厉的环境规制，采用先进生态技术的企业相对于采用传统技术的企业而言，能获得更多的竞争优势。这些优势包括效率改进优势、创新补偿优势[①]、先发优势和整合优势等。

Porter 和 van der Linde(1995b)从许多国家的产业个案研究中发现，那些具有较强竞争力的企业，并非拥有大规模的生产或者低价的生产投入，相反，其竞争力往往来自持续的效率改进和创新能力的增强。Porter 和 van der Linde(1995a)研究了德国和日本的创新情形，发现这两个国家并没有因为较严厉的环境规制而丧失整体的国际竞争力，反而进入生态技术领先的国家行列，尤其是日本，在污染控制设备、清洁剂等行业具有世界领先优势。Jaffe 和 Palmer(1997)将波特假说划分为三类：狭义的波特假说、弱式波特假说和强式波特假说。狭义的波特假说强调污染控制的结果而非污染控制的过程；弱式波特假说认为，精心设计的环境规制可能会刺激生态创新；强式波特假说指的是在很多情况下，只要有环境规制的实施，即可诱发收益大于额外成本的生态创新。

Porter 和 van der Linde(1995b)认为，一个精心设计的规制有利于刺激企业的生态创新和管理创新，有利于消除 X-非效率的影响。换言之，环境规制被认为是驱动企业、产业和乃至整个经济社会生态创新的重要因素。许多学者赞同波特假说(Nelson et al.，1993；Popp，2003；Doran and Ryan，2012)。

新古典经济学学家驳斥了波特的"双赢"假说，认为这种"双赢"只是特例。他们指出，严格的环境规制不仅会增加企业运营的成本，而且会提高企业未来投资的不确定性，对企业生产效率产生负面影响。一些学者对波特的"双赢"理论进行修正，如 Schmutzler(2001)、Mohr(2002)运用委托代理理论和有限理性理论研究发现：环境规制在很少的情况下能诱发完全抵消执行成本的创新行为。理论上的分歧引发了大量关于环境规制与生态创新之间关系的实证研究，可以分为三

---

① 创新补偿包括：产品补偿，即创新对产品质量的改善；过程补偿，即通过创新可以获得更高的产出率，从而降低成本。

个方面。

1) 对"环境规制强度在驱动生态创新过程中的作用"研究结论不一

许多学者支持这样的观点：增加环境规制强度有利于推动企业开发新的、低成本的减污技术。Jaffe 和 Palmer(1997)通过实证研究得出了混合的结果：环境合规支出与专利数量无关，但是更高的环境合规支出导致更高的研发支出，环境合规支出每增加 1%则研发支出增加 0.15%。Brunnermeier 和 Cohen(2003)运用美国 146 家制造企业面板数据，用污染治理支出和政府监督活动来度量环境规制强度，他们发现，污染治理支出对环境专利存在微弱驱动效应。Frondel 等(2007)深入研究环境规制强度对生态创新的影响效应，把生态创新具体细分为产品创新、过程创新和组织创新，其中，过程创新又包括生态创新技术和末端治理技术，研究向我们展示：诱使末端治理技术发展最重要的驱动因素是环境规制强度，而生态创新技术的运用更多受到市场因素的拉动。Kammerer(2009)、Nelson 等(1993)、Popp(2003)、Arimura 等(2005)、Johnstone 等(2010)、Kneller 和 Manderson(2012)、Arduini 和 Cesaroni(2001)的实证研究得出相似的结论：环境规制强度对生态创新产生正向的激励作用，有效减少了对环境的不利影响，如表 2-2 所示。

表 2-2　环境规制强度对生态创新驱动的实证研究

作者	数据	方法	研究观点
Jaffe 和 Palmer(1997)	美国 1973~1991 年制造业的面板数据	简化形式模型。ERS 代理变量环境合规支出；生态创新代理变量研发总支出、成功申请专利数	ERS 与专利数量无关,但是发现更高的 ERS 导致更高的研发支出
Brunnermeier 和 Cohen(2003)	美国 1983~1992 年 146 家制造企业面板数据	简化形式模型。ERS 代理变量污染治理支出和政府监督活动；生态创新代理变量成功申请环境专利数	污染治理支出对环境专利存在微弱驱动效应
Kammerer(2009)	2004~2006 年网上问卷及电话调查	二元和次序 Logit 回归模型	ERS 正向驱动生态产品创新
Frondel 等(2007)	OECD 的七个国家的企业层面数据	多项 Logit 模型	ERS 是诱使公司管末处理技术最重要的因素
Johnstone 等(2010)	全世界 1975~2007 年国家的面板数据	生态创新代理变量专利	ERS 对技术进步产生很大的激励
Nelson 等(1993)	美国 1969~1983 年 44 家电力公司数据	三方程模型。ERS 代理变量每千瓦的空气污染成本和总控制成本	ERS 影响了排放水平

续表

作者	数据	方法	研究观点
Popp（2003）	美国 1972～1997 年 186 家企业专利数据	生态创新代理变量二氧化硫的去除率和专利	ERS 提高了脱硫效率
Arimura 等（2005）	OECD 的七个国家的 4000 家制造企业数据	二元概率模型	ERS 对环境研发投入有显著影响
Kneller 和 Manderson（2012）	英国 2000～2006 年制造业数据	ERS 代理变量污染治理成本；生态创新代理变量环境研发成本	ERS 导致环境研发成本的增加，但是并未导致整体研发成本的增加
Arduini 和 Cesaroni（2001）	美国和欧洲化学工业 1993～1997 年的数据	文献调研、专利分析、案例分析	环境规制正向诱导生态创新。美国在循环技术方面具有更高创新率，德国在末端处理技术和循环技术方面的创新成果要高于其他 OECD 国家。因为美国和德国化学工业有严格的环境标准

注：ERS 表示环境规制强度
资料来源：根据相关文献整理所得

　　然而，最新两项同样是针对德国和瑞士的实证研究得出不同的结论：Nogareda（2007）发现，环境规制强度正向促进化学和制药行业的生态产品创新；Engels（2008）指出，环境规制强度对食品和饮料行业的生态产品创新没有影响。

　　2）"不同规制工具在生态创新中的驱动效果"依赖于情境

　　诸多学者考察了不同环境规制工具对企业生态创新的激励效果，但研究结论不尽相同。按照 OECD（2009）的分类，环境规制工具可以分为两种类型：①市场激励型，如污染税、补贴、排放权交易等；②命令控制型，主要包括排放标准和技术标准。早期研究大多关心哪种环境规制对企业生态创新的激励效果最大。Weitzman（1974）从理论上探讨不同类型环境规制对生态创新的影响，为后来的研究奠定了基础。他研究发现，当预期的边际收益曲线较为平坦时，税收手段比命令控制的手段更能诱发生态创新。新古典经济学认为，市场激励型环境规制比命令控制型更能有效地诱发生态创新，单纯的命令控制举措很难激发企业的生态技术研发投资。市场激励型环境规制对绿色技术发明、创新和扩散起到长期的激励效应，Downing 和 White（1986）、Jung 等（1996）、Requate 和 Unold（2003）等的研究也表明，市场激励型环境规制的激励效果优于命令控制型环境规制，但是并没有明确规制工具在多大程度上激励企业生态创新。Milliman 和 Prince（1974）的工作被认为是迄今为止最为权威的研究，他们对比了五种环境规制(环境标准、排放补贴、排污税、免费配额和拍卖配额)对生态创新的影响，研究发现，排污税和拍卖配额对生态创新的激励效果较大，而环境标准作为最普遍的规制工具，其创新的激励效果最小。由于环境标准一般只提供达到规定的技术标准的刺激点，缺乏持续的创新激励，与环境标准相比，市场激励型环境规制对创新激励的柔性更大，能持续促进企业找到更好的技术和手段以降低污染。并且环境标准一般只能针对一种或者少数几种污染物，而市场激励型环境规制能达到降低所有污染物的目的。

但是，也有学者得出了不同的研究结论。Malueg(1989)认为，可交易的配额对于技术创新的刺激作用并不优于单一的环境标准，激励效果受企业是配额的购买者还是出售者影响。Parry(1996)研究发现，若创新范围不大，且排污许可交易市场较为完善，则庇古税和总量许可对企业生态创新的激励作用相似。Kemp(1997)通过对比不同环境规制工具对生态创新的驱动效果，指出在促使企业采用清洁技术方面，所有规制工具都是有效的，但作用的大小取决于实施这些环境规制的具体环境，并不存在单一的最优政策工具。从实证观察的结果及各国的经验来看，不同环境规制的组合使用比单一环境规制对生态创新的激励效果更好。

Montero(2002)研究寡头垄断市场和完全竞争市场环境下，四种环境规制对企业生态创新的激励作用，结果显示，环境规制对企业生态创新的影响效应与市场结构有关，在寡头垄断市场中，绩效标准和排放标准优于免费配额和拍卖配额，即命令控制型环境规制优于市场激励型环境规制；而在完全竞争市场中，环境标准、免费配额和拍卖配额都优于绩效标准。Bruneau(2004)拓展了Montero(2002)的研究，结果显示，在完全竞争市场中，绩效标准比市场激励型环境规制更能激励企业生态创新。此外，Montero假定企业边际生产成本是不变的，事实上当企业边际成本增加时，市场激励型环境规制更有利。

近几年，有学者认为把环境规制划分为两类是不完整的，Aggeri(1999)强调了欧洲政府当前广泛采取的第三种规制工具——沟通型规制(自愿协议)的重要性，以欧洲报废汽车的回收为例，指出创新导向的自愿协议比市场激励型措施更容易执行且更有利于促进生态创新。

3)环境规制的可预见性影响生态创新

创新过程通常包括相当大的不确定性和风险，频繁改变的政策将影响企业的投资行为。不确定性是抑制一般投资和生态创新的重要因素，因为生态创新需要较长的投资，应用成本需要在中长期阶段才能收回。不确定性可能源于诸多方面：环境规制不够清晰和明确、环境规制目标太高、环境规制朝令夕改和管理机构之间的非协调。环境规制给企业发出信号，它们必须逐步提高环境外部性的内化，这时生态创新就较可能产生。通过提高环境规制未来的可预见性、减少不确定性，有利于促进企业生态创新。遗憾的是，当前关于环境规制的可预见性与生态创新之间关系的实证研究较少。Goel 和 Ram(2001)利用 OECD 中的九个国家中 1981～1992 年面板数据，论证了不确定的政策对生态研发投资产生负面影响。Barradale(2010)基于对能源专业人员的调查研究指出，在诱导生态创新方面，政策的稳定性和政策强度一样重要。在基本模型中，政策不确定性每增加 10%，导致环境专利活动减少 2.8%。Johnstone 等(2010)通过实证研究指出，政策的可预见性和灵活性是激励企业生态创新的两个重要政策特征。

3. 战略管理理论视角

战略管理理论主要关注企业内部因素，如企业目标、企业家社会责任、内部组织能力、关键资源等因素，对实施生态创新行为的影响作用。Eiadat 等(2008)指出，生态创新是包括旨在减少和防治污染及自愿采用环境管理系统在内的生产管理实践，客观上要求企业把承担环保责任内化到相关目标计划的实施中去。企业家对环境问题的承诺会带来积极主动的绿色创新战略，意味着企业家社会责任意识越强，在做出全局的目标和决策时，越容易产生内化外部成本的自觉动力。如 Kesidou 和 Demirel(2012)所言，企业社会责任促进企业从事生态创新。

最近的研究倾向于在区分生态产品创新和生态过程创新的基础上，研究企业内部组织能力，特别是环境管理体系对企业生态创新的触发机理。许多学者认为环境管理体系，如 ISO14001 或者 EMAS 通过直接授权企业设立环境目标和管理结构、诱导组织学习，并且提供重要的环境信息，从而促进生态创新的导入。在实证方面，关于采用环境管理体系对企业生态过程创新、产品创新驱动的方向仍不明确，研究结论不一致：Ziegler 和 Rennings(2004)、Wagner(2008)、Rehfeld 等(2006)、Rennings 等(2006)研究指出，采用环境管理体系对企业生态创新有正向的促进效果，然而 Russo 和 Harrison(2005)、Frondel 等(2007)却提出了相反的观点，认为单纯的环境管理体系认证对企业生态创新没有产生显著的影响，如表 2-3 所示。此外，现有实证研究还探讨了其他环境管理工具对生态创新的影响，如产品生命周期评估、生态标签、环境安全与健康管理系统、废物处理与回收措施、质量管理等。

表 2-3　企业内部组织能力对生态创新驱动的实证分析

驱动因素	研究结论	数据来源	数据规模	方法	相关研究者
企业内部组织能力	生命周期的产品设计和产品回收系统对生态产品和过程创新有积极效应；ISO14001 对驱动生态创新有微弱作用	电话调查和访谈（2003 年 7～11 月）	德国 11 个产业 588 家企业	二元和多元离散选择模型	Ziegler 和 Rennings（2004）
	环境管理体系对生态产品创新有积极作用；废弃物处置措施和产品回收系统也是生态产品创新的重要驱动力	电话访谈、问卷调查、案例（2002 年冬到 2003 年春）	电话调查 2399 家企业及 6 家德国企业案例研究	二元和多元离散选择模型	Rehfeld 等（2006）
	环境管理体系与生态过程创新正相关；未发现与生态产品创新相关	邮件问卷调查（2011 年）	欧洲 9 国制造业 2110 家企业	二元和多元离散选择模型	Wagner（2008）
	环境管理体系对企业生态过程创新有积极驱动作用；生态过程创新高度依赖环境管理体系的成熟度	电话调查（2001～2002 年）	德国 1277 家 EMAS 验证的企业	二元 Probit 模型及案例分析	Rennings 等（2006）
	环境管理体系对企业生态创新过程有积极驱动作用	环境、食品和农村事务部的调查数据（2006 年）	英国 1566 家企业	Hechman 选择模型	Kesidou 和 Demirel（2012）
	环境管理体系不是驱动生态创新的因素	现场调查（2000 年）	美国 316 家电子企业	线性回归模型	Russo 和 Harrison（2005）
	生态创新与环境管理体系无关，与环境规制的严格程度有关	899 份有效问卷（2003 年）	OECD 调查 7 国环境政策中德国制造业的数据	离散选择模型	Frondel 等（2007）

资料来源：根据相关文献整理所得

4. 利益相关者理论视角

生态创新是一个始于研究开发，经设计制造，再到实现商业化的过程，其本质上是技术、组织和市场因素的综合。同时，生态创新是企业在节约能耗、原材料和废料管理等方面的持续变革，企业生态创新能否成功，取决于其能否与竞争对手、供应商、分销商、高校、金融机构、客户、社区公众及政府等利益相关者进行卓有成效的协调与合作，以提高外部整合能力。相关研究表明，企业与其他经济主体合作越频繁，外部创新网络关系越强大，就越有可能进行生态创新（Clark，2005）。例如，Mazzanti 和 Zoboli（2006）基于对意大利制造业企业数据研究，认为企业的外部网络强度是比企业结构特征更为重要的生态创新驱动因素，企业与供应商及企业的外部网络成员强联结和持续互动，能有力地推动企业采用生态创新技术。

此外，利益相关者理论主张，利益相关者的绿色诉求和压力也是驱动生态创新的关键要素。学者们就企业所在社区、相关利益团体等公众和非政府组织对企业承担社会责任的驱动进而促进生态创新的作用进行了研究，认为公众和非政府组织通过公众舆论来影响企业产品形象，进而影响企业预期目标的实现，可以在一定程度上驱动企业进行生态创新。Clark（2005）、Triguero 等（2013）、Klewitz 和 Hansen（2014）论证了利益相关者（如股东、员工、社区居民和行业协会）的压力影响企业的环境意识从而驱动企业开展生态创新。

Arduini 和 Cesaroni（2001）研究美国和欧洲化学工业，研究表明，严厉的环境规制和公众压力有利于刺激企业的生态创新。公众的环保意识对于企业执行环境规制和开展创新活动有重要的影响。Kong 等（2002）通过案例研究阐明，非政府组织消费模式的改变对促进生态创新和可持续发展有重要意义。Horbach（2008）、Popp 等（2011）认为，消费者需求和公众压力才是生态创新的重要动机。Montalvo（2008）的调查研究表明，绿色技术逐渐被重视，因为其有利于提升企业竞争力和经济可持续增长，而市场推动、消费者的绿色消费意识、来自非政府组织的压力等因素，是激励企业进行绿色技术研发和应用的关键因素。

2.2.2　中国国内生态创新研究现状

有关中国企业实行生态创新举步维艰的深层次原因，以及企业主动实施生态创新的驱动因素和作用机理研究，直到近些年才引起国内学者的关注和思考，相关成果并不多，而且大部分研究与国外前沿问题有一定差距。2002 年湖南大学的彭福扬教授，在我国技术创新领域首次提出了生态化转向理论，他从科技哲学的视角对生态创新进行了研究，阐述生态化技术创新是考虑可持续发展的创新哲学观，但是没有论及企业生态创新驱动机制。

中国国内学者对生态创新驱动因素的研究，更多着眼于探索一种或者多种因素对企业生态创新行为的影响。赵修卫（2001）认为，生态创新主要来自外部力量的推动，如环境法规与主要标准的制定、社会中环境意识的增强。相反地，胡元清等（2007）认为，企业内部追求经济利益的驱动力是企业生态创新的核心动力。大部分国内学者都认同这样的观点：企业生态创新是多种内外影响因素综合作用的结果，但是相关研究较少论及各种因素对生态创新的触发机理，从而难以透析其推动企业生态创新的过程，以及阻碍企业生态创新的原理。例如，吴晓波和杨发明（1996）认为，影响企业生态产品创新与扩散的因素很多，大体上可分为技术特性、企业家素质、组织环境和社会压力等。吕永龙（2003）认为研究生态创新的驱动因素是降低成本、开拓新市场、提高产品品质和环境规制等。丁堃(2003)研究表明，企业进行绿色创新联盟的内外部动力主要包括企业的技术意识、企业对间接利益最大化的追求、市场需求及政策环境等因素。董炳艳和靳乐山(2005)则主张，生态创新受企业文化和资源、组织管理、国际环境、政策法规、市场需求和竞争压力等因素的共同影响。向刚和段云龙(2007)从理论角度，把生态创新的驱动力分为内部动力和外部动力，前者包括企业家创新精神、企业家创新意识等，后者包括创新环境、绿色产品需求及公众的环境意识等。紧接着，彭海珍(2009)提出与 Horbach 等(2012)、Liddle 和 Kafafi(2010)相似的观点，即技术推动、需求拉动机制和环境管制体系是生态创新驱动的关键因素。在实证研究方面，王炳成等(2008)在企业问卷调查的基础上，通过因子分析法探讨了企业生态创新的影响因素。

与此同时，国内很多学者比较了不同环境政策工具对企业生态创新的激励效果，但是得出的结论却很不一致。

(1)一部分学者认为，环境规制对企业生态创新都有激励效果。赵红(2008)、韩峰和扈晓颖(2011)证实了环境规制对中国产业技术创新的正向激励作用。2013年，张倩和曲世友(2013)通过理论模型分析排污税、排污许可证、统一的排放标准三种环境规制与企业采纳绿色减排技术程度之间的关系，经分析发现当传统技术和绿色减排技术的边际减排成本曲线存在交点时，三种环境规制政策对企业绿色技术创新与扩散的影响模式相同。李婉红等(2013)以我国 216 家造纸及纸制品企业为研究对象，运用结构方程模型验证了命令控制型环境规制工具、市场激励型环境规制工具和沟通型环境规制工具，分别正向激励绿色产品创新、绿色工艺创新和末端治理技术创新发展。张倩和曲世友(2013)以我国 30 个省份 2003～2011年的面板数据，实证分析环境规制对绿色技术创新的影响，结果表明，命令控制型环境规制和市场激励型环境规制对绿色产品创新与绿色工艺创新都具有显著的激励作用。

(2)众多学者认为，市场激励型环境规制对生态技术创新的激励效果优于命令控制型环境规制。赵细康(2006)运用 JKB 模型(Jung、Krutilla 和 Boyd 建立的模型，简称为 JKB 模型)研究不同环境规制的创新驱动效应，发现五种手段的刺激效应排序依次为：拍卖配额、排污税或排放补贴、免费配额、环境标准。马富萍等(2011)以资源型企业为研究样本，运用结构方程模型检验了环境规制对技术创新绩效的影响，研究结果表明，命令控制型环境规制对技术创新绩效无显著正向影响，而市场激励型环境规制和自愿型环境规制对技术创新绩效产生显著的正向影响。贾瑞跃等(2013)运用基于 DEA 的 Malmquist 生产率指数分析方法，测算了2003～2010 年中国各省份的生产技术进步指数，并通过回归分析，实证检验了环境规制对技术创新的影响，实证研究表明，命令控制型环境规制对技术创新无显著影响，市场激励型环境规制和非正式环境规制对技术创新具有显著的推动作用。王小宁和周晓唯（2014）运用 2000～2011 年青海省统计数据得出结论，市场激励型环境规制显著正向影响青海技术创新，命令控制型环境规制对青海技术创新有显著的负向影响，公众参与型环境规制工具对青海技术创新有负向影响，但效果不显著。

（3）还有部分学者认为，不同环境规制政策工具对生态创新的促进效果需根据具体情况确定。周华等（2012）将生态创新严格区分为清洁工艺和末端治理技术，分析完全竞争市场条件下环境标准、排污税、排放补贴和排污许可证四种环境政策工具对企业生态技术创新的激励效应，结果表明，没有任何一种环境政策工具绝对优于或者劣于其他的环境政策工具。同年，许士春等（2012）通过对比三种环境规制（排污税、可拍卖的排污许可和可交易的排污许可）对企业绿色技术创新的影响，得出结论，排污税和可交易的排污许可价格正向激励企业绿色技术创新；在对企业绿色技术创新的激励程度上，如果政府不控制可交易的排污许可的数量，则排污税和可拍卖的排污许可具有相同的创新激励效应，而可交易的排污许可的创新激励效应最小；若政府能对可交易排污许可数量进行有效控制，则三种环境规制措施具有同等的创新激励效应。

中国国内有关环境规制与企业生态创新之间的研究结论还存在一定争议，对环境规制政策强度影响企业生态创新的规范研究不多，研究一般在特定假设前提下，收集部分数据开展实证分析，由于受数据的可靠性、方法的严谨性等影响，研究结论的说服力不强。

近些年，关于企业生态创新驱动的研究，转向较为深入剖析创新驱动因素对创新行为和绩效的影响效应，如李怡娜和叶飞（2011）、蔡乌赶和周小亮（2013）等的研究，揭示了驱动因素正向驱动创新行为，进而促进生态创新绩效的提高。

2.3 需要进一步研究的问题

总体而言，在可持续发展背景下，企业生态创新驱动研究成为热点问题。目前的研究，对企业生态创新驱动因素的列举和分析达到了较高的完备性，主要概括为技术优势、市场需求、政府规制、公众和非政府组织压力、企业家社会责任等因素，这些均为本书的研究奠定了坚实基础。但相关研究对驱动机理和效应的量化研究尚处于初级阶段。

通过比较分析，本书发现以下几个方面没有研究或者研究不够充分，难以为我国在资源环境约束下，如何实现三维财富协同稳定发展提供有力的决策依据。

（1）企业生态创新驱动机理未考虑企业偏好差异的问题。偏好是行为产生的基础和理由。不同企业之间的偏好差异性还没有引起主流经济学和创新理论的重视，在新古典经济学的分析框架下，所有企业被假定为同质的，排除了企业的差异性，因此，很难对企业的创新行为、竞争和不断演化做出科学合理的解释，且不利于提高制度安排的激励效果。

(2)停留在描述性的层次上或侧重于个别变量的影响计量，没有基于特定的理论范式凝练驱动要素，对企业生态创新驱动机制缺乏清晰的界定和深入分析。

(3)更多地按照经验判断、直观认识和推理的方法，对驱动企业生态创新的因素进行研究，忽略了企业生态创新的形成和积累的基本过程，尚未从系统角度对企业生态创新行为进行剖析。

(4)研究方法多以二元选择模型等静态分析、案例研究为主，数据来源太陈旧，且对于生态创新的度量基本上以专利、研发支出为代理变量，显然有失偏颇，不能很好地反映近年来的生态创新实践，也不能很好地刻画各驱动因素的实际驱动效应。

本书在前人研究的基础上有所创新，在考虑企业偏好差异的前提下，运用多学科的理论和方法，深入研究企业生态创新驱动机理、量化模型和优化机制。

第3章 分层偏好理论的形成机理及其演化研究

建立在同质、稳定基础上的偏好拥有其无与伦比的简约美，但是对一些真实问题的解释不能使人心悦诚服。大量研究表明，个体偏好并不符合新古典经济学所刻画的逻辑性质。本章在剖析个体异质性的基础上，探讨个体分层偏好的形成机理，并尝试构建内层偏好、准内层偏好和外层偏好关系的分析框架。在此基础上，通过一个典型的公共品实验，以中国内地的企业家为研究对象，考察区域文化、边际收益和个体认知水平对于个体偏好的影响，继而说明分层偏好的存在性。对分层偏好形成机理及验证的探索，无疑可以更好地反映偏好的内容和结构，并为本书理论模型的构建奠定基础。

3.1 偏 好

3.1.1 效用和偏好

效用是微观经济学中最经典和最重要的术语之一。作为经济理论概念，效用于 1751 年出现在费迪南多·加利亚尼(Ferdinando Galiani)的《论货币》一书当中。200 多年来，效用这个经济学术语的内涵不断发生演变，从边沁、杰文斯再到马歇尔，都把其定义为"给人们带来的幸福和满足的属性"，同时这种心理感觉是可以加以测度的。现代主流经济学的代表萨缪尔森在经典教科书《经济学》一书中，将其定义为"一个人从消费一种物品或服务中得到的主观上的享受或有用性"(Samuelson，1954)，它是消费者对商品满足自己欲望的能力的一种主观心理评价。

既然效用表示消费者消费商品时的满足程度，于是就产生了对这种"满足程度"的度量问题。对于这一问题，西方主流经济学家先后提出了基数效用和序数效用的概念。基数和序数这两个术语来自数学领域。基数是指 1，2，3，…，基数是可以加总求和的。序数是指第一，第二，第三，…，只表示顺序或者等级，序数是不能加总求和的。19 世纪 20 年代初期，西方经济学家普遍使用基数效用的概念。基数效用者认为，效用如同重量、长度一样是可以测量并且加总求和的，具体效用量之间的比较是有意义的。例如，某人看一场电影和吃一顿晚餐的效用分别是 10 单位和 5 单位，那么二者的效用总和是 15 单位，且前者效用是后者效用的 2 倍。基数效用论者用总效用和边际效用两个概念，表示消费者消费某种商品所获得的效用总量和效用变化量。总效用是指消费者在一定时间内消费一定数量的商品所获得的效用总量，边际效用则是消费者增加一单位商品的消费所增加的效用量。他们从主观出发，认为商品越稀缺，人们对它的评价越高，效用越大；与之相反，如果商品越丰富，人们对它的评价越低，效用越小。由此，他们提出边际效用递减规律：随着消费者对某一商品消费量的增加，该商品给消费者所带来的效用增量递减。

到了 20 世纪 30 年代，西方经济学家对基数效用论提出了质疑和修正。他们认为，一方面，商品效用可以计量的假设不符合现实，因为消费者很难对商品带来的满足感给出一个准确的数值，即效用不能直接测度并求出绝对值；另一方面，效用有大小之分，效用之间能通过顺序或者等级来表示大小。他们提出序数效用论，即用序数度量消费者消费某种商品所获得的心理满足程度。上面的例子中，消费者只需要回答更喜欢哪种消费，即哪一种消费的效用是第一，哪一种消费的效用是第二。或者说，消费者需要回答是愿意看一场电影，还是吃一顿晚餐。序数效用论者还认为，对于分析消费者的行为而言，基数效用论的特征是多余的，序数效用论可以避免效用能被直接计量这一令人怀疑的假设。序数效用论认为，效用之间的比较只能通过顺序或等级来进行，为此提出偏好的概念。

偏好，就是个体喜欢或者爱好的意思。根据序数效用函数，我们可以知道消费者对不同商品组合的效用评价是有差异的。具体来说，对于给定的商品组合 A、B，如果消费者对商品组合 A 的偏好程度大于商品组合 B，则表明商品组合 A 给消费者带来的满足程度大于商品组合 B，当然 A、B 之间不存在数量关系，只有序列关系。简单地说，偏好就是个体按照自己的意愿，对不同事物或商品组合的喜欢程度(重要程度)的排序，即个体优先选择哪一个的问题。

其具体的数学意义如下：若令个体面临的所有可行的消费集合为 X，X 是 k 维实数空间 R^k 中的一个非负子集，且为凸集和闭集。为了保证偏好程度有差别或者消费者能够理性选择，序数效用论提出关于偏好关系的三个基本假定。

(1)完备性：消费者可以比较和排列所给出的不同商品组合。

(2)传递性：任何三个商品组合，如果 $x \geq y$，$y \geq z$，则 $x \geq z$。

(3)反身性：对于任意 $x \in X$，$x \geq x$，即一个商品组合对消费者的重要程度至少应和自己一样好。

为了表达偏好程度的差别，序数效用论者引入了无差异曲线的概念和分析工具。无差异曲线是消费者效用相同的两种商品的各种组合的轨迹。一条无差异曲线代表一个效用水平，不同的无差异曲线代表不同的效用水平。在无差异曲线群中，离原点越远的无差异曲线效用水平越高，即这条曲线能给消费者带来的偏好程度越高。序数效用论者用"边际替代率"概念取代了"边际效用"概念，用"边际替代率递减规律"取代了"边际效用递减规律"。边际替代率是指在保持效用水平不变的前提下，消费者增加一单位商品的消费时所愿意放弃的另一种商品的消费数量之比，也就是消费者对两种商品偏好程度的相对估价。边际替代率递减规律是指，随着消费数量的增减，商品的稀缺程度发生变化，消费者对额外一单位商品的偏好程度发生变化。随着一种商品消费量的增加，该商品对另外一种商品的边际替代率越来越小。

　　我们可以看出，基数效用论在效用可以计量的前提下考量消费者的行为选择，而序数效用论则放弃效用工具，主张对商品的偏好程度是可以排序的。应该说，在新古典效用理论的视域下，效用和偏好在本质上是一致的，效用是描述偏好的一种方式。他们把效用看成是人们消费商品时的一种心理满足评价，运用效用函数这个概念来比较效用的大小，并且效用的大小随着消费者消费商品数量的变化而变化。所不同的是，效用函数在基数效用论和序数效用论中具有不同的意义。在基数效用论中，效用函数刻画了消费数量和效用之间一一对应的关系，消费数量是自变量，效用是因变量。效用函数的数值大小，表明两个不同消费束具有不同的效用数值。在序数效用论中，"效用函数是为每个可能的消费束指派一个数字，使指派给较多偏好的消费束的数字大于指派给较小偏好的消费束的数字的方法"（范里安，1995）。这就是说，假设消费者的偏好消费束 A 大于偏好消费束 B，其充分必要条件是消费束 A 的效用大于消费束 B 的效用，如给消费束 A 指派一个数字 10，消费束 B 指派一个数字 8。效用函数的数值不强调与商品数量的精确数学对应关系，消费束之间的效用差额大小是无关紧要的。

　　不管是基数效用论还是序数效用论，为了保证消费者在市场上的有序选择，假设消费者的偏好是既定的、稳定的和外生的。这样，个体偏好是一成不变的，否认偏好有个形成过程，忽视了文化、经济制度等对个体偏好的影响。正如贝克尔评论："由于经济学家，特别是近代的经济学家一般很少在理解偏好的成因上有所建树，因此假定偏好不随时间的变化而发生根本性变化，同时也假定，富人和穷人之间、即使在来自不同社会和文化的人们之间，偏好也没有很大的差异。""传统的选择理论的缺陷在于，它既不能说明偏好如何形成，又不能预言偏好的影响，但它却基于偏好上的差异去解释行为"（贝克尔，2008）。

　　总体而言，新古典偏好理论，对效用的看法，主要有三个基本要点：其一，效用是人们消费商品所获得的一种心理满足的主观评价，这种主观评价决定了商品价值；其二，效用是消费者进行选择所参照的唯一指标，价格不进入消费者消费商品的函数，因此，价格的高低不影响消费者决策；其三，效用函数被限定于一个单一的时期，在这一时期内，消费者的偏好是假定不变的。

　　西方主流经济学家对新古典效用理论做出了一定的修正，提出一些新的理论与观点。萨缪尔森、霍撒克、里克特等提出显示偏好理论。该理论认为，传统的偏好理论偏离现实，在实际生活中，效用或者偏好不能被直接观察，只能通过消费者的选择行为来显示。如果消费者选择消费束 A 先于消费束 B，则表明消费者对消费束 A 的偏好大于对消费束 B 的偏好。显示偏好理论的优点在于，研究者不必知道消费者的无差异曲线图，也无需知道每一种商品或商品组合的效用大小，只要消费者在市场上选择了某一商品或商品组合，他的偏好就同时被显示了。显然，显示偏好理论建立了消费者行为和偏好之间的关系，遵循"我偏好，我选择；我选择，我偏好"的逻辑，它比偏好已知更符合现实，但是这一理论仍然存在一系列逻辑问题。例如，你去商场购买了一件大红色的大衣，按照显示偏好理论，你更偏好大红色。可事实上，你购买大红色大衣，可能是商场里只有黄色和大红色两种大衣，而你讨厌黄色，宁可选择大红色，尽管你不喜欢；或者你从未尝试过大红色，想寻求新鲜感，就买了；或者是你前几天一直不顺心，决定买件大红色的衣服驱赶霉运、带来喜庆。可见，个体选择大红色衣服，可能不是因为偏好，而是因为其他因素，这使显示偏好理论的解释力下降。拉姆齐的无限期界模型 (infinite horizon model) 与戴蒙德世代交叠模型 (overlapping generation model) 提出时间偏好，研究跨期预算约束条件下的家庭消费选择。他们认为，消费者在不确定环境下进行跨期选择时，消费者更偏好于当前消费 (罗默，2015)。这两个模型修正了传统偏好理论在确定环境下的静态选择模型。Becker (1998) 把新古典效用理论运用到犯罪行为、家庭生产分析，提出了新消费者行为理论，该理论构建了扩展的效用函数，消费者或家庭的效用水平，不仅取决于市场上所能获得的商品，还要由家庭的自有时间、环境变量 (反映生产工艺状态或生产过程的技术水平) 所决定。他拓展了效用决定的变量范围，扩大了效用的分析视野。以上拓展的效用理论，虽然扩大了经济研究的范围，但是仍然忽视考虑塑造个体偏好的因素。

3.1.2　偏好内涵的发展脉络

作为分析人类选择行为的经济学，心理因素是不容回避的，偏好是人类一切选择行为的基点和坐标，在经济学及其他社会学科中扮演了一个极为重要的角色。偏好理论内涵十分丰富，许多学者在研究相关问题时，往往取其单项或部分，较少论及偏好的发展脉络和形成基础，且由于偏好形成机理较难验证，所以也未引起学界的足够关注。为此，我们从历史的角度，梳理偏好概念及其内涵的演绎过程，可以从另一个侧面对本书的研究提供某种启迪。

偏好—选择—效用是微观经济学中研究个体行为的基本分析范式。基数效用论、序数效用论认为，效用或偏好最大化是个体做出选择行为的理由，而显示偏好理论则意味着，个体内心有稳定的偏好排序但并不为别人所了解，而只是个体做出选择行为之后才显现出来。然而，二者的本质是一样的，都是假定对事物抽象属性的偏好是稳定和普遍的。主流经济学理论中，偏好被视为是预先给定的、稳定的和不可验证的，是被公理化了的一种取舍选择排序。

　　主流经济学一直未明确解释效用和偏好的关系，把二者视为可以替代的学术名词。行为经济学提出更为前瞻性的学术思考，把效用和偏好作为独立的、既有联系又有区别的概念。Kahneman 和 Tversky（1979）修正最大主观期望效用理论，开创性地提出了前景理论，认为个体偏好不是孤立不变的，在不确定的情景下，个体行为不再由效用函数决定，而是用价值函数来进行价值评估。这个函数有三个重要的性质：①参考依赖（reference dependence），多数人对得失的判断往往根据参照点来决定；②损失厌恶（lose aversion），损失时的痛苦感要大大超过获得时的快乐感；③敏感度递减（diminishing sensitivity），不论是损失还是获得，其边际价值随其不断增大而减小。该理论指出，效用会受到框架效应的制约，即受到有关决策问题的描述方式、决策背景和决策程序的影响。这意味着决策背景的变化可能导致个体偏好的变化，这一理论提高了对个体行为的解释力。在他们看来，决策过程分为两个阶段：一是形成框架和编辑过程，个体依据参照点收集和处理信息，该过程确定了个体选择的背景，规定了环境的不确定性、个体可能的行动集合和收益集合。个体选择背景的形成，受到习俗、惯例、价值观和个人经历的影响。二是评价过程，即对各种行动前景进行评价，包括对行动结果的价值评价和事件发生状态的概率判断。Kahneman（2003）指出，在某些情况下，新古典经济学的期望效用法则——消除性（cancellation）、占优性（dominance）、传递性（transitivity）和不变性（invariance）是适用的，但是在复杂的世界中，许多规则会影响对决策背景、行动结果和场景概率的评价。实验心理学家指出，"锚定效应""禀赋效应""关联效应""镜像效应"等会影响个体偏好的变化，否定了偏好稳定假设，认为个体偏好还会出现反转的现象。换句话说，在现实生活中，通过个体选择行为表现出来的偏好是可变的，是受多种因素影响的。

　　近年来，效用、偏好的本质及决定因素乃至偏好的测度等问题，成为现代效用与偏好理论研究的切入点。从偏好和效用来看，个体的偏好不仅包括经济偏好，还有非经济因素的效用，包括情感、名誉、尊重、成就感、公平、正义等。澳大利亚社会科学院院士黄有光（2005）指出，效用的人均比较是可行的，可以用人们的支付意愿表征偏好的强度。一些学者借鉴生物学、神经元经济学、心理学等研究成果，采用动物解剖和脑成像技术对偏好进行度量，取得了阶段性的成果。

　　梳理偏好内涵的发展脉络，有利于我们更深刻地认识分层偏好，剖析其在创新经济理论中的出现与发展状况，探讨了驱动因素、分层偏好与生态创新行为之间的联系。因为个体分层偏好理论的研究，既离不开传统偏好研究的诸多假设，又有赖于分层偏好理论研究成果的新发展和新突破。我们所要做的尝试，便是解释分层偏好的形成机理及其对企业生态创新水平的影响作用，这是本书写作的价值所在。

3.2　个体分层偏好的形成机理及其验证

　　学者们在偏好层次的研究方面也取得了突破性的进展(朱宪辰和黄凯南, 2004;张清津, 2006;Ahn et al., 2003),这使人们能够重新摒弃和梳理偏好的形成机制,然而,却鲜见跨越经济利益和社会秩序要求鸿沟的分层偏好模型,更少有验证分层偏好的相关研究。而这些对于效用函数的刻画、当前整体经济行为的深入研究、经济结构的调整及社会秩序持续存在都有着重大意义。

3.2.1　决定个体偏好的人性假设

　　主流经济学假设,人的本质是同质理性的"经济人"。斯密(2014)第一次把"经济人"假设作为其名著《国富论》中最主要的理论前提。随后,古典经济学家和新古典经济学家都广泛地使用并发展了这一假设,西尼尔定量地确立了个人经济利益最大化公理,穆勒明确地把"经济人"定义为"'经济人'就是会计算,有创造性,能寻求自身利益最大化的人",在人类社会中,"经济人"以满足个人利益最大化为基本动机。主流经济学"经济人" 假设一般包括以下三个内容:①个人完全理性。完全理性的人能够列出全部备选方案,确定每个方案的后果,并对方案后果进行评价,选出最优方案。②效用最大化。作为"经济人",总是根据主观的价值判断,追求商品或行为的效用最大化。个体总是预先存在一个完全的、充分有序的"效用函数"。③完全信息。"经济人"了解并掌握外部的经济环境和未来,并且不需要付出任何代价来获取相关信息。主流经济学假设人的本质是理性同质人,把"利己"看成是决定"经济人"行为的一个不动摇的力量,并且人是"同质"的,人与人之间像完全竞争市场中的产品一样没有任何区别,这在一定程度上有利于经济学家的逻辑分析。然而,"经济人"假设忽视了人性的多维性、复杂性和异质性,缺少应有的人文内涵,不能支撑起人类一切或绝大部分的经济行为,导致主流经济学的理论和现实解释力大打折扣。

　　马克思经济学没有沿袭古典经济学的"经济人"假设,而是从具体的实践活动和社会关系视角剖析人性假设,在《1844 年经济学—哲学手稿》《关于费尔巴哈的提纲》等著作中指出,人的本质不是单个固有的抽象物,而是一切社会关系的总和。因此,不能从虚构的假定出发去理解人,而应"从地上升到天上",即应从现实生活中去理解"从事实际活动的人"。另外,"马克思从历史唯物主义的观点出发,将利己主义看成特定历史条件下的产物,是人在本身的发展还存在着'物的依赖性'的社会背景(指的是私有制商品经济)下表现出来的特征。马克思认为,在社会历史发展中,人的自我实现表现为三种历史形式:一是在前资本主义社会,由于个人从属于集体,人的自我实现表现为个人的自我牺牲;二是在资本主义商品经济条件下，个人追求自身利益最大化，人的自我实现表现为利己主义；三是在共产主义社会，由于'人的依赖性'和'物的依赖性'消除，生产力高度发展，个人的自我实现表现为个人本身的发展和社会发展的和谐一致。马克思的分析表明，人的本性是不断变化的，是一定的经济关系和经济环境规定了经济活动中人的本性和本质，而不是相反——将人性看作一个先验的存在和永恒的范畴"（程恩富和张建伟，1999）。既然人是现实的、社会的和历史的人，那么人的一切活动都是在既定的社会历史条件下进行的，都要反映特定社会历史外部环境的特征，并且受到特定社会经济制度的影响和制约，人的本质是一个动态的、社会的和历史的范畴。

行为经济学放弃了个体同质的假设，利用心理分析方法和实验研究方法，将个体异质性纳入经济学的研究范畴，恢复个体本来具有的丰富人格，认为人是有限理性和有限自利的当事人，除了追求自我利益之外，还追求"公平、正义"，更愿意通过与他人合作的方式实现自身的目的和偏好，从而在一定程度上体现出利他主义特征，得出偏好内生且并非一致稳定的结论，强调了多种动机对个体行为的驱策作用，从而在本质上修正了主流理论。

演化经济学突破了同质理性人的理论迷思，以遗传、变异和选择作为基本分析框架，指出基于生物学的个体行为假设，能够为经济学的偏好研究奠定坚实的基础（Robson，2002）。演化经济学强调　人的本质具有生物学特征，是先天遗传和后天学习共同作用形成的，同时强调学习过程对于个体改变认知状态的作用，前者决定了偏好的稳定特征，后者导致偏好的演变（Nelson and Winter，1982；周小亮和韩涌泉，2012；董志勇，2006；黄凯南，2013）。该流派指出，个体的行为反应是在具体场景中的习惯反应，生物基因决定了个体偏好的稳定性，而在充满不确定性的复杂世界里，个体处在一个适应性学习的过程中，个体的偏好随着认知水平的演变而发生变化。本书将以上学术流派的人性假设进行归纳，如表 3-1 所示。

表 3-1　个体偏好的人性假设

项目	主流经济学	马克思经济学	行为经济学	演化经济学
假设	同质理性人	一切社会关系的总和	异质行为人	生物学个体
本质	目标理性、自私自利	社会人	有限理性、有限自利	理性算计、适应性学习
研究方法	个体分析方法、边际、静态和比较静态分析	唯物辩证法	心理分析方法、演化分析、实验研究	归纳法、演绎法和回溯法
偏好	外生、同质、自涉、稳定	动态、社会和历史的范畴	内生、非一致稳定	部分稳定、部分演化

资料来源：根据相关文献整理所得

3.2.2 分层偏好的形成及其演化

基于演化经济学视角，偏好可理解为部分由遗传基因决定、部分由个体在社会文化环境中互动学习逐渐形成、部分受个体认知水平的调整，它指导个体在社会活动中做出行为选择。本书作者认为，个体的偏好具有分层特征，可以划分为三个维度：稳定的内层偏好、较稳定的准内层偏好及变化的外层偏好。个体分层偏好受到先天基因、社会文化制度和个体认知水平等的共同影响。

1. 内层偏好的形成

第一层是生物进化的维度，从生物进化的视角上看，生物进化是环境协同的结果，基因的显现特征必然影响偏好的形成（Bester and Guth，1998；Fershtman and Weiss，1998），即人类作为物种在自然选择的支配下演化形成的各种基本偏好。近年来，脑神经科学研究发现，人类大脑是模块化的结构，不同的大脑活动通过不同模块的脑循环来进行，被激活的不同大脑模块产生不同的动机和行为选择。脑神经科学的重要洞见之一，是人类的理性决策行为主要依赖于低层次的生物特性，这揭示了先天基因是决定偏好形成的重要影响因素。20 世纪 70 年代，赫曼（Herrmann）博士专注于对人类大脑思维偏好的研究，发展出 HBDI（Herrmann brain dominance instrument）问卷用以测评人的大脑思维偏好，提出全脑模型。他认为，大脑有四个截然不同和专门的结构，大脑的技能是四个象限互相连接的精神处理模式，其中，大脑左侧上部分皮层区是 A 象限理性本体，左侧边缘区域是 B 象限组织本体，大脑右侧边缘区域是 C 象限感觉本体，右侧上部分皮层区是 D 象限实验本体，每个象限有特殊功能，造成显著不同和分明的行为特点。大脑不同区域功能的优劣程度，决定了个体的心智偏好类型，影响了他对行为对象的兴趣（Boer，2001）。

长期生物演化形成了人类大脑的生物调节过程。Damasio（1999）指出，人的大脑有三个层次的生物调节过程。最简单的生物调节过程是植物神经系统（自主神经系统）的协调过程，掌握着生命攸关的生理功能，如心脏搏动、呼吸、消化、血压、新陈代谢等，植物神经系统很大程度上是无意识地调节身体机能的。最高层次的生物调节过程是"情感"调节过程，其功能是协助有机体通过适应行为来维持生命。当某些区域的一组脑结构被激活，感觉皮质（sensory cortex）会触发情感，这些情感反应通过下丘脑、边缘系统和脑干等引发躯体状态。这些情感是由生物因素决定的、刻板的和自动化的，都会被记录在躯体感觉皮质当中，从而被永久地保存下来。Damasio（1999）还区分了三类情感：第一类是普遍的基本情感，如快乐、悲伤、恐惧、生气、惊讶和厌恶；第二类是更为高级的社会情感，如尴尬、嫉妒、内疚和骄傲等；第三类是背景情感，如幸福或不适、平静或紧张、疲劳或兴奋、期待或恐惧等。第一类情感是直接的生物调节，第二、三类情感是间接的生物调节。Damasio 在此基础上提出"躯体标记假说"（somatic marker hypothesis），他认为情感被躯体感觉皮质记录时产生躯体标记，躯体标记会长期保留在躯体内，在不确定性和复杂情景中，躯体标记会缩小问题空间，从而引导个体的行为。

　　个体偏好是生物进化的结果，受到先天遗传因素的影响。例如，在进食偏好方面，Rogers（1994）研究发现，新生儿更喜欢糖水而不是白水；Robson（2001）研究表明，由于大多数动物有自身合成维生素 C 的能力，而人类没有，所以人类在长期进化过程中，偏好于摄取植物以补充维生素 C[①]。2000 年，美国弗吉尼亚联邦大学研究学者肯德勒（Kendler），对吸烟偏好进行系统的影响因素研究，依据瑞典 1890～1958 年 778 组孪生样本的生物计量数据，研究指出，男性的习惯性吸烟行为，61%归于先天的遗传基因因素，20%归于后天的社会经历，还有 19%归于其他因素。对于女性，不同组别的习惯性吸烟行为有很大差别，1925 年以前，由于社会约束很强，基本没有女性抽烟；1925 年以后孪生女性习惯性吸烟行为增高，决定这一现象的基因因素和后天经历因素各占一半；1940 年以后出生的孪生样本组，其计量结果和男性的无显著差异，吸烟偏好 63%源于遗传基因因素。这表明，偏好受到先天遗传因素和后天个人经历的社会制度因素的共同影响。

　　演化经济学部分沿袭了主流经济学的同质和稳定不变的偏好假设。在生物进化过程中，个体总是倾向于使其生物适立性最大化，通过染色体上的基因把遗传信息复制给下一代，使得后代呈现出与亲代相似的性状特征，长期演化过程中形成稳定的内层偏好，它不随个体和时空改变而改变，包括繁衍后代的偏好、追求舒适的偏好等。

2. 准内层偏好的形成

　　第二层是社会文化制度维度，即个体的某些偏好受到社会文化制度的影响，具体包括政治体制和法律法规等正式制度，也包括习俗、惯例、意识形态及价值信念等非正式制度，它们系统地塑造了个体的社会态度和价值观。这些偏好不完全由基因传递，而是由文化传承，它们是由个体在后天学习和社会交互行为中获得的。此外，Bowles（1998）指出，经济制度和其他制度能影响价值观、口味和偏好的演化。Gintis（2003）总结了三种文化传播模型：垂直传播（从父母那习得）、水平传播（从自己的同伴那儿习得）和斜向传播（通过宗教仪式、习俗、学校和传播媒体等社会制度习得）。

---

① 人类与大多数动物不同，不能自身合成维生素 C，在人类的进化史上一直从素食中摄取。因此，在植被、地质等生态环境长期演进史中，人类携带不能自身合成维生素 C 的基因，决定了对植物的偏好，从而未被大批淘汰。

1）文化

文化可视为软约束。文化作为群体的非正式规范，是一个共同体成员约定俗成的一些价值观、信念，它在个体的偏好选择中发挥重要的价值评价功能，因此偏好的形成离不开文化因素的参与和渗透。文化一旦形成，它就成为一个群体或社会内部的一种自发秩序，促使群体学习和模仿文化榜样，群体行为规则主要取决于何种文化榜样的特性被复制保留。英国考古专家 Webster（1999）论述 1800 年以来赫布里斯群岛地区居民抵制进口瓷器的事实，说明由于与英国大陆之间存在着根深蒂固的文化差异，岛民们所特有的文化习俗直接形成他们对木器的特殊偏好。Henrich（2000）在秘鲁的土著马奇根加部落和美国洛杉矶进行"最后通牒博弈"（ultimatum game）跨文化实验研究，强调文化演化对个体行为的影响。研究结果表明，在"最后通牒博弈"马奇根加部落和洛杉矶的"提议者"提出，给"响应者"的分配份额均值分别为 26% 和 48%，当分配份额低于 20% 时，马奇根加部落的"响应者"几乎均愿意接受该资源分配方案，而洛杉矶的"响应者"全部选择拒绝。Henrich（2000）指出，在马奇根加部落文化中，15% 就是一个公平的分配比例，而在洛杉矶，必须达到 50% 才是一个公平的分配比例。实验研究表明，由文化演变的非正式规范会影响人们的行为模式，文化对个体偏好的形成起到至关重要的作用。

在现实生活中，不同的文化会形成不同的民族性格，不同的民族性格造成了偏好的差异。从东西方的投资取向上看，富于冒险和探索的西方文化孕育出来的居民比较偏好风险，如美国居民比日本居民更倾向于投资股市。此外，中国与日本两国对待体力劳动的态度，也深受两国文化的影响，从而产生较大的差异。中国两千多年的封建统治，带来了中国社会浓厚的"官本位"思想。古人读书的唯一出路就是当官，特别是隋朝以后，科举制成为选拔人才的唯一途径，儒生们为了通过一系列考试以进入文官系统，必须博览群书和成为文学大师，这种文化导致了人们对脑力劳动的偏好，对体力劳动的轻视。而日本千百年处于军事统治之下，武艺比智力更受尊重，体力活动是武艺的基础，将军们十分重视体力方面的训练。因此，日本文化塑造了人们对体力劳动的偏好。

相比于其他物种，人类具有较强的学习能力，文化在人类社会中更容易得到传承，它能对个体行为特征产生重要影响。文化演化过程会产生规范内化（norm internalization）和亲社会性情感（prosocial emotion），前者指的是个体的某些行为已经内化为个体的目的，个体采取该行为不是为了获得收益，而是为了实现某种价值；后者指的是个体的效用函数包含了社会心理因素，不仅关心自身的福利，还关心他人的效用（Gintis，2003）。

2）经济制度

斯密德（2004）研究指出，"制度既影响各种选择的外部报酬，也影响偏好"，制度是基因和文化之外决定偏好的重要方式。青木昌彦的制度进化博弈模型、鲍尔斯的制度和偏好共生演化理论、黄凯南的偏好与制度互动演化理论早已论述了该观点。社会经济制度作为一种硬约束，通过调整选择集、收入、价格与信息集等约束机制来塑造个体偏好，主要表现为以下方面。

第一，制度通过影响生产力的发展和财富的分配，形成不同历史阶段与不同阶层的人的行动报酬，导致个体对同样的事物有不同的满足程度，即形成不同的效用评价机制与偏好程度。一项经济制度的确立，往往伴随着相关集团利益的重新调整与分配，会改变社会成员的偏好。例如，所得税制，会影响个体所选择的消费束及其由效用函数决定的效用值，从而对商品的偏好程度发生变化。假设 $U = f(X_1, X_2) = X_1^{2/5} X_2^{3/5}$，表明个体在 X_1 上的支出份额比例为 $2/5$，在 X_2 的支出份额比例为 $3/5$，商品 X_1 对商品 X_2 的边际替代率 $\mathrm{MRS}_{1,2}$ 为

$$\mathrm{MRS}_{1,2} = \frac{\mathrm{d}X_2}{\mathrm{d}X_1} = \frac{M_{\pi}(X_1)}{M_{\pi}(X_2)} = \frac{\frac{2}{5} X_1^{\frac{2}{5}-1} X_2^{\frac{3}{5}}}{\frac{3}{5} X_1^{\frac{2}{5}} X_2^{\frac{3}{5}-1}}$$

$$= \frac{0.4 X_2}{0.6 X_1} = \frac{2 X_2}{3 X_1}$$

假设初始所得税制下个体收入为 200，商品组合 (X_1, X_2) 所对应的价格为 $(2,2)$，依据效用函数和收入、价格约束条件，消费者选择的商品组合为

$$X_1 = 0.4 \times 200 / 2 = 40$$

$$X_2 = 0.6 \times 200 / 2 = 60$$

该商品组合给消费者带来的效用是

$$U(X_1, X_2) = 40^{\frac{2}{5}} \times 60^{\frac{3}{5}} \approx 51$$

现假设政府实行新的税收制度，在新的税收制度条件下，消费者拥有的收入为 180，商品组合 (X_1, X_2) 所对应的价格仍然为 $(2,2)$，在新的约束条件下，消费者选择的商品组合为

$$X_1 = 0.4 \times 180 / 2 = 36$$

$$X_2 = 0.6 \times 180 / 3 = 36$$

该商品组合给消费者带来的效用是

$$U(X_1, X_2) = 36^{\frac{2}{5}} \times 36^{\frac{3}{5}} = 36$$

计算结果表明，税收制度的变革改变了消费者的实际财富，由此导致消费者所选择的商品组合发生变化，从而得到的效用值产生变化，即消费者的偏好结构发生调整。

第二，制度调整经济个体的行为动机，进而影响偏好的形成与演变。例如，大范围的市场选择与经常的市场决定报酬的外在特征，以及其他的经济制度，可以导致个体偏好的变化，即市场制度影响了个体的情感与动机，那么必然影响和制约个体偏好。例如，科学合理的专利制度能增加企业对知识生产的偏好。自熊彼特（2015）提出创新理论以来，人们普遍认为，应该赋予创新者一定的市场力量以激励创新。专利制度是赋予创新者市场力量的制度安排，其功能在共享创新成果的同时，有效保护创新者的创新收益，增强创新者的创新动机，从而促进知识的生产。众所周知，即使没有专利制度的保护，企业可能同样会愿意从事研发活动，促使创新成果持续出现。专利制度的设置，其目的是保护专利技术，通过四个方面增加授权专利企业的收益：首先，科学合理的专利长度和宽度能提高创新企业的垄断利润，其中，专利长度从时间的纵向上来保护专利产品，使企业能够提高专利产品价格，而比较宽的专利宽度，可以禁止其他企业的模仿行为，从而减少模仿行为给创新企业所带来的损失；其次，是侵权后的追回，当创新技术获得专利后，侵权损失能通过行政、司法等措施追回专利收益，获得补偿；再次，是企业整体关联收益，专利数量越大越能提高企业的声誉，从而提高企业单位时间内的隐性关联收益；最后，是政府补贴，包括专利申请费的减免、年费的减免等。

第三，制度通过各种社会奖惩机制，促进社会行为准则的演变，进而影响人们的价值观和心理机能。斯密（2014）曾经认为，经济体制对人类心灵是能够产生影响的，而斯蒂格利茨将这种经济体制对人的影响称为"人类性格的某些方面内生于体制"（斯蒂格利茨，1998）。例如，企业家通过内部奖惩机制增加或者降低某种行为的发生频率，当频率达到一定程度时，个体会把这种行为内化为偏好，成为一种本能的、无意识的行为倾向。企业为了树立合作的意识形态和价值系统，可以设计对合作进行奖励的评价体系，提高合作行为发生的频率，不合作的个体也可能在无意识的学习过程中转变为合作的个体。因此，企业家可以通过制度设计来塑造员工认知路径和偏好。

规则与制度还能加强人们对某些行为倾向的偏好。为了培育诚信的价值观，2006 年我国提出"以诚实守信为荣，以见利忘义为耻"的社会主义荣辱观，主张诚信是人之所以为人的一个道德标准，是做人的基本要求。诚信对自己是一种心灵的开放，也是自我人格的尊重；对他人，是一种人际交往过程中所应遵循的道德，是一种气魄和自信；对企业则是第一形象，是无形资产，更是企业管理价值所在，关乎企业的长远发展。2012 年党的十八大报告提出社会主义核心价值观，"爱国、敬业、诚信、友善"是公民个人层面的价值准则，其中，诚信是人类社会千百年传承下来的道德传统，也是社会主义道德建设的重点内容，它强调诚实劳动、信守承诺、诚恳待人。社会主义荣辱观和社会主义核心价值观作为非正式制度，从人们的精神层面出发，使得诚信逐渐成为人们的心理机能，以此全面提高群众的素养，增进社会成员对诚信的偏好。

综上所述，制度作为外在的潜在约束，通过影响个体行动报酬、情感动机和价值观等，促进个体偏好的演化。

3. 外层偏好的形成

第三层是个体认知水平维度，也称为个体心理维度。个体认知是个体关于客观世界的所有信念和知识的总和，是未来选择恰当行为的基础。个体生活在社会中其选择不再是孤立、无历史的，人们的行为不可避免地会相互影响。许多人在单独处理一个未知问题的场景下，很自然地会仔细观察他人的行动和结果，然后模仿他们的成功行为，这意味着个体可以通过进一步获取关于场景的信息，开发自己过去已经收集的信息，以选择自己最佳行动方案。个体在与他人的偏好交往过程中，通过学习不断更新知识和信息，引致认知模式和搜寻规制的变化，从而影响偏好的类型发生变化。

个体认知过程不同产生的知识类型也不一样。低级的生物调节过程对于所有个体是相同或者相似的，能产生共同的基本知识，如简单的"情感"表情(生气、悲伤、高兴、厌恶、害怕等)。个体还可以通过自我强化和自我试错等学习过程获得知识。这些知识通常是不为人知的，具有较强的独特性和默会性。这种局部知识是个体行为差异的重要来源。个体还可以通过观察、模仿及文化传递等获得知识，这类知识涉及文化演化形成的许多社会行为规范，是群体特征的重要标识，也是群体行为差异的重要源泉。尽管个体偏好受到这些知识的影响，但是并不意味着这些知识能够完全决定个体的行为。在现实中，个体行为除了受到主流经济学说阐述的约束，如选择集、信息集、收入和价格等，还受到个体认知的约束。个体认知约束包括有限注意力、有限计算能力、有限自控能力和有限感知和记忆、有限自觉意识等(黄凯南，2013)。

对以上三个维度的个体偏好分析，体现了推动经济学理论发展的最重要的三股力量，反映了"生物演化""社会文化演化""个体认知心理"对个体经济行为的系统性影响，这三个维度是相互影响和相互渗透的，共同聚焦于个体偏好的形成，使偏好的稳定程度依次递减。生物进化维度的偏好是内层偏好，是最为稳定的；反之，个体认知水平维度的偏好是外层偏好，是最不稳定的。内层偏好是个体共同拥有的，它体现了个体的同质性；准内层偏好是拥有相同社会文化制度的个体共同拥有的，它显示了相同文化群体中个体间的同质性，以及不同文化群体之间个体的异质性；外层偏好则凸显了个体的独特性和异质性。当然，这三个维度的划分仅仅是为了理论阐述和实证研究的便利，它们并非截然分开，而是共同作用于个体，影响和塑造了个体的具体偏好。例如，最外层的个体认知水平维度，既受到生物进化维度的影响，也受到社会文化制度维度的影响。总体而言，影响个体的偏好的因素归结起来有三类：先天基因遗传、文化传递及个体认知水平。个体行为不是超乎一切逻辑推理的，也不是空中楼阁，而是多层级因素共同影响的结果，是内嵌于结构的，这些结构包括微观的脑神经结构、宏观的社会文化制度结构和个体的知识认知结构。

按照 Stigler(1950)的看法，经济理论应该根据三个标准进行衡量：现实一致性、一般性和易操作性。就这三个衡量标准而言，首先人性假设必须来自日常生活经验，从而与人们的差序性行为方式相适应；其次，应当具有普适性；最后，必须富于某种具体性，从而有助于识别和预测不同类型的行为。一般而言，这三个要求之间往往会存在冲突，一般性与现实一致性之间很可能不一致，因而关键在于在这些特性中取得平衡。例如，主流经济学"经济人"假设就明显过分注重一般性而忽视现实一致性，而分层偏好理论可以很好地将这三个特性结合起来。首先，它将人的动物性本能和社会性结合起来，从而更好地满足现实性；其次，它是在"经济人"假设基础上加入个体认知水平这一变量，从而更具备一般性特征；最后，它所具有的丰富内涵及由此得出的系列推论，有助于对具体行为做出分析，从而也能够满足易操作性的要求。正因为如此，分层偏好理论更能够符合Stigler 所提出的经济理论应满足的三大要求，从而能更好地成为分析经济行为的理论基础和逻辑起点。

4. 个体分层偏好的演化

上述三个不同层次的偏好，其稳定程度依次递减，越外层的偏好越不稳定，其演化速度也越快。为了生动和简明，并拓展对分层偏好内涵的理解，我们进一步讨论其演化机制。偏好是一个动态的、社会的和历史的范畴，不同的生产力水平与不同社会经济制度有不同的偏好。在社会生产力水平较低的农业经济社会，土地是最主要的生产资料，人们对土地与农业产品的效用评价或者偏好程度很高；在工业经济社会，物质与金融资本逐渐成为最稀缺的主要生产要素，工业产品成为人们生活中的主要消费对象；在知识经济时代，人力资本和知识将成为社会发展的决定性因素与民生财富的主要形式，因此，人们对知识产品的偏好程度将与日俱增。

　　在一个四维关系里,我们定义个体行为 B 的表达式为 $B(p, R(p), U) = F(U \mid p)$,其中,$p$ 表示决定偏好的经济因素;$R(p)$ 表示与之相互作用的非经济因素;U 表示分层偏好(内层偏好、准内层偏好和外层偏好)。关于个体行为形成的机理,我们借助图 3-1 中(1)~(4)小分图进行阐释。

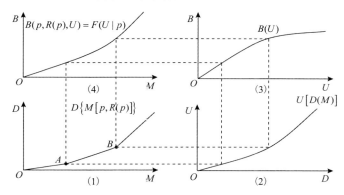

图 3-1　"影响因素—偏好结构—个体行为"互动关系演化趋势图

　　如图 3-1 中所示,不同影响因素 M(包括经济因素和非经济因素)决定社会发展水平 D,从而社会发展水平呈现不同的状态,图 3-1 中转折点 A、B 表示社会发展经历三个阶段:农业经济—工业经济—知识经济,我们假设图 3-1(1)中 A 点之前表示农业经济阶段,AB 段表示工业经济阶段,B 点之后表示知识经济阶段。社会发展水平受到诸多因素的影响,如经济因素 p_i、文化 c_i、社会制度 z_i、认知水平 i_i 等,是经济社会中的经济、文化、社会制度和认知水平等因素的复合函数,因此在 i 时期,社会发展水平可以进一步具体表示为 $D = f_1(i_i, c_i, z_i \mid p_i)$。

　　个体的内层偏好稳定不变,而准内层偏好、外层偏好从根本上是随着社会发展水平而演化的,即社会发展水平决定了个体偏好结构、选择的价值目标和水平。社会发展水平越高,偏好从一个层次跳转到另一个层次的速度越快,如图 3-1(2)所示,$U = f_2(D)$,最终形成了不同的偏好结构,文化、经济制度和认知水平等成为影响个体偏好结构与强度及其演化的重要力量。如图 3-1(3)所示,个体行为可以刻画成分层偏好的函数 $B = f_3(U)$:随着单一的稳定偏好向综合的分层偏好纵深演化而不断丰富。综合图 3-1(1)~(3)得到不同偏好结构下个体行为的表达式:

$$B(p, R(p), U) = f_3(U) = f_3[f_2(D)] = f_3\{f_2[f_1(i_i, c_i, z_i \mid p_i)]\}$$

　　上述公式也可以表述为分层偏好和影响因素的函数:

$$B_i(p, R(p), U) = F(U_i \mid p_i)$$

　　以上函数表明,个体行为是各种影响因素与个体内层偏好、准内层偏好和外层偏好的有机结合，我们建立"影响因素—偏好结构—个体行为"互动关系演化趋势图，如图3-1所示。

3.2.3　实验设计及其结果

为了考察以上的理论，我们在2015年9月12日进行了实验，以下我们给出实验的具体情况。

1. 被试选择和实验环境

由于该实验本身和实验对象的特殊性，如果参与实验人数太多，可能导致实验控制力的缺失。参考周业安和宋紫峰（2008）发表在《经济研究》的一篇文章《公共品的自愿供给机制：一项实验研究》，该文章中实验人数为24人。因此，本实验选取福州大学经济与管理学院工商管理硕士班24位企业总裁为被试对象，他们来自不同行业，自愿参加本实验，均未接受过任何公共品供给实验。该实验在福州大学经济与管理实验教学中心的在线实验室展开，这种做法有利于节约实验成本，可有效防止被试对象之间的交流，确保实验数据的有效性和控制实验进程。

2. 实验机制和相关参数设计

为了使被试对象更全面和准确地理解该实验，实验主持人详细地说明了实验规则、实验要求及实验收益的计算方法。被试对象被告知在参加一个公共品供给实验，且实验的最终收益将与其课程成绩直接挂钩，以确保被试对象认真对待本项实验。每个被试对象在不同场景下面临着相同的决策问题——在事先不知道其他成员投资策略的情况下，决定从自己所拥有的100单位初始禀赋中自愿投资多少至小组的公共账户，这将决定他们的实验收益。如果投资于个人物品账户，一期后的实验收益不变；而如果投资于公共品账户，一期后的群体收益根据收益分配制度而定。每一期实验中，每个被试对象都拥有100单位的初始禀赋，可以随意选择投资数量放进公共品账户，投资公共品g_i单位时可以获得的每期收益p_i为

$$p_i = (100 - g_i) + \frac{A\sum_{j=1}^{N} g_i}{12} = (100 - g_i) + \frac{A}{12}(g_i + g_{-i})$$

$$N = 12, G_{-i} = \sum_{j \neq i}^{N} g_i, i, j = 1, 2, \cdots, 12$$

式中，N表示小组成员数；g_i表示投资公共品单位数；A表示公共品效率系数；

g_{-i} 表示 i 以外的其他小组成员的公共品投资数。

　　被试对象在 i 期做出的公共品投资决策后，可以获得的收益 p_i 由两部分组成：第一部分是 100 单位的初始禀赋，扣除一定数额的公共品投资后剩余的数额 $(100-g_i)$；第二部分是所在小组成员（12 名被试对象）所做出公共品投资决策后每个被试对象可以从公共品账户（即 12 个小组成员的公共品投资总和 $\sum_{j=1}^{N} g_i$ 乘以公共品效率系数）均分得到的货币额。

　　每位被试对象必须通过计算机完成所有的投资决策，每人面前都有一台计算机。每一期实验结束后，被试对象可以通过计算机获得相关的信息：当期其所在小组的公共品供给平均值、自己的本期收益及所在小组的总收益。被试对象在八个实验局中面临相同的投资决策，但是每个实验局的投资情境略有不同，具体情况如表 3-2 所示。

表 3-2　实验的八个实验局设置

实验局/参数	文化差异	收益分配制度	是否公开投资数	期数/期
SEY	12 个人按指派组合，二组	1.1 倍再均分	是	5
SUY	12 个人按指派组合，二组	1.3 倍再均分	是	5
SEN	12 个人按指派组合，二组	1.1 倍再均分	否	5
SUN	12 个人按指派组合，二组	1.3 倍再均分	否	5
QEY	12 个人按友好程度组合，二组	1.1 倍再均分	是	5
QUY	12 个人按友好程度组合，二组	1.3 倍再均分	是	5
QEN	12 个人按友好程度组合，二组	1.1 倍再均分	否	5
QUN	12 个人按友好程度组合，二组	1.3 倍再均分	否	5

　　本项实验共有八个实验局，每个实验局包含五期。在 SEY、SUY、SEN 和 SUN 这四个实验局中，24 位被试对象按照学号被指派为二组。QEY、QUY、QEN 和 QUN 这四个实验局，按友好程度组合为二组，要求他们选择与关系友好者同组，视为有共同价值观的个体在同一组。SEY、SUY、QEY 和 QUY 这四个实验局要求，每位被试对象准确地向同组其他被试对象汇报自己的公共品投资额。SEY、SEN、QEY 和 QEN 这四个实验局的收益分配制度的公共品效率系数是 1.1。为了避免实验结果受实验顺序的影响，八个实验局按照随机顺序进行，分别是 SUY、SEN、QUN、QUY、SEY、QEN、SUN 及 QEY。

3. 实验参数说明

(1)每个被试对象在每个实验局中需要明确的信息,有实验期次、收益分配制度、所在组公共品投资均值、个人总收益及是否公开投资数。

(2)公共品投资小于等于初始禀赋100单位。

4. 实验设计分析

(1)SEY、SUY、SEN和SUN被指派为二组,QEY、QUY、QEN和QUN按友好程度组合,在控制其他因素不变的情况下,形成了控制组和处理组,用以考察文化对个体偏好的影响。

(2)八个实验局中,存在收益分配制度的公共品效率系数差异的对照组(如QEN和QUN),用以考察收益分配制度对个体偏好的影响。

(3)八个实验局中,存在被试对象每期是否公开投资数的对照组(如 SUY 和 SUN),以考察个体的认知状态对个体偏好的影响。

5. 实验结果

鉴于实验过程中未出现影响实验效果的意外情况,而且全体被试对象都表示在意自己的实验收益,所以本项实验能较好地模拟现实中的公共品投资行为,实验数据可以被用于进一步的研究。

1)公共品供给情况

结论3-1:本实验结果表明,被试对象把17.89%的初始禀赋放入公共品账户,公共品供给水平显著不为零,但是随着实验期数的增加,公共品投资额呈现下降趋势,具体各期的投资额参见图3-2。实验总投资次数为960次,其中"免费乘车"的行为出现112次,占总投资次数的11.67%。实验结果和先前的研究结论较为吻合,即被试对象的自利博弈均衡是"免费乘车",说明个体具有稳定的自利偏好。

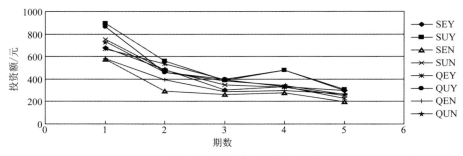

图3-2 八个实验局的公共品投资额走势对比图

2)公共品供给的期数效应

$$I = \text{cons} + a_1 \times \text{period} + \text{treatment} + \delta$$

其中，I 表示单个被试对象的公共品投资额；cons 表示常数项；period 表示实验期数；treatment 表示实验的类型变量；δ 表示随机扰动项；a_1 表示实验期数的系数。

本实验数据的回归结果，如表 3-3 所示，同时我们运用同样的方法，对学者 Nikiforakis(2008)的固定搭配数据及其随机搭配数据也进行回归，以便对比。可见，在本实验和其他两组公共品投资数据回归结果中，period 变量的系数均显著为负，表明公共品供给具有期数效应，即随着实验的重复开展，被试的公共品自愿供给水平会逐渐降低。

表 3-3　公共品投资额的期数效应

解释变量	被解释变量：投资额		
	本实验数据	Nikiforakis(2008)固定搭配数据	Nikiforakis(2008)随机搭配数据
period	-0.269^{***} (0.0433)	-0.756^{**} (0.056)	-0.703^{***} (0.0138)
treatment	-0.117 (0.138)	-0.636 (0.352)	1.364^{***} (0.278)
cons	7.235^{***} (0.485)	4.645 (0.919)	-99.83^{***} (14.233)
F 统计值 (p 值)	17.64 (0.000)	75.71 (0.000)	68.10 (0.000)
N	960	768	768

、*分别表示在 5%、1%的统计水平上显著

3) 其他变量的影响

结论 3-2：文化显著影响公共品供给水平。

为了检验文化对公共品供给水平的影响，本书在不改变个体公布投资信息及收益分配制度的基础上，选择 SEY 和 QEY、SUY 和 QUY 这两组对照实验局的结果进行对比。由表 3-4 可知，本实验中按友好程度组合的处理组的公共品供给大于对照组。换言之，有共同价值观的个体公共品投资额更大，即文化显著影响个体偏好。

表 3-4　公共品投资比例平均值比较(一)

分组	实验局	观测值	平均值	标准误差	标准差	t 值
对照组 1	SEY	24	0.281	0.037	0.132	0.896
	QEY	24	0.312	0.056	0.086	
对照组 2	SUY	24	0.303	0.052	0.146	0.658
	QUY	24	0.361	0.043	0.155	

注：t 值反映的是原假设两组数据没有显著差异

结论 3-3：收益分配制度明显影响公共品的供给。

本书选择 SEY 和 SUY、SEN 和 SUN 这两组对照实验局的结果进行对比，以考察收益分配制度对公共品供给的影响。由表 3-5 可知，在两组对照组中，总收益中公共品账户的公共品效率系数由 1.1 提高到 1.3 时，公共品投资平均值有明显提高，研究结果表明，制度变化时，偏好的收益会发生变化，即经济制度显著影响个体的偏好。

表 3-5　公共品投资比例平均值比较（二）

分组	实验局	观测值	平均值	标准误差	标准差	t 值
对照组 1	SEY	24	0.281	0.037	0.132	1.261
	SUY	24	0.303	0.052	0.146	
对照组 2	SEN	24	0.239	0.055	0.108	0.144
	SUN	24	0.315	0.044	0.083	

注：t 值反映的是原假设两组数据没有显著差异

结论 3-4：个体认知水平显著影响公共品供给水平。

在实验条件下，如表 3-6 所示，当其他条件不变时，公开投资数情景下的公共品投资额比不公开的更高。表明在个体决策过程中，个体能观察到其他人的行动及其结果，在相互作用下更新自己的信息和知识，运用这些信息采取行动以寻求更好的决策方案，即个体认知学习水平的变化导致个体偏好的变化。

表 3-6　公共品投资比例平均值比较（三）

分组	实验局	观测值	平均值	标准误差	标准差	t 值
对照组 1	SEY	24	0.281	0.037	0.132	0.658
	SEN	24	0.239	0.055	0.108	
对照组 2	QEY	24	0.312	0.056	0.086	0.753
	QEN	24	0.243	0.047	0.115	

注：t 值反映的是原假设两组数据没有显著差异

以上实验结果表明，个体偏好是多层次的，有稳定的内层偏好，即自利的偏好；在文化、经济制度和小组成员互动等其他演化压力的影响下，个体偏好会完成自我演化。

3.2.4　分层偏好理论的学术价值及实践意义

本书作者通过研究得出如下结论：①个体偏好可以分为三个维度，即内层的生物进化维度、准内层的社会文化制度维度和外层的个体认知水平维度；②制度通过提高激励和约束，改变个体行动报酬、情感动机和价值观等，以影响个体的偏好和信念；③标准经济学实验验证了文化、经济制度及个体认知水平的变化导致个体偏好的变化。

客观世界是复杂的、有历史的和有结构的，是多样演化的结果，而主流经济学关于偏好的研究范式是简单的、没有历史也没有结构的趋同理论。因此，我们试图剖析分层偏好的内涵及其形成机理，并归纳个体偏好和行为互动演化的一般规律，这种尝试对当前经济理论的创新和现实有深刻的启示。理论上，分层偏好理论修正新古典框架下稳定同质的假设，指出个体行为是三层偏好复合影响的结果，显然在构建效用函数时，应该包括个体自身收益、他人的收益及相互依存关系等。

实践中，首先，分层偏好是理解个体行为多样性和复杂性的有力武器，是对人类价值多元化的认可，不同文化底蕴和历史传统的个体，面对同样事物表现出不同的偏好。当前，中国社会主体价值观念和利益诉求呈现多样化趋势，由此所形成的分层偏好及其综合效应可能会影响经济行为和结果，政府或企业管理者建立在分层偏好基础上的制度安排，可以大大提高治理效率和管理绩效。

其次，随着金融危机过后世界经济的重整和变革，中国经济结构失衡问题凸显了经济体系的脆弱性，其主要表现为需求结构失衡，而需求结构失衡的本质原因是忽视消费者的偏好结构。经济发展方式转变，已成为我国经济长期持续稳定增长的重大战略抉择，厘清个体的偏好层次及其结构是解决经济结构问题的基本路径，也是摆在中国学术界面前一个既紧迫又现实的课题。

最后，从宏观层面上看，中国正处于经济、政治、社会和文化的转型期，个体的偏好和行为频繁发生改变，且演化方向和路径具有复杂性和不确定性，因而对最优政策的设计提出了挑战。研究分层偏好的形成机理，最终目的是通过对影响偏好演化的因素——文化、经济制度、社会互动模式、个体认知学习等的变革，以实现偏好的引导与重塑，筛选出符合社会价值的偏好，并通过各种社会机制传递和扩散，促进个体由过去仅仅关注单一偏好的均衡转变为同时关注三个维度个体偏好的综合求解。

3.3　企业分层偏好内容的界定

3.3.1　卡罗尔的企业社会责任模型

基于社会经济学观点，学者们进一步拓展了企业社会责任的概念。卡罗尔（Carroll）早在 1979 年就提出企业社会责任的概念，并对其进行系统、精辟和前瞻性的阐述，把企业社会责任分为经济责任、法律责任、伦理责任和慈善责任，呈现出不同层次(Carroll,1979)。就一个企业而言，他用金字塔结构来阐述企业社会责任结构，四种责任像阶梯一样从低到高，其中，经济责任和法律责任是最重要的部分，慈善责任被认为不如其他三部分重要，故而放在金字塔的顶部。企业的经济责任指企业追求财务业绩并满足消费者的需求；法律责任要求企业遵循相应的法律法规；伦理责任倡导企业的经营活动，在社会道德及规范的框架下运行；慈善责任是一个企业完全自愿承担的责任，去做一些并非发自经济、法律或伦理要求的符合社会和公众期望的贡献，以此来保持和增进社会财富。卡罗尔高屋建瓴地指出这四个责任的重要性依次为4：3：2：1。卡罗尔的企业社会责任模型，成为被学者们普遍接受的一种概念，为本书的研究提供了诸多的启示。

3.3.2 企业分层偏好内容的划分

具体到企业层面，个体的三个层次偏好内容分别是什么呢？本书尝试做出相应的界定。不同理论范式的比较和综合是理论创新与发展的源泉。本书结合个体分层偏好理论和卡罗尔企业社会责任模型，根据偏好形成的基础，对企业偏好分层内容进行界定，为了便于计量，本书将企业的偏好划分为两种类型：内层偏好型和外层偏好型。对于注重企业经济责任，即企业经济绩效的偏好，划分为"内层偏好型"，该层偏好是由企业基因本质决定的。注重其他三个维度——法律维度、伦理维度和道义维度，视为相对重视企业社会绩效，将其划分为"外层偏好型"，该层偏好受到制度约束和企业认知的影响与塑造，如图3-3所示。

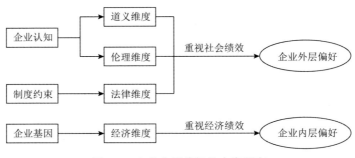

图3-3　企业分层偏好的内容界定

1. 内层偏好内容

经济责任是企业存在的目的，是由企业的本质属性决定的内层责任。道金斯(1998)认为，个体具有利己动机，这是由生物学基因决定的。斯密(2014)在《国富论》中把企业作为"经济人"，界定其基本职能是通过有效配置资源，向社会提供有价值的商品和劳务来实现利润最大化。马克思经济学也广泛认可企业家持续追逐利润的先天动机，"提高劳动生产力来使商品便宜，并通过商品便宜来使工人本身便宜，是资本的内在的冲动和经常的趋势"，这种冲动是企业创新的动力源泉。新古典经济学把企业视为一个生产函数，在既定资源投入的经济约束、生产函数的技术约束和需求函数的市场约束下，企业追求利润最大化能增加社会福利。福利经济学追求"帕累托最优"。企业的本质是在各种优先资源的约束下，优化资源配置，以最小的成本创造最高的效率和效益。主流经济学的企业本质观影响最为广泛，新制度经济学沿袭了新古典经济学的分析思路，认为企业的本质是一组契约联结，企业的行为就是委托人对代理人激励相容原则的契约组合。企业效率就是社会的效率，二者具有内在统一性，企业效率的实现更多依赖于有效的制度安排和调整。

不论是马克思的剩余价值理论、新古典经济学的追求利润最大化的行为假设、福利经济学追求"帕累托最优"，还是新制度经济学强调产权安排以实现经济效率，都决定了企业在创新过程中，形成追求经济效率的优先属性。企业作为经济组织，从微观层面上看，在竞争激烈的市场环境中，衡量企业生存和发展能力的首要指标是企业具有相对优势的盈利能力。

创新经济学的研究表明，企业创新的深层动因，离不开企业追求利润的本质属性。这一本质类似于生物学中的"基因"，可以看成是企业演化的"复制者"，它塑造了企业的内层偏好。因此，经济责任是企业长期演化过程中形成的稳定内层偏好，往往成为理解和实施企业行为的全部，它对于所有企业来说都是相同或者相似的。特别是当企业面临严厉环境规制时，受企业追求利润最大化的动机驱使，企业的创新意愿和技术积累的追求更加强烈，因为企业只有通过生态技术创新来改进工艺、提高生产效率和管理绩效，才能减少和抵消环境规制给企业所带来的环境成本。

2. 外层偏好内容

按照利益相关者理论，企业是不同个人之间的一组复杂的显性契约和隐形契约交会而成的一种法律实体。这一系列契约关系是企业和社会之间互动与交换的结果，也是一组用来处理企业和社会关系的双向性协议。作为社会共同体内的成员，企业与社会之间的关系是客观存在的。企业除了扮演传统的经济角色之外，还应积极扮演社会角色。博尔丁指出："在经济学中，我们开始承认，企业不仅是追求利润最大化的经济体系，它又是包括社会、心理及政治等诸多方面的复合性社会机构。"（龚宏斌，2014）

从静态的角度来看，企业与社会之间的契约是客观存在的，但是社会契约的内容是动态变化的，是社会文化制度和企业认知不断变化的结果，反映了社会在伦理和社会表现方面对企业期望的变化。随着企业自身影响力的不断增强和社会对企业期望的提高，企业如果要持续经营，必须遵守法律法规、履行社会伦理和道义责任等。企业除了创造利润，满足其内层偏好，还需要承担对债权人、员工、消费者、社区和环境等利益相关者的社会责任，实现外层偏好。企业追求外层偏好不是被迫无奈的选择，也不纯粹是为了满足制度和监管的需要，它是企业培养持续竞争力的平台，会促进企业实现可持续的、长期的发展。国外经济学理论对企业目标的演进分析表明，企业的发展目标经历了从单一利润最大化—利润最大化占主导—经济和非经济目标并存—人本化四个阶段。我国企业目标的演进虽然落后于一些发达国家，但是当前的许多企业，特别是国有企业，其目标经历了从单一利润最大化到多元目标的过程。

外层偏好的第一个维度是法律责任，受到制度和文化因素的制约，其稳定性弱于经济责任。在这一层面，对企业的认识，不论是社会学的"社会运行的基本单元"，或是社会法学的"社会本位"，或是权利责任对称观的"企业公民"，其实都认为企业应当像其他公民一样履行义务，包括遵纪守法、依法纳税等，企业必须在法律范围内履行其经济责任。依据德鲁克在《公司的概念》一书中的观点，企业的本质是一种社会组织，提出"企业要成为美国的代表性机构，就必须实现美国社会的基本承诺和信仰——至少达到最低要求"。需要指出的是，基于对企业产生的历史回顾可以看出，企业最初的成立不是随心所欲的，必须受到"法律的许可"（王辉，2005）。

外层偏好的第二个维度是企业对伦理责任的偏好程度。企业外层偏好是企业与利益相关者的互动关系，是对企业利益实现机制的重构，是企业追求利润过程的一个重要内生变量，因此企业在实现内层偏好的同时，也会有限理性地承担社会责任，主动履行社会准则、规范和价值观，实现与人和谐、与社会和谐及与自然和谐，提升利益相关者的权益、保护自然环境，表现出"高尚人"的特点，从而降低交易成本，间接地实现企业的多元目标。

道义维度则属于企业的外层偏好的第三个维度，是企业自律的、选择性的、非强制性的责任，是影响企业持续发展的重要变量，受到企业（主要是企业家）认知学习水平的塑造。道义维度是企业发展到一定阶段成熟的表现，如我国汶川地震后企业纷纷慷慨解囊，就是道义维度下企业实现多元目标的生动体现。

从长期来看，漠视和摒弃外层偏好的企业，最终会被市场所淘汰，社会制度因素、社会个体间的互动和企业家认知的提高能够影响并作用于企业个体偏好，这有助于企业个体偏好结构与强度的演化。特定的制度安排与制度环境构成的情景，能够强化企业对外层偏好的追求。

3.4　研　究　小　结

　　偏好是指人们按照自己的意愿，对可供选择的事物进行的排列。本章主要围绕分层偏好的形成机理、验证及其具体内容展开研究。首先，梳理偏好内涵的历史演绎，对建立在同质、稳定基础上的传统偏好理论提出质疑。其次，在剖析个体异质性的基础上，根据偏好形成的经济和社会基础，并尝试构建内层偏好、准内层偏好和外层偏好关系的分析框架，并进一步讨论其演化机制。通过一个典型的公共品实验，验证了区域文化、边际收益和个体认知水平会显著影响个体偏好。最后，结合卡罗尔的企业社会责任模型，界定了企业内层偏好表现为对经济绩效的偏好，企业外层偏好表现为相对重视其他三部分责任——法律责任、伦理责任和道义责任。分层偏好理论是一个前景广阔且关系人类利益的课题，本书只是从一个侧面对其内涵和形成机理进行初步分析，可能还远没有涉及问题的关键和精要，希望我们的研究尝试，能够为理解企业生态创新驱动规律提供一个可资借鉴的理论框架。

第4章 分层偏好视角下企业生态创新驱动机理分析

对一本优秀的专著来说，首先应当具备一个"真命题"，而命题发现通常要基于丰富的实践或对大量精品文献的阅读。而一篇精品文献必须具有独到的学术洞察和思想，或者是创造和发展新的研究方法，或者是蕴含着前所未有的第一手资料。通过对这些精品文献的收集和阅读，作者对相关问题的看法超越主流经济学的局限性，发现企业生态创新研究视角的缺失，找到分层偏好理论、系统论和创新管理的结合点，并形成自己的专题分析框架。

本书第2章围绕相关研究文献进行系统的梳理，第3章剖析企业分层偏好理论的形成机理，并进行相应验证，烘托出本书所依据的理论情境，进一步明确重点探索的科学问题。本章是在文献梳理和经济学分析的基础上，在分层偏好理论视角下，重点阐述驱动因素提炼的理论维度及驱动因素触发生态创新行为的机理，推导出本书的研究假设和研究概念模型，为后续实证检验中变量的选择提供重要的理论依据。

4.1 理论维度划分

企业生态创新行为是非常复杂的现象，许多内部因素和外部因素都会作用于企业生态创新行为决策，并影响到企业环境绩效和经济绩效，准确地理解生态创新的驱动机制，是识别、计量乃至调控驱动效应的重要前提，然而，不同理论视角可能导致对企业生态创新的前因变量认识和概括产生差异。

迄今为止，研究者对企业生态创新驱动的研究，主要围绕创新经济学、资源基础理论、制度理论(institutional theory)、利益相关者理论(stakeholder theory)等展开，各学科在保持各自的研究特色前提下不断融合。近年来，制度理论和资源基础理论备受学者的重视，成为这个领域广泛采用的理论。客观上，驱动企业生态创新的因素很多，结合前人的研究成果，本书从制度维度和资源维度概括驱动企业生态创新的因素。制度维度，基于外部视角研究社会层次和组织场域层次的制度压力，对于督促企业开展生态创新起驱动作用；而资源维度，则着眼于企业内部"黑箱"蕴含的资源(技术和环境管理能力)可能对企业生态创新行为的影响。

4.1.1　制度维度

经济学家倾向于把制度理解为与具本行为集有关的规范体系,是由符号要素、社会活动和物质资源构成的多层次、持久的社会框架,包括减少不确定性和机会主义行为的规则。制度理论学家诺斯认为:"制度是一个社会的博弈规则,或者更规范一点说,它们是人为设计的、塑造人们互动关系的约束。"(柯武刚和史漫飞,2004)通俗地说,制度是人类设计出来,用以规范人们相互交往的所有约束。制度包括正式规则、非正式规则及它们的实施特征。

制度抑制着人际交往中可能出现的任意行为和机会主义行为,在社会中发挥更为重要的作用,是决定长期经济绩效的根本因素(柯武刚和史漫飞,2004)。制度理论是代表一个更强大的社会学视角的组织理论,在某种程度上,正如什里瓦斯塔瓦等所言:"它整合了已经发展的关于具体转型问题的诸多理论。"(Shrivastava et al.,1994)

在制度理论的分析框架中,一直存在着两种不同的学术视野与分析思路——旧制度理论和新制度理论。旧制度理论强调,组织内部利益与权力的冲突和演变是组织变革的主要动因,组织内部利益和权力的分配格局演变成为组织内部的一种稳定价值观念,甚至成为组织本身存在的目的时,组织也就实现了变革的过程。相反,新制度理论则更加关注外部制度力量,通过强制、规范及模仿等机制影响组织做出特定的制度安排(Dimaggio and Powell,1983)。两种视角的制度理论各自关注的内容有所不同,对组织变革的解释力不足,随着对制度变革研究的不断深入,两种制度理论观点逐渐相互融合,形成所谓的新制度主义理论(neo-institutionalism),其发展趋势是从内部组织特征和外部场域环境两方面开展分析,为组织变革提供了必要的理论解释。

新制度主义理论将制度因素纳入分析范畴,并重新发现了制度与制度变迁在促进经济增长和解释经济现实中所起的作用,建立了一套区别于主流经济学的"制度—选择—绩效"的分析框架和方法。新制度主义理论辩证地看待制度、选择和绩效之间的互动关系,认为由于企业处在一个复杂的社会网络中,其决策和行为不可避免地受到社会网络中各个利益相关者的影响,事实上,从社会压力视角来看,其比单纯从企业经济的、理性的角度来解释企业的创新行为更具解释力和引导力,所以,越来越多的学者采用新制度主义理论来解释企业生态创新行为(Dimaggio and Powell,1983;Handelman and Arnold,1999;McFarland et al.,2008)。

制度理论对企业生态创新行为的解释,往往侧重于组织外部压力和社会期望,Dimaggio 和 Powell(1983)、Scott 和 Meyer(1994)、Jennings 和 Zandbergen(1995)等指出三种制度压力,即强制性的、规范性的和模仿性的压力促使企业在行为模式方面趋同化。这三种压力的具体内涵如下:第一,强制压力,是一种主导性的压力，主要来自具有支配性的政府管制部门制定的管制政策、法律法规等，它们以法律授权或者威胁，引导着组织活动或者组织观念。这些压力是社会强制力量的体现，企业如果违背这种强制性约束，可能面临严重的经济损失和社会制裁，所以不得不屈从于这种同构力。虽然，政府环境规制经常被一些学者诠释为影响企业实施生态创新的一个最重要的推动力(李怡娜和叶飞，2011)，更多的实践界往往将其看成是企业实施生态创新的一项最重要的外部强制压力。第二，规范压力，作为社会合法化的一种形式——"做正确的事"，每个企业的行为都受公众规范、标准和期望所约束，组织不得不遵循减少环境污染的行为准则和规范。源自社区、社会团体等稳定社会组织不断提高的环境期望，确立了一种共享的观念、思维方式和做法，是企业实施生态创新的一项最重要的外部规范压力。第三，模仿压力，也被称为认知压力，指的是企业存在于一个社会网络中，它们会倾向于模仿这个网络中其他成员的行为，或采用已存在的或较为流行的行为方式(McFarland et al.，2008)。在激烈竞争的市场上，如果一个关键竞争对手通过实施生态创新行为而吸引了顾客和获得了相对竞争优势，其他企业也会模仿其行为。

4.1.2 资源维度

1. 资源基础理论的产生

以资源为基础的企业理论形成于 20 世纪 80 年代，并越来越受到学者们的关注。该理论把企业组织看成是异质性资源的集合体，摒弃侧重产业环境分析的传统战略观点，尝试打开企业"黑箱"，规范而系统地探究了企业组织内部要素的构成、特征及其运作效率，着重考察了企业内部要素在企业获取超额利润与维持持续竞争优势时的不同作用和机理。

传统战略学派基于新古典经济学的同质化假设，即所有企业被假定为同质的，拥有相同的管理规模、技术水平、知识储备和产品质量，指出企业竞争优势与外部环境联系更为紧密，也就是说，将理解企业竞争优势的着眼点放在企业外部，主张企业应及时把握外部环境中出现的机会以获取竞争优势。随着新企业的进入和行业内其他企业的模仿，企业的差异性利润逐渐变小甚至消失，进而这种竞争优势是短期的、不可持续的。但是，现实出现了与之相悖的情况，很多企业之间不仅存在利润差异，而且是持续的利润差异。因此，20 世纪 80 年代之后，随着资源学派的兴起，学者们转向从企业内部出发，挖掘企业持久利润或持续竞争优势的来源，创立了与传统战略学派不同的分析范式。资源基础理论的早期实践者，如 Penrose(1959)指出，与市场机会的变化无常相比，企业内部的资源和能力是竞争对手难以模仿的，从而是竞争优势更为可靠的来源和基础。企业持续利润差异的来源不是外在的市场结构特征，而是企业内部资源禀赋的差异。

　　西方经济学的另一个新兴分支——演化经济学则考虑了企业之间的差异，侧重剖析在自然环境的选择下，知识积累、基因遗传、模仿和创新试错等活动对企业获取竞争优势的作用。实际上企业的多样性和差异性是推动企业演变的重要因素。与生物遗传基因一样，企业也有自己的"遗传基因"，正是"遗传基因"决定了企业日常的经营行为、生产能力乃至长期的竞争优势。企业知识和能力理论学者奥瑞克、琼克和威伦在《企业基因重组：释放公司的价值潜力》一书中指出，把企业业务能力要素(知识和能力)视为企业基因，每个业务能力要素在企业价值链中对企业产出有独立的贡献(奥瑞克等，2003)。企业"遗传基因"掌控着企业的"遗传密码"，这些"遗传密码"决定了企业的"惯例"，即决定了企业生产什么、销售对象及资源配置的效率。一方面，企业"遗传基因"，在企业内部稳定下来，促进企业规模的扩张；另一方面，有利于企业发展的"遗传基因"在企业间扩散，加速了整个产业中企业的演化。

　　总体来看，不论是资源基础理论早期实践者的学术洞察，还是主张"遗传基因"决定论的演化经济学思想，都有意识地将企业内生的资源、技术及知识储备看成决定企业竞争优势的关键因素，为资源基础理论的发展提供了必要的学术环境。事实上，直到 20 年代 80 年代，沃纳菲尔特(Wernerfelt)、巴尼(Barney)等学者才创立了较为完善的资源基础理论体系，将企业资源和能力带进了企业能力发展研究的新境界(Wernerfelt，1984；Barney，1986；Barney，1991)。

2. 资源和能力

　　如果说外部制度维度是企业实施生态创新行为的"约束性驱动力"，那么企业内部资源就是企业实施生态创新行为产生的基础。资源基础理论表明，企业独有的资产和生产要素，如知识资源、管理模式及生产技术等，在一定时期内具有相对稳定性，决定了企业在特定外部环境中的行为模式、竞争策略和竞争能力。在当代知识经济的背景下，企业的演化机制逐渐表现为生产技术、文化和隐性知识等重要组织资源的不断累积、更新和进步。知识和技术等资源对企业获取竞争优势的作用也越发重要，这类资源是企业的"遗传基因"，是难以复制和转移的。当外部环境因其他企业的不断进入而产生变异机制时，这类"基因"往往会从它们所在的"基因序列"中独立出来，以一种更为有效的方式对企业的"基因"进行重组，促进企业创新。

　　本书基于 Wernerfelt(1984)的观点，将资源和能力看成是一体的，认为影响企业生态创新的关键资源和能力，分别是生态技术优势和环境管理能力。事实证明，生态技术优势是一种处于分散状态的、模糊性和复杂性相对较高的无形经济资源，很难被竞争对手理解和模仿，并常常较深地嵌入在组织长期积累演变而形成的行为方式和行为规则等惯例中，是企业进一步生态创新的主要来源。对于大多数企业来说，企业拥有与生态有关的技术优势，为不同消费者提供绿色产品和服务的适应能力越强，越能与产业链上下游资源互补，驱动企业的生态创新行为。

同时，资源基础理论还认为，资源本身无法给企业组织带来经济收益，企业还必须具备整合资源的能力，即组织建造、整合及重构原有资源，以应对外部环境变化并获取竞争优势的能力。我们可以理解为，企业应具有迅速识别市场需求，并将其成功转化为符合消费者偏好的产品性能和产品特色的能力。普拉哈拉德和哈默尔(Prahalad and Hamel，1990)使用"核心能力"(core competence)这一术语，强调能力是多种业务组合的结果，并且有助于促进新业务的发展，这种核心能力与特定技术或者产品设计相联系。从生态创新行为来看，企业环境管理能力是驱动企业生态创新的核心能力。

4.2 制度维度因素的驱动机理研究

4.2.1 环境规制因素分析

1. 环境规制的类型

环境规制作为社会性规制的重要组成部分，是政府对企业的经济活动进行调节，以实现经济和社会的可持续发展(张红凤和张细松，2012)。我国环境规制政策主要划分为命令控制型、市场激励型、非正式型三种。随着环境规制的发展和演变，目前 OECD 国家一般把环境规制划分为三大类，主要包括命令控制型环境规制(大棒型)、市场激励型环境规制(胡萝卜型)和相互沟通型环境规制(说教型)，具体内容包括以下几个方面。

1)命令控制型环境规制

命令控制型环境规制是解决环境问题最常见的方法，包括产品标准、市场准入、产品禁令、技术标准、排放绩效标准和配额等。一项具体的命令控制型环境规制会迫使企业在技术创新时考虑这种政策的约束。以农用化学工业为例，在颁布相关环境规制前，企业研究开发各种高效的农药和化学肥料，追求更好的杀虫效果和更高的农产品产量，忽略化学品残留对环境的影响。但是执行命令控制型环境规制之后，农用化学工业的技术创新向生态创新转变，创新目标由单一的开发高效化学产品转变为开发高效、低残留和环境影响最小化的三个产品目标。政策制定者通常更偏爱命令控制型环境规制，因为该环境规制能够保证一定的调控结果，但遗憾的是这种环境规制的执行，往往需要投入大量的直接成本和间接成本。此外，这类环境规制往往要求每个企业承担相同的污染排放数量，忽略企业排污成本的差异，无法激励企业持续减少污染排放。尽管命令控制型环境规制有很多弊端，但其在实际应用中却是至关重要的，尤其是对特别危险的有害物质进行控制时，命令控制型环境规制可能是最可行、最容易收效的管理方法，因此在

世界范围内命令控制型环境规制仍然是最主要的手段。(哈米尔顿，1998；张沁，2012)

2) 市场激励型环境规制

随着经济的发展，人们逐渐意识到命令控制型环境规制有诸多的不足，如可能产生滞后的标准、容易受到政府的干预等。20 世纪 80 年代后期，市场激励型环境规制开始引起学术界和政府人员的高度关注。基于市场的环境经济激励政策，包括排污税(费)、资源税、环境补贴、可交易的排污许可、拍卖的排污许可、押金返还制度等。该类型环境规制用"看不见的手"对污染物排放进行控制，给予企业较大的选择空间，能较好地激发企业创新动力，但是不能确定污染排放量。

3) 相互沟通型环境规制

单纯依靠政府来解决环境问题是一种次优选择，环保实践中存在大量非政府的、非市场的、企业自主治理的可能性(卢现祥和张翼，2011)，从 20 世纪 90 年代开始，在发达国家涌现出越来越多的自愿协议。相互沟通型环境规制，包括信息披露、自愿协议、技术条约、建立网络、创新弃权书、环境标志等。其中，自愿协议，指企业通过"自愿"承诺达到比法律或者政策要求水平更高的环境绩效，即一个行业部门对环境管理部门承诺，在一定时间内降低污染，不达标不会受到制裁，但是会有压力，意识到环境管理部门可能会施加一个相关的直接规定。不论是企业自主执行还是企业间的合作，抑或是和其他机构协调实施，自愿协议看起来都是企业的自愿行为，从长期来看，企业可以从中获益：一方面，可以通过生态产品认证、环境管理和审计等方式来削减污染或者采用生态创新换取更宽松的规制；另一方面，有助于企业在市场上树立良好的绿色形象，减轻来自利益相关者的压力，并提高市场占有率。

三种类型环境规制对企业生态创新的激励效果存在各自的优缺点，具体对比如表 4-1 所示。

表 4-1　环境规制对企业生态创新激励效果的比较

项目	命令控制型	市场激励型	相互沟通型
优点	明确的政策效果 政策制定者有丰富经验	企业可选择空间的较大 持续激励，使污染降到标准之下 增加政府财政收入 便于执行和修改	便于各相关者的协调 有利于一体化创新和产品创新 增强企业的社会责任感 减少行政压力
缺点	当企业合规时，无激励效果 可能产生滞后的标准 容易产生锁定效应	增加企业成本，影响国际竞争力 污染产出不确定	激励和导向效果不佳 容易产生搭便车现象

资料来源：Markusson(2001)

不同类型环境规制的总体特征、最终目的和运用环境也存在差异，如表 4-2 所示。

表 4-2　不同类型环境规制的特征比较

政策工具	总体特征	最终目的	运用环境
基于技术的环境标准	在大多数情况下是有效的（当它们被充分执行时）；在异质污染者的情况下，统一标准会导致低效率	技术扩散和渐进式创新	边际治污成本的差异很小，且环境问题的解决方案是经济可行的
技术强制标准	有效的（当产业关注环境问题时）；存在迫使产业投资过于昂贵的次优技术的风险；信誉问题	技术创新	技术开发的成本足够低
创新优惠政策	与技术强制标准相同	技术创新	技术机会是可用的，最佳解决方案有不确定性
排污税	有效率的；产业影响具有不确定性；提供了微弱的、间接的创新激励；行业总的环境成本可能很高；政治吸引力有限	技术扩散和渐进式创新	异质性污染者对价格信号产生反应；存在许多不同的技术以实现环境效益
排污权交易	有效的；成本效益（以最低的成本实现环境效益）	技术创新和扩散	与排污税相同；监管和交易成本不宜太高
研发补贴	资助次优项目的风险；为创新者提供额外收益	技术创新	环境技术市场还不存在；未来政策具有不确定性；得益于创新存在问题
投资补贴	与污染者付费原则相冲突；获得额外收益	技术扩散	行业因严格环境规制而丧失竞争优势
自愿协议	有助于企业和消费者把注意力聚焦于环境问题和可用的解决方案	技术扩散	公众缺乏环境意识；信息不对称
建立网络	产、学、研、用之间建立的网络化联系渠道；帮助企业更有效寻找治污方法	技术创新	信息不对称
技术契约	对非履约行为应补充罚款；低管理成本	技术扩散	许多污染者和许多技术解决方案的情况；监测环境绩效是昂贵的

资料来源：Kemp（1997）

2. 环境规制驱动企业生态创新的路径

环境规制，主要是通过界定环境资源的产权、对环境资源合理定价及污染者付费制度来纠正市场失灵，促使企业开展生态创新活动。在引入环境规制之前，企业只关注私人成本，不会主动考虑外部成本。企业的生产决策、技术创新、组织创新和制度创新，都是以降低私人边际成本为目标的，不考虑边际外部成本的增加，因此在传统范式下，企业缺乏减少污染排放的动力，以致对生态创新投入不足。引入环境规制之后，企业要维持原有生产水平和利润，必须想办法降低私人边际成本（marginal private cost，MPC）和边际外部成本（marginal external cost，MEC）。

假设企业生产函数为 $Q = f(K, L, R, T)$，其中，K 为资本；L 为劳动；R 为自然资源；T 为技术水平。生产 Q 单位产品时会产生 J 单位污染物，显然污染物数量是产量的函数，表示为 $J = f(Q)$。企业实际污染排放量 E 等于生产过程中产生的污染物数量 J 扣减企业治理的污染物数量 A，即 $E = J - A$。私人边际成本曲线为 MPC，边际外部成本曲线为 MEC，社会边际成本（marginal social cost，MSC）曲线为 MSC=MPC+MEC。企业为了多削减一单位污染所付出的成本称为边际减排成本（marginal abatement cost，MAC），企业私人边际收益为 MPB（marginal private benefit），如图 4-1 所示，企业的私人边际净收益曲线（net marginal private benefit，NMPB）为 NMPB=MPB－MPC。

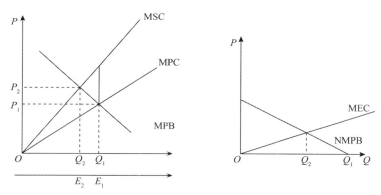

图 4-1　环境规制影响企业创新决策

当不存在政府环境规制时，企业作为理性人，最优生产决策是使 MPB=MPC，显然企业生产量为 Q_1，污染排放量为 E_1，企业私人边际净收益为 0。为了纠正市场失灵，减少污染排放，政府采取市场激励型环境规制，企业被迫把外部成本内部化，提高私人边际成本，使之等于社会边际成本，则当 MPB=MSC 时，企业生产量减少为 Q_2，污染排放量为 E_2。企业产量减少，则企业的净收益也随之减少。

企业为了维持原有利润，只有通过生态创新来增加私人边际收益或降低私人边际成本，具体作用途径如图 4-2 所示：①通过生态技术、组织和管理创新，生产绿色产品带来的差异化从而提高市场容量，增加企业私人边际收益。②降低边际成本，一方面，可以通过生态创新，提高资源利用率或者降低能耗，降低私人边际成本；另一方面，采用清洁生产、末端处理技术等，减少污染排放量以降低边际外部成本。这两种途径，毫无疑问都需要一定数量的生态创新资源投入，摈弃旧的产品和工艺来实现政府的环境目标。

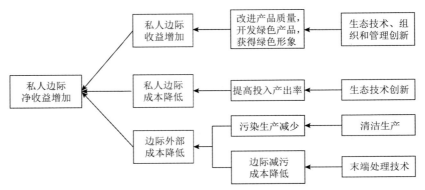

图 4-2　企业应对政府环境规制的具体途径

需要指出的是，环境规制还包括政府支持性政策，涉及与生态技术相关的专利保护制度、财政手段、产业政策等，是驱动企业生态创新的重要外部力量。首先，生态技术成果是一种容易"免费搭车"的共享性产品，绿色专利保护制度和程序，可以激发企业生态创新动力；其次，政府对企业和相关科研机构的生态创新行为进行直接补贴、信贷优惠，以及实施政府绿色采购等资金投入政策，或者设立专门的生态创新指导机构，出资让企业家赴欧洲、日本、韩国观摩生态创新活动等措施，可以促进企业生态创新能力的形成与演进；最后，政府对绿色产业的扶持政策等，可作为一种外生的力量，从侧面影响企业的生态创新行为。

4.2.2　市场压力因素分析

企业生态创新是一个始于研究开发，经设计制造，再到实现商业化的过程，同时还必须减少对环境的不利影响。在产品研发阶段，消费者绿色需求和市场竞争压力需要被识别，并整合到新产品创意过程中，这对识别正确的创新方向起到重要作用，进而影响创新商业化和创新绩效。20 世纪 60 年代，美国经济学家Schmookler(1966)创立线性的需求驱动创新说，表明创新活动与其他经济活动一样，都是为了追求经济利润，市场需求为技术创新和专利发明等活动提供思路、机会和市场。本书作者认为，绿色需求和市场竞争压力是重要的"认知压力"，通过诱发企业的生态创新"搜寻"，进而激励创新。

1. 绿色市场需求是一种"新奇"诱发企业的"搜寻"和"创新"行为

演化经济学家纳尔逊(Nelson)和温特(Winter)基于有限理性和知识分散性，把企业的行为规则和方式称为惯例。惯例可以理解为抽象化的做事方式，由企业的知识遗传、经营模式和文化等构成，这些惯例是企业长期演化形成的，它决定了企业的竞争优势(Webster，1999)。由于各个企业惯例的差异，企业之间的行为模式与特征是不同的，这解释了企业的异质性和多样性。惯例是可以被继承也可以被选择的，如果惯例在企业中运行良好，则这些惯例会被保留下去；反之，如果惯例在企业中运行效果不好，则会被舍弃或者修正。纳尔逊和温特特别强调，惯例(知识遗传)、搜寻(企业适应和模仿)、创新(惯例变异)和市场选择对企业演化的作用，认为当"新奇(市场选择)"产生时，企业通过一系列的学习过程建立新的预期。企业为适应外部环境变化通常会依据行业特征和自身学习能力选择具体的搜寻模式：一方面，企业可以从已知的惯例中搜寻出最适合自己的、与自身内部资源最匹配的惯例，进行模仿；另一方面，企业也可以通过加大研发投入，或对原有的"遗传基因"进行重组，创造出原先没有的惯例，即企业的创新。(黄凯南，2010)

适者生存是在企业不断和外部环境互动中产生的(Foster，1997)，企业在不确定的环境中，结合自身的惯例和外部认识，不断调整自身的感知、理解和目标，做出决策，谋求企业的动态适应性。绿色需求相对于传统需求而言，就是一种"新奇"，携带传统技术等惯例的企业在新的互动中，企业内部基础因素(技术或者制度)不能适应外部环境，原有的预期可能落空，面对新的不确定状态，必然引发企业根据自身行业特征和学习能力的一系列搜寻行为。搜寻是一个寻求问题解决方案的过程，也是一个适应性学习和试错的过程，它会增加企业的默会知识，导致企业基础因素的变异，而变异则是企业生态创新的来源。因此，为了满足绿色需求，企业通过不断的"搜寻"，促使"变异"的出现，从而导致"创新"，其实质就是"搜寻—变异—创新"的过程。

2. 绿色需求从供给方面激励绿色研发投入

绿色消费是一种适度节制，并减少对环境影响的适度的、全面的、可持续的消费。近些年，绿色消费需求不断被发现、激发出来，根据联合国开发计划署统计，在欧美发达国家，绿色消费已成时尚，绝大多数消费者愿意花更多的钱购买绿色产品，80%以上的美国人、加拿大人、荷兰人和德国人，表示会把商品的环境影响作为理性选择商品的重要考核指标。中国消费者在价格相同时愿意购买绿色产品的比重占 50%以上，价格高一些也仍然愿意购买绿色产品的比重接近50%(刘燕娜和余建辉，2010)。满足消费者的绿色预期以增加市场份额，是驱动生态创新发展的关键因素(Green et al.，1994)。绿色需求往往会形成一种核心的认知压力，激励企业增加绿色研发投入。

首先，绿色需求能够降低生态创新的成本，特别是市场开拓成本。由于绿色产品的复杂性和不确定性，市场的开拓过程，需要对潜在消费者不断地进行宣讲、教育和引导，使他们增加对新产品的理解、认知和认同感。产品的复杂性往往会使这一成本高昂，但是，如果存在先发性绿色需求，则可以解除消费者对新产品的戒备心理和加强消费者对新产品的认同程度。绿色需求显然会减少这一过程所需要的费用，降低市场开拓成本。

其次，绿色需求降低了生态创新过程中的不确定性风险。绿色需求，特别是先发性绿色需求，是一个国家对某种产品的需求在国内领先于他国时出现的。由于绿色需求总会以一定的形式给予外界某些信号或者信息，当消费者产生某种绿色需求时，其心理反应总是具有一定的指向性。也就是说，消费者的绿色需求总是指向某种具体的商品或者服务，是对一定对象的需求，而信息的价值就在于一定程度上实现对未来的控制。生态创新过程中具有的高度不确定性，使得创新过程成为一个充满试错的过程。已经存在但尚未被满足的某一产业领域内的绿色需求，肯定会对生态创新产生拉动和导向作用，并为新产品提供很多现场实验的机会，能有效地降低生态创新的失败率，从而减少生态创新过程中的不确定性。可见，绿色需求，因为率先向创新企业发出信号而能进一步减少生态创新过程中的不确定性风险。

再次，绿色需求为生态创新奠定良好的物质基础。马克思说："消费，作为必需，作为需要，本身就是生产活动的内在要素。"因为，"没有需要，就没有生产。而消费则把需要再生产出来，消费的需要决定着生产"。市场有什么样的消费需求，就决定着企业生产什么样的产品，并进而决定着技术发展的态势和取向。绿色需求是生态创新的基本动因和最终目标，它引导技术创新的生态化发展方向。企业如果不研发生态技术，就不能满足消费者的绿色需求，就没有核心竞争力，自然就会被绿色市场淘汰出局。所以，出于维持自身的生存与发展需要，企业也有了研发生态技术的危机感和紧迫感。在当前快速变化的环境中，生态创新不是一次性的或者阶段性的事情，而应该是持续的动态过程，生态创新必须和绿色需求相匹配。目前，全球绿色消费总量已经达到 3000 亿美元并且日益增长，广大消费者对绿色和环境友好型产品的偏好，有利于形成有效的、足够的绿色市场规模，从而激励企业生态创新投入。

最后，绿色需求有利于形成生态创新的良性循环。生态创新活动多数在大型企业、研究机构和高等院校的实验室进行，是一种探索性"试错"活动，然而生态技术还必须充分估计到技术对自然系统的整体影响和远期效果，降低技术应用对环境带来的负面效应。相关技术产品的可用性和环境影响，必须现场运行加以验证，绿色需求可以为企业提供丰富的工程实践机会，使企业生态创新能力在工程实践中不断得到积累。

总之，绿色需求增加了消费者对绿色产品的认知度和购买的可能性，降低了生态创新的市场开拓成本、不确定性风险，增加了绿色收益，并形成生态创新的良性循环。绿色需求是重要的认知压力，成为企业实施生态创新相关实践的重要驱动力。

3. 竞争压力促发了企业的生态创新模仿

企业生态创新是创造市场机会和商品财富的催化剂。随着生产产品的日益同质化，企业通过实施环境管理系统或积极开发绿色产品，可以突出绿色品牌的视觉形象，直接引导消费者的商品选择，从而提高本企业的市场销售业绩。价格竞争加剧也促使企业转向多元化和迁移到更有利可图的、存在产品差异化的行业，迫使企业采用先进的生产工艺和产品技术，实现卓越的环保性能，实现企业绿色战略。可见，企业外部激烈的竞争导致企业产生学习和掌握新技能和新知识的动力，竞争对手在新材料、新技术、新装备方面的突破，促使企业增加技术创新的均衡投资，或者集成、重构内外部资源以提高生态创新能力和竞争力 (Dasgupta and Stiglitz，1980；Kim，1998)。

企业会倾向于模仿产业网络中其他成员的经营行为。企业不仅会模仿行业中成功企业的行为，也会模仿其他能影响组织目标实现的利益相关者的行为 (Galaskiewicz and Wasserman，1989)。模仿的行为来源于企业对商业环境、组织领域中逐渐增加的不确定性和复杂性的认知，从而倾向于将被认为是"最佳实践"的行为作为合法性的实践来模仿。因此，企业会密切关注竞争对手的相关战略变化，如果一个关键竞争对手通过实施生态创新行为而吸引了顾客从而获得了相对竞争优势，其他企业也会倾向于效仿其行为，以维持自身的市场销售份额(李卫和吴坤，2013)。许多商业领袖逐渐认识到环境保护对于其企业提高国际竞争优势的重要性，主动将环境标准整合到环境管理与企业战略当中(Sarkis et al.，2010)。例如，西门子股份公司通过开发节能的产品，采用可再生能源和环境技术，使节能环保相关的业务收入占其总收入的 $1/2$ 左右；西门子股份公司通过生态创新，实现了企业、消费者和社会三方共赢，引发了很多企业进行追随和模仿。

本书作者认为，市场竞争压力是一种模仿性的制度压力，迫使企业模仿国内外行业领先企业的生态创新行为，加速了生态创新的扩散和产业演化。

4.2.3　公众压力因素分析

正式的或者非正式的强制性制度力量是驱动企业生态创新的重要工具。但是，要有效诱导企业进行生态创新，仅仅依靠强制性制度力量是不够的，还必须要有伦理、道德和规范的作用，如果人们缺乏相应的环境价值观和伦理观，强制力量很难真正规范和调节人们的行为选择。

规范压力的核心思想，指的是企业的经营行为往往会受到道德支配方式的约束，体现为价值观、公众期望和行为规范。规范性压力来源于社会公众对企业的道德期望。法律和伦理道德是维系人类社会发展的两大基本规范，以环境规制为主的强制性制度力量和有关环境的伦理道德，是为确保公众利益对个人行为的约束。环境伦理存在于人们的观念和习惯当中，其依靠社会舆论和信念力量来约束人们的行为。作为社会合法化的一种形式，每个企业的行为都受其外部公众的规范、标准与期望所约束(Zhu and Sarkis，2007)。企业对环境的关注：一是来自企业追求竞争优势，即顾客对环境友好型产品的需求所带来的外部经济压力；二是来自公众团体施加的外部政治压力(Banerjee et al.，2003)。企业的创新行为，取决于企业管理层对外部公众不断变化的规范、期望与标准的满足程度，即依赖于其对外部公众的各种利益诉求做出回应的效果(Donaldson and Preston，1995)。公众及其他利益相关者在自然环境上的权益，成为影响企业战略制定的规范压力，新闻媒体、当地社区、环保团体促使企业在决策时考虑环境影响(Starik and Rands，1995)。Campbell(2007)提出，在政府规制较为严格、非政府组织监督更为明显的制度环境下，企业会采用更多的适当性行为，体现出较好的社会绩效。这一分析结论是对前述 Dimaggio 和 Powell(1983)的分析框架的进一步延伸和具体化。

公众(public)通常指的是，有共同的利益基础、兴趣或者关注某些共同问题的社会大众或群体(Hale，1993)。本书的公众主要涉及社区、社会团体、行业协会等非政府组织，他们在推动企业生态创新意识的提升方面发挥了重要作用。公众压力驱动企业生态创新主要体现在四个层面。

1. 进行环境教育，提高公民环境意识

非政府组织以环境教育为切入点，通过各种方式、各种形式的环境知识普及教育进行多种多样的环境宣传活动，使公众对已经存在的环境问题有充分的信息和个人判断能力，同时相伴形成的环境期望也不断提高。例如，2010 年，绿家园志愿者等 13 家非政府组织依据当前的水资源和水环境的现状，在杭州发布"中国江河绿色行动"倡议书，倡议公众关注水环境和水污染的问题。这些非政府组织倡议合理利用水资源，节约用水，并推动节水技术的扩散。

2. 参与环境决策，履行环境诉讼

非政府组织参与是意识转化为行动的过程，既包括自律行为(产生自觉维护环境卫生的行为)，也包括他律行为。2003 年中国出台《中华人民共和国环境影响评价法》明确了公众参与环境决策的权利。公众从早期的环境教育逐步发展到参与环境决策、参与环境诉讼、监督企业开发环保产品及服务等诸多领域。近年来，公众的环保意识不断增强，影响了政府和企业的行为决策。例如，2007 年厦门市人民政府在没有充分认证的前提下，准备在海沧行政区投资年产 80 万吨的 PX(二甲苯及其配套工程)项目，考虑到环境保护及其他公共利益，厦门市市民自发组织起来向市人民政府提出建议，引起厦门市委市政府的重视。政府及时召开环境影

响评价公众参与座谈会，广泛了解公众的环境诉求并最终提出迁址建设 PX 项目的意见。此外，公众还通过参与环境诉讼，监督企业环境管理行为。2016 年 8 月，近 80 吨含有汞污染废弃物，被非法倾倒在河南。事件发生后，河南省企业社会责任促进中心(环保非政府组织)，将相关企业和个人起诉到洛阳市中级人民法院，洛阳市中级人民法院受理此案后，并于 8 月 19 日做出案件进行先予执行的裁定，要求涉事公司立即将危险废弃物转移。该案件成为首例由河南省内社会组织提起的环境公益诉讼案件，是河南省首例涉及环境污染的民事公益诉讼案件，也是我国第一起涉及跨省固体废弃物损害环境公益诉讼案件。根据修改后的《中华人民共和国环境保护法》和《最高人民法院关于审理环境民事公益诉讼案件适用法律若干问题的解释》的相关规定，有权提起环境民事公益诉讼的原告，包括在设区的市级以上人民政府民政部门登记的社会团体，赋予了公众参与环境民事诉讼的权利。可见，非政府组织通过参与民事公益诉讼，对企业环境管理行为直接施压，成为影响企业生态创新的重要规范性力量。

3. 披露企业环境信息，督促企业整改

非政府组织通过公布企业环境排放信息，对企业环境行为进行舆论监督，促使企业履行社会责任。2010 年，34 家非政府组织向社会披露一份"黑名单"，指出 21 家市场占有率高的企业所生产的产品存在环境违规问题，双汇集团、河北小洋人生物乳业有限公司、内蒙古蒙牛乳业(集团)股份有限公司、株式会社日立制作所、荷兰皇家飞利浦电子公司、摩托罗拉公司等位列其中，涉及食品、家电、轮胎、通信产品等。这些公布的信息来自公众环境研究中心(Institute of Public and Environmental Affairs)，数据库的信息来自各级政府的环境监测部门。通过网络平台，广大民众能够便捷地获取政府部门的环境信息。非政府组织除了发布企业的不合规信息，还向相关企业发出通知，希望其能提供资料说明违规情况和整改意见。为了维持社会形象，有一半以上的企业与公众环境研究中心取得联系，进行整改，并提供政府后期检测报告和排放数据。

4. 施加行业约束，促进企业学习

行业协会作为一种专业化的组织网络，能促进行业内企业之间的关联与协作，加速资源整合并加强知识转移和共享，以组织学习和知识整合的方式支持企业生态创新。同时，行业协会也是联系政府与企业之间的社会中介组织，既不属于政府管理机构，也不属于营利机构，其宗旨在于促进本行业的集体性利益或共通性利益，其既能代表企业向政府表达诉求，也能帮助政府向企业宣传行业规则、产业政策及正当竞争。行业协会中某些企业环境绩效差的企业，可能极大地破坏行

业的声誉，为了继续获取政府的信任，行业协会越来越重视通过各种方法促进企业改善环境绩效，为其提供专业的技术人员和管理等支持，形成强大的规范压力。

可见，公众对企业进行生态创新行为施加规范压力是多渠道的，包括进行民众环境教育、参与环境决策和公益诉讼、监督企业环境行为、披露和抵制非环保行为、施加行业规范约束等。企业开展生态创新行为的一个重要目的是满足公众的价值观、道德期望和行为规范，从而实现企业自身价值。企业感知到的来自公众的压力越大，就越有可能采用生态创新战略。

综上所述，从制度这一维度来看，政府环境规制、市场需求和公众压力作为强制性的、模仿性的和规范性的制度压力，是企业开展生态创新所受的外部约束，对企业生态创新行为产生重要的影响。

4.3　资源维度因素对企业生态创新的驱动作用

基于资源基础理论的学术观点（Wernerfelt，1984；Barney，1986；Barney，1991），企业内部资源是企业实施生态创新战略的内部情景条件，反映了企业是否有足够的资源用于进行生态创新。企业内部的技术资源和环境管理能力，是企业生态创新开发成败与否的关键因素，决定着对生态创新活动的能力预期。这些技术和能力具有价值性、稀缺性、不可模仿性和不可替代性等特征，拥有异质性资源和能力的企业，能够做好其他企业所不能做的事情（Horbach et al.，2012）。在企业内部技术和组织能力冗余的情况下，创新和变革更易于被企业所接受，使企业有更多机会进行生态创新探索和试验，或者培训更多环保人才来应对外部环境的变化。

4.3.1　生态技术优势因素分析

资源基础理论认为，企业对外部压力的响应并非是完全妥协，企业会根据自身的资源和能力，对外部压力做出不同的反应（Oliver，1997），企业在选择生态创新行为时，会受到可支配性资源的影响。在实施生态创新的过程中，内部利益相关者对企业的资源和能力有全面的认识，了解企业是否有能力承担生态创新行为所带来的风险，以及是否有足够的资源支撑企业的创新措施，进而决定是否采取生态创新及生态创新行为实施的程度。

企业生态创新过程，代表了生态技术能力和绿色市场需求的汇合。著名学者Leonard-Barton（1992）认为，企业核心能力包括技术系统能力、知识与技能、管理系统能力和组织价值观，是一种动态能力。Henderson 和 Cockburn（1994）认为，企业核心能力包括元件能力（资源、知识技能、技术系统）和框架能力（合成能力、管理系统、价值标准、无形资产)的组合。可见，企业核心能力是企业中很多的技能及各种互补性资产的综合应用和反应，也是不同的技能及系统管理制度的有机组合。企业生态技术创新能力是企业核心能力的重要组成部分，是贯穿于市场需求分析、创新构思分析、研究开发、产品商业化等企业生态创新全过程，为企业战略和提高企业核心竞争力服务的一系列综合特性与能力的集合。

企业生态技术创新能力的形成一般有两种方式：一种是企业利用自身创新资源进行研究开发，获得新技术与新知识，这是一种封闭式生态创新；另外一种是企业积极获取外部技术，并以自身原有技术为基础，对获得的外部技术进行消化吸收，再创新出新技术，实现企业生态技术创新，这是一种开放式生态创新。企业的内部资源，特别是自身原有生态技术，是企业进行封闭式创新和开放式创新的基础。企业的生态技术基础不仅影响到企业生态创新的初期阶段，也影响到企业生态创新的执行阶段，是企业持续创新的主要因素。技术总量的积累、技术具有可被利用的内在特征、技术的商业价值，决定了技术始终是推动技术创新的重要动力(赵玉林，2006)。企业的生态技术优势，意味着企业拥有更多关于环境问题的知识储备，使得企业可以充分利用集群网络中的知识溢出，相互学习来提高生态技术创新能力。生态创新的过程，实际上是环境知识的不断累积、整合和利用过程，生态技术优势可以促进企业间的生态创新技术和环保知识的交流与学习，培养生态创新能力，有利于企业生态创新行为的产生。在动态的环境中，企业对内部知识的获取、积累和应用能够产生更多的创新观念。因此，生态技术优势对企业生态创新有很大的影响。

Bernauer 等(2006)指出一般创新提高了企业开展生态创新的可能性，企业研发活动有助于提高企业生态创新的经验与研发进程。具有生态技术优势的企业，往往会产生累积效应，该累积效应来源于企业本身对生态创新的兴趣、生态技术优势带来的效用和经过创新再投入所产生的效用。本书用简单的数学模型来阐释生态技术优势通过累积效应驱动生态创新，分析如下：

$$U = U_P + U_d$$

式中，U 表示累积效用；U_p 表示由企业生态创新兴趣、生态技术优势所产生的效用；U_d 表示由进一步投入所产生的效用。

$$U_p = U_l + U_a + U_{la}$$

式中，U_l、U_a 分别表示企业生态创新兴趣、生态技术优势的效用函数；U_{la} 表示企业生态创新兴趣、生态技术优势交互影响的效用。

其中的投入效用可以表示为创新投入量的函数：$U_{d_i} = r_i d$。其中，d 表示生态创新投入量；r_i 表示第 i 次生态创新投入效用系数，该系数是生态创新兴趣、生态技术优势的递增函数，即：

$$\frac{\partial r_i}{\partial a} > 0, \frac{\partial r_i}{\partial l} > 0 \tag{4-1}$$

生态创新投入成本函数：$C_i = q_i d$。其中，q_i 表示第 i 次生态创新投入成本系数，生态创新兴趣、生态技术优势越强产生同样效用所耗用的成本越小，该系数是生态创新兴趣、生态技术优势的递减函数，即：

$$\frac{\partial q_i}{\partial a} < 0, \frac{\partial q_i}{\partial l} < 0 \tag{4-2}$$

经过一段时间的创新投入后，企业的自主学习和激励，进一步加强原来的生态创新兴趣、生态技术优势的效用，即：

$$U_{p_1} = U_{p_0} + p_k U_{d_1}$$

式中，系数 p_k 与生态创新兴趣、生态技术优势正相关，但服从边际递减规律：

$$\frac{\partial p_k}{\partial a} \geqslant 0, \frac{\partial p_k}{\partial l} \geqslant 0; \frac{\partial^2 p_k}{\partial a} < 0, \frac{\partial^2 p_k}{\partial l} < 0 \tag{4-3}$$

可见，一年后由于创新投入所产生的生态创新兴趣、生态技术优势效用的增量为

$$\Delta U_{p_1} = U_{p_1} - U_{p_0} = p_k U_{d_1}$$

因此，一年后由于增加生态创新投入产生的累积效用为

$$U_1 = U_{p_1} + U_{d_1} = U_{p_0} + (1 + p_k) U_{d_1}$$

即两年后由于增加生态创新投入产生的累积效用为

$$U_2 = U_{p_2} + U_{d_2} = U_1 + (1 + p_k) U_{d_2} = U_{p_0} + (1 + p_k)(U_{d_1} + U_{d_2})$$

依此类推：

$$U_n = U_{n-1} + (1 + p_k) U_{d_n} = U_{p_0} + (1 + p_k) d \sum_{i=1}^{n} r_i$$

$$C_n = \sum_{i=1}^{n} q_i d$$

假设企业单位生态创新投入所生产的效用函数为 $f(a,l)$，则：

$$f(a,l) = \frac{U_n}{C_n} = \frac{U_{p_0} + (1+p_k)d\sum_{i=1}^{n} r_i}{\sum_{i=1}^{n} q_i d}$$

$$\frac{\partial f}{\partial l} =$$

$$\frac{\sum_{i=1}^{n} q_i d\left[\frac{\partial U_{p_0}}{\partial l} + d\sum_{i=1}^{n} r_i \frac{\partial p_k}{\partial l} + (1+p_k)d\sum \frac{\partial r_i}{\partial l}\right] - \left[U_{p_0} + (1+p_k)d\sum_{i=1}^{n} r_i\right]\sum_{i=1}^{n} d\frac{\partial q_i}{\partial l}}{\left(\sum_{i=1}^{n} q_i d\right)^2}$$

由式（4-1）～式（4-3）得到 $\frac{\partial f}{\partial l} > 0$，因此说明单位创新投入产生的效用是生态技术优势的单增函数，生态技术优势导致生态创新效用增加，表明了"创新培育创新"。

深圳格林美股份有限公司是一家依靠生态创新发展起来的国家级高新技术公司，是典型的依靠"创新培育创新"的企业。董事长许开华先生先后承担 15 项国家级和省级科技攻关计划，在废旧电池、废旧灯管、电子废弃物和报废汽车等污染物绿色回收的关键技术领域拥有 100 余项专利，并在欧洲、美国与日本等 20 多个国家和地区获得专利授权，先后获得国家科技进步奖 1 项、省部级科技进步一等奖 5 项。格林美股份有限公司依靠原有的生态技术优势，创造了无限的市场空间，公司成立四年后，在 A 股上市，成为我国生态创新领军企业。公司以"消除污染，再造资源"为己任，秉承"由循环而经济，实现企业价值、环境价值和社会责任的和谐统一"的企业文化，始终致力于电子废弃物、废旧电池等报废资源的循环利用及循环再造产品的研究与产业化，突破电子废弃物、废旧电池等废弃资源循环利用的关键技术，形成了独特的技术和专利体系，包括 160 余项专利、70 余项国家和行业标准的核心技术。深圳格林美股份有限公司长期积累的生态技术优势促进了下一轮的生态创新。近年来，深圳格林美股份有限公司成立国家级公共技术平台、工程技术研究中心、科技孵化中心和循环技术实验室，创立了以企业为主体的国际产学研一体化的技术开发模式，与国内外知名高校和科研院所合作，进行技术开发、工程设计、市场化运作等科技成果的产业化全过程开发，成功创建了深圳格林美股份有限公司在生态创新领域特色的、自有的产学研合作模式，同时推动了行业技术的整体进步。

4.3.2　环境管理能力因素分析

企业的环境管理能力是影响生态创新的组织结构和程序（彭雪蓉和黄学，2013）。环境管理能力主要体现为贯彻环境管理体系，主要包括 ISO14001 和 EMAS。

ISO14001 是 ISO9000（环境管理体系）和 QS9000（汽车行业的强制性质量管理体系）的改进，它关注的是减少污染的整个流程，强调全过程控制。理论上，ISO14001 为企业微观环境管理提供一套标准化的模式，以最小的环境管理显著提高企业绩效，在某种意义上可以称为"灵丹妙药"，或是一套能提高企业绩效的常识指南。ISO14001 要求企业内部建立和保持一个符合标准的环境管理体系，通过不断审核评价活动，推动企业环境管理能力的提升。高层管理者依据 ISO14001 环境管理体系要求，设立专门的环境管理部门，制定环境方针、政策，审定有关环境的制度和工作规划，研究环保措施，确定环保任务，分解环保指标，使得环境管理成为企业管理的重要组成部分。企业结合环境管理体系规则，对所有生产工序进行环境普查，识别环境因素，编制环境污染防治、资源综合利用、节能降耗、节材等管理方案，形成体系文件和程序文件，使企业环境管理工作系统化、科学化和制度化。全面的环境管理体系，涉及产品的研究开发设计、生产制造、销售、使用、报废处理到回收再利用的过程，还包括经营战略制定、市场研究、原材料和零部件供应及质量管理等重要方面。ISO14001 环境管理体系符合可持续发展要求，已经成为企业自行开发和评价自身环境实践的国际标杆，能显著提高企业的员工意识、运作效率、管理者意识和运作效果，有力地推动企业环境管理能力的提高。

企业生态创新高度依赖 EMAS 的成熟度。与 ISO14001 环境管理体系标准略微不同的是，EMAS 需要发布环境报告与外界建立联系。企业可以利用其他竞争对手发布的环境报告，收集对自身生态创新有利的观点和信息。当然，很多贯彻 ISO14001 环境管理体系标准的企业，也开始发布自愿的环境报告，2000 年，迪利克（Dyllick）研究表明，在瑞士有 1/3 执行 ISO14001 环境管理体系标准的企业已经发布环境报告，有 1/4 的企业打算在不久的将来也参与发布。环境报告比来自商业协会或者商业咨询的信息更有价值，更能激励企业进行生态创新。

企业执行环境管理体系，设立环境目标和管理结构，组织学习并提供重要的环境信息，有利于增强企业环境组织能力，进而提高企业经济环境整合能力，促进企业生态创新的产生（Wagner，2008；Rennings et al.，2006；Blind，2012）。

环境管理体系，包括环境方针、规划、实施、纠正及反馈、环境审计等环节，以全过程和持续改进为实施核心，设立环境目标、良好的组织结构和政策制度基础，能更好地对有关生态创新要素进行有效整合与协调，达到最佳或比较合理的动态组合，增强企业生态创新的能力预期，其驱动路径，如图 4-3 所示。

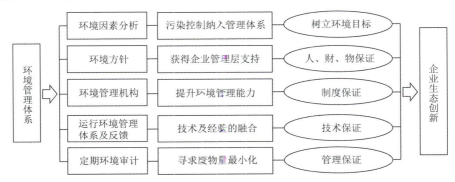

图 4-3　环境管理能力驱动企业生态创新的路径

环境因素分析，是企业环境管理体系建立过程中的重要环节，企业对能源消耗和主要材料消耗进行分析，识别可能产生环境影响的重要因素及蕴含在环境问题中的商机，有助于把寻求削减、控制污染的方案纳入企业环境目标，推动企业内部革新的决策与实施；环境方针，这一基本要素提升了组织员工的意识觉悟，容易获得企业高层管理者的认同和支持，为企业实施生态创新提供人、财、物的保证；环境管理机构，诱导组织主动学习并提供重要的环境信息，促进跨部门的合作和协调，为企业生态创新提供了重要的组织制度保证；运行环境管理体系及反馈，对现有生产工序进行环境普查，识别重要影响因素，编制污染控制方案、文件和程序等，使企业内部优秀的技术、经验规范化和标准化，技术和经验的融合、积累会沉淀为惯例性的思维或行为方式，这有助于提升企业的经济与环境的整合能力，并推动下一步的创新决策；定期环境审计，要求企业全员积极主动地去发现问题并持续改进，寻求废物量最小化，对外界压力和信息做出迅速反应，及时调整企业环境行为。

此外，建立环境管理体系能促使企业发自内心地进行生态创新，在企业的自利性考虑下，把社会与生态伦理观自然地融入经营文化之中。生态创新理念一旦融入企业中，必然以经营准则、是非标准、价值观等文化传播方式，潜移默化地内化到企业的决策者、普通员工的观念和行为之中。在这种文化氛围中，个体对彼此的行为方式都有更确定的预期，并成为意识形态。意识形态是一种集体的共享心智，具有强大的行为诱致力量，个人通过意识形态与外界协调，使决策过程变得简单，从而节省了必须拥有的信息数量和交易成本。在意识形态的作用下，即使不用诉诸对集体目标的明文规定，也必定有助于个体认同自身所处的环境，并协调个体对环境的集体反应。具体表现为，企业中自利的、有限理性的参与人会形成高度的集体生态伦理观，尽量避免对环境与资源投入过度的外在成本，同时做到外部成本内部化。在这种自发秩序下，企业会把实施生态创新、与周边企业开展副产品交换、循环利用资源作为重要的经济活动，很自然地考虑和筹划其产品系统内任一时刻、任一环节的生态品质。

随着企业之间经济交往活动频率的增加，生态创新理念由弱变强，有生态创新意愿的企业数量不断增加，从而生态创新实践活动逐渐扩散。例如，美国通用电气公司 1990 年起就建立了环境、健康与安全管理体系(environmental，health and safety management system)，运用环境管理体系实现环境、健康和安全活动绩效的持续改进，并将该体系融合到公司的整体经营战略当中，成为企业文化的一部分。美国通用电气公司要求，所有供应商都必须自觉遵守环境法规、达到排放标准，并持续多年为供应商提供环保培训。可见，在企业与利益相关者互动的过程中，为了维护和改进传统的商业合作模式、接受上游企业提供的生态型产品或服务(低能耗、环境友好、易拆卸与可回收)、面对下游企业提出的生态供应要求(环境友好型原料及中间产品)，含有生态创新理念的经营文化也会潜移默化地被传播和扩散。

总之，企业实施环境管理体系，可提升企业适应、集成、重构企业内部资源与外部资源的能力，使创新和变革更容易得到认同，从而能在生态创新实践上进行试验和搜寻，如购入高于环保标准的设备以降低碳排放和实现燃料优化，或者通过工艺革新减少对环境的影响。

4.4　企业外层偏好的调节作用

企业生态创新作为一种特定的组织行为，其发生也必然受到企业偏好的影响，不同层次的偏好对企业生态创新行为的影响机理不同。生态创新是一个充满风险的过程，企业对外层偏好的水平，必然会影响企业在创新过程中遇到经济风险、法律风险、伦理风险及其他潜在风险时所采用的处理问题的方式，从而最终影响企业生态创新行为与创新绩效。以往的相关研究，特别是实证分析方面，较少关注企业偏好结构和创新行为之间的关系，将分层偏好及其作用机制融入对企业生态创新驱动机理的考察中，在国内外的同类研究才刚起步。

内层偏好强的企业，侧重关注企业的经济责任，认为经济绩效的实现重于一切。这种类型的企业，由于将短期利益放在更为重要的位置，往往妨碍企业最大限度获得利益的可能性。利益除了短期利益还包括长期利益，追求眼前利益而忽视长期利益的行为方式会使企业在运营过程中出现决策失误、提高成本、错失良机等弊端。从生态创新角度出发，具体来说，决策失误主要是指，内层偏好强的企业将谋求自身经济利益作为重要的决策依据，在决策中不考虑甚至完全忽视法律制度和伦理道德，在这种导向下，企业在选择技术创新的项目、创新方式及创新成果使用的决策时，容易触犯法律或者出现伦理道德的偏差，这都会让企业自身的利益相关者远离自己，从而遭受重大经济损失。随着中国环境规制的不断完善、舆论监督力度的加强、信息技术的发展，以及公众环保意识的增强，企业决策时欠缺考虑而触犯了法律或社会伦理规范，会迫使企业支付更多的成本来维护自己的形象，在这种情况下，企业提高成本实属亡羊补牢的一种行为。

相反，外层偏好强的企业把自身作为社会主体，具有理性行为、自为性和关系性三大特征。企业的认识和环境的互动，能够强化利他偏好的适应性(张倩和曲世友，2013)。企业在技术创新发展过程中，不仅存在追求利润最大化的稳定内层偏好，同时还关注自己选择创新的项目、创新方式及对环境的影响，并在意是否在自我发展的同时，给社会带来利益。这种注重社会绩效的战略思路，必将更加容易获得利益相关者的认同，包括：员工对企业行为的认同并随之产生忠诚感；顾客对企业优质产品与服务产生的满意感；合作者因为企业关注社会发展目标而产生合作意向；投资者对企业愿意承担更多的社会责任产生信任，并愿意给予资金支持；社会公众因企业良好声誉而给予支持。因此，增加了企业生态创新的动力和可能。

企业，不论是作为新古典经济学中追求自身效用最大化的主体，还是作为演化经济学中有限理性地追求满意利润的个体，实现外层偏好是企业与外部利益相关者对企业利益实现机制的重构，是企业实现内层偏好过程中的理性选择(笪贤流和周小亮，2010)。Kagan 等(2003)将企业家对环境的态度分为五种类型：环境落伍者、不愿意执行者、愿意执行者、环境战略家和真正的环境信徒。这五种态度类型的企业家对环境重视程度是依次递增的，企业家对环境问题的承诺会带来积极主动的环境战略，意味着在相同制度压力和内部资源的情境下，企业家外层偏好水平越高，越容易产生内化外部成本的自觉动力，通过循序渐进的双赢措施(如对员工进行培训、建立专门的维护制度等)，提高企业生态创新整合能力，进而促进企业生态创新行为的产生。

综上所述，外层偏好强的企业对法律及社会公众压力的响应和反馈，要高于内层偏好强的企业。外层偏好作为一种情景变量，通过影响生态创新驱动因素和生态创新行为的关系强度及关系方向而起作用，属于调节变量。调节变量的影响显著时，会较大地促进企业生态创新战略的采纳。

4.5　生态创新行为的中介作用

传统观点认为，环境保护实践和企业绩效之间存在不可调和的矛盾，认为更高的环境保护标准会给企业带来额外的治理污染的成本、加重企业的成本、分散企业专注于其核心领域的注意力和投资，进而损害企业的利益和竞争力(Thornton et al.，2003)。而波特认为，适当设计的环境规制可以激发创新与生产效率收益，相对于不受规制的企业，可能会带来绝对优势，包括创新优势和先发优势。创新优势，是指新的环境规制可以刺激企业更多的创新活动，引致生产成本的下降，尽管这种创新不一定降低环境成本，但是可以带来创新的补偿。这种补偿又包括产品补偿和过程补偿，前者指改进原有的产品或者开发出新的产品，从产品中获得补偿；后者指开发新的工艺或者流程，提高资源利用率，从生产过程中获得补偿。先发优势，是指随着环境规制日趋严格，较早符合环境标准的企业能不断积累先发优势，主动进行生态创新和新产品的市场渗透，从而处于本产业的领先地位，并可以提高产业的国际竞争力。在波特看来，污染的存在表明企业的产品或工艺存在问题，它造成一种浪费，同时也是一种资源利用效率低的象征。生态创新能够促进企业更有效地降低能耗、提高资源利用率和发现新的利润源泉、减少材料储存及处理成本，不但可以部分或全部抵消改进环境带来的成本，而且可以获得更大的竞争优势。

企业通过实施生态创新，可以同时获得经济效益和环境效益，促进环境友好型社会实现。第一，生态创新战略鼓励企业在实现良好环境绩效的同时，提高资源利用效率、节约原材料和减少污染惩罚成本(李怡娜和叶飞，2011；Montabona et al.，2007；刘林艳和宋华，2012)。第二，生态创新引导企业采用新的生产经营方式和科学管理方法，找到新的废、旧物利用方案，节能减排，降低生产成本或发现新的经济增长点，为企业获得额外经济收益创造良好条件。第三，企业采纳生态创新，促使企业以更为环保的产品代替现有产品，从而形成差异化优势，为企业带来更高的市场份额和销售收入。更重要的是，通过绿色标签传递给消费者的环保信息，拥有强烈环保意识的消费者愿意为绿色产品支付更高的价格，使企业能以较高的价格销售绿色产品，从而有利于企业获得绿色溢价(Yousef et al.，2008)。同时，率先采用生态创新行为的企业，能通过转让绿色知识、开发新商业模式和发现新的市场机会，实现长期的经济绩效(Gladwin et al.，1995)。第四，随着环境产业日益成为国际竞争的制高点，各国政府、银行和社会组织在发放贷款和进行投资时，越来越重视环境绩效，把有关节能减排的建设和生产项目列为优先考虑的对象，生态创新可以使企业获取各种有形和无形的支持和优惠政策，从而可以积极推进企业与政府的伙伴关系。第五，生态创新能为企业的员工创造更好的工作和生活环境，一方面，提高工人健康水平，减少医疗支出；另一方面，激发员工的积极性和主动性，最大限度地发挥主观能动性，提高劳动投入系数，最终给企业带来更大的经济收益。第六，生态创新为企业树立良好的绿色形象，会赢得更多合作与信任，从而降低契约成本，提高生态率。第七，生态创新要求企业采用环境化的生产方式，生产符合国际标准的产品，使企业避开绿色贸易壁垒，顺利进入国际市场，进而增强企业的国际竞争力。例如，2005 年 3 月，美国权威的汽车调查机构 J.D.Power Asia Pacific 公司公布了 2004 年中国新车质量研究（inital quality study，IQS）报告，广汽本田雅阁、广汽本田奥德赛和广汽本田飞度三款车型，均达到欧 IV 排放标准，实现了整车材料 90%可回收利用，满足了西方国家日益严格的环境监测标准，大幅度增加了出口数量。总体上，采纳生态创新战略的企业在保证环境效果的基础上，通过改进资源效率、销售废料产品、营销绿色产品、转让绿色专利和获取更多利益相关者的支持，以增加经济收益。

　　生态创新绩效取决于企业协同生产效率、产品质量和环境目标的能力。企业内部的环境组织能力和生态技术优势，是企业长期环境管理能力和技术知识的积累，决定着对生态创新活动的能力预期；感知到的政府环境规制压力、竞争压力和公众压力，促使企业提高与不断变化的需求和环境相匹配的竞争力，即对生态创新活动的意愿预期；生态创新活动的能力预期和意愿预期，影响企业生态创新方式的选择和创新绩效。驱动因素首先诱发企业生态创新行为，通过创新执行程度影响创新能力，进而影响创新绩效。本书作者认为，创新驱动越强，实施生态创新活动的预期就越高，企业生态创新绩效就越好。Yousef 等(2008)以约旦化工行业企业为案例，对企业环境创新战略和企业绩效之间的联系进行了实证检验，研究表明了企业生态创新行为在外部压力和企业绩效之间起中介作用。

4.6　环境绩效的中介作用

　　根据波特假说，企业通过生态创新活动可以获得环境绩效和经济绩效的双赢，这有效解释了实施生态创新所带来的效益(Gladwin et al.，1995；Murphy and Gouldson，2000)。Berrone 等(2013)研究发现，企业生态环境绩效和经济绩效呈显著正相关，为了获得经济效益，投资环境的措施对企业而言有利可图。然而，理论界和企业界对于生态创新活动是否能够给企业直接带来经济效益，仍然存在许多争议。有学者认为，生态创新实质上是探索性和试错性活动，需要大量的前期投资，而投资回收的周期较长，因此很难在短时期内给企业带来增量经济收益。本书作者认为，环境绩效正向提高经济绩效，其影响的路径表现为如下三个方面。

首先，环境绩效增进可持续竞争优势相关的关键资源，从而提升企业经济绩效。从资源基础理论的角度来看，Hart(1995)指出，管理理论忽视了自然环境这一约束条件。随着环境问题的日益严峻，企业持续竞争优势应当建立在处理与自然环境的能力的基础上。他在 *A Natural Resource Based View of the Firm* 一文中提出企业资源基础理论，指出企业有三种绿色战略：污染预防、产品管理和可持续发展，如表 4-3 所示。污染预防，旨在减少浪费和污染，可以比"末端处理技术"更节约成本。产品管理，可以扩大污染防治的范围，涉及企业整个价值链或产品生命周期，通过利益相关者的参与，"环境之声"可以有效地整合到产品设计和开发过程中。可持续发展，显著区别于前两种战略：一方面，可持续发展战略不仅寻求减少环境的破坏，而且要以一种在未来可以无限期维持的方式生产；另一方面，可持续发展，不仅局限于环境问题，而且关注经济和社会问题。Hart(1995)认为，企业通过采取环境管理措施，可以增进与可持续竞争优势相关的关键资源（如持续改进的能力、利益相关者的整合能力及共享的愿景等），提高经济绩效。

表 4-3　企业的自然资源基础观

战略	环境驱动因素	关键资源	竞争优势的来源
污染预防	降低投入成本，简化工艺流程，减少履约和责任成本	持续改进	低成本
产品管理	降低整个价值链或产品生命周期的环境成本	利益相关者的整合	先发优势
可持续发展	提高经济收益并减少环境负担	共享的愿景	未来定位

其次，依据 Watson(2004)的企业环境成本管理框架，企业通过生态创新实践提升环境绩效，可以节约以下四种环境成本，从而提高经济绩效。

(1)内部失败成本，包括：职工补偿和因伤减少的工作绩效；净化或回收受有毒物质影响的设备和废物处置设施的成本；过度包装成本；未充分利用的各种资源的成本；职业安全与健康管理局的处罚；等等。

(2)外部失败成本，包括：企业损失的市场份额；废物处理成本；净化或复垦受有毒物质污染的土地的成本；污染物或废物处置设施给周边社区所带来的环境成本；处理使用寿命已终结产品的成本；等等。

(3)鉴定成本，指所有与环境监测相关的成本。

(4)预防成本，包括：可回收的和可拆卸的产品设计成本；减少环境影响的操作成本、工人培训及与环境管理体系相关的成本。

最后，企业环境绩效还通过其他路径来促进经济绩效的提升。Klassen 和 McLaughlin(1996)建立了一个概念化模型(图 4-4)，认为企业生态创新可以带来环境绩效的改善，进而通过市场收益和成本节约来提升企业的经济绩效。该模型指出，在市场收益方面，顾客选择产品时会偏好环境导向型的企业。企业通过建立环境管理体系、生态产品的设计和废品的回收再利用，减少产品或者工艺对环境的影响，逐步取代没有对环境绩效做出改善的竞争者的位置，从而扩大市场份额、获得产品及流程的环境认证、实现更多的市场收益。在成本节约方面，企业通过生态创新，加强环境管理体系建设，可以避免环境补救成本、环境责任泄露危机及原材料浪费，进而提高经济收益。

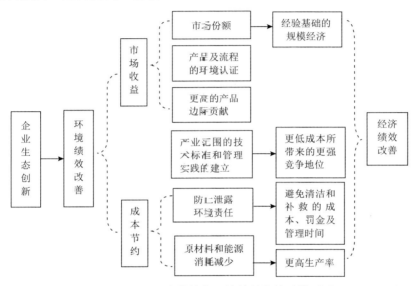

图 4-4　企业环境绩效与经济绩效的关系模型图

更近一步讲，从企业内部员工的角度看，恶劣的环境绩效使员工的身心受损，影响工作积极性。企业执行生态创新建立良好的环境声誉，会增强企业员工信心，从而可能提高员工劳动生产率。因此，环境绩效是生态创新行为和经济绩效之间的中介变量。

4.7　企业生态创新驱动模型

综上所述，本书以企业制度经济学、资源基础理论和分层偏好理论为基础，根据企业实施生态创新驱动因素的文献研究综述，提炼驱动企业实施生态创新行为的四种因素，依据企业生态创新驱动因素、行为和创新绩效之间的逻辑关系，构建了企业生态创新驱动概念模型(图 4-5)，包括以下基本假设。

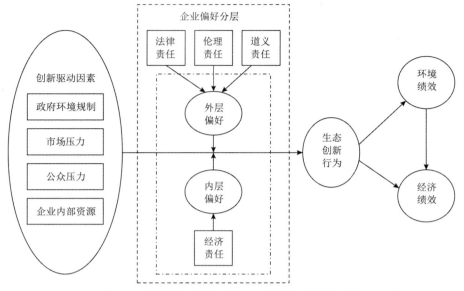

图 4-5　分层偏好视角下企业生态创新驱动模型图

假设 4-1：政府环境规制（管制、激励)对企业生态创新行为有正向推动作用。

假设 4-2：市场压力对企业生态创新行为有正向推动作用。

假设 4-3：公众压力对企业生态创新行为有正向推动作用。

假设 4-4：企业内部资源对企业生态创新行为有正向推动作用。

假设 4-5：企业外层偏好调节创新驱动因素对创新行为的影响。

假设 4-6：生态创新行为在创新驱动因素和创新绩效之间起中介作用。

假设 4-7：环境绩效在生态创新行为和经济绩效之间起中介作用。

4.8　企业生态创新案例

福建省三钢(集团)有限责任公司(以下简称三钢集团)成立于 1958 年，连续 28 年进入中国 500 强企业行列。企业有职工 1.8 万人，总资产 172 亿元，拥有全资及控股子公司 11 家，其中，福建三钢闽光股份有限公司为上市公司。历经多年的发展，三钢集团已形成年产钢 600 万吨规模和以钢铁业为主、集多元产业并举的跨行业、跨地区、跨所有制大型企业集团，是福建省最大的钢铁生产基地和化肥生产基地，是综合驱动型生态创新的典范。三钢集团联合福建闽光冶炼有限公司、福建省明光新型材料有限公司、福建三钢(集团)三明化工有限责任公司、三明市煤气公司、福建省潘洛铁矿有限责任公司、福建省阳山铁矿有限责任公司、厦门厦工重工有限公司，以及相关水泥企业组建虚拟式循环工业区，逐步把三钢集团打造成一个有深厚环保情结的优质企业。三钢集团先后获得"全国质量管理先进企业""第一批国家级知识产权优势企业""中国钢铁业科技工作先进单位""中华宝钢环境优秀奖""福建省污染减排先进企业""三明市环保十佳环境友好企业"等荣誉称号。

4.8.1　三钢集团生态创新实践

大批清洁生产和循环关键技术的突破是三钢集团实现规模快速扩张的重要因素。三钢集团通过"产、学、研"综合运作模式，整合企业内外智力资源，构建全方位、宽领域、多层次的生态创新研发体系，区内拥有烧结机全封闭、炼钢系统工艺优化、脱硫技术、除尘设备、垃圾压实处理等，一大批具有知识产权、国内领先的创新技术。

"十一五"期间，三钢集团累计环保投入 81 509 万元，其中，"三同时（同时设计、同时施工、同时投入生产和使用）"建设项目环保投资 41 545 万元，老污染源治理项目环保投资 39 964 万元。一系列强有力的环保重大工程让人折服：在全国冶金行业率先实现烧结机全部配套脱硫设施；不惜投入巨额资金实施节能减排重点工程——干熄焦工程；建成循环经济重点工程"矿渣微粉工程"。众多生态创新项目成为三钢集团治理环境污染的"杀手锏"，也体现了三钢集团"保护环境，造福子孙"的社会承诺。

三钢集团烧结机脱硫工程从 2007 年初开始建设，当年 10 月，总投资 2800 万元的 180 平方米烧结机脱硫工程建成投运后，二氧化硫排放浓度从平均 4000 毫克/标米^{3}降到 400 毫克/标米^{3}以下，粉尘浓度降到小于 50 毫克/标米^3。2008 年 3 月，三钢集团启动了 130 平方米+200 平方米烧结机烟气脱硫项目，工程总投资 5200 万元，2008 年 11 月，130 平方米烧结机烟气脱硫项目建成投运。2010 年 12 月，200 平方米烧结机烟气脱硫项目建成投产后，烟气直接接入了 130 平方米+200 平方米脱硫设施进行处理。由此，三钢集团成为国内首家烧结机全部配套脱硫设施的钢铁企业。

三钢集团干熄焦工程，是国家重点技术改造"双高一优（高新技术改造传统产业、高新技术产业化、优化重点产品和技术结构）"的推广项目，属于中央预算内补助资金的十大节能工程项目之一。2009 年 1 月，总投资 1.95 亿元的干熄焦工程正式竣工投产。项目建成后，干熄焦装置每小时产生的 50 多吨蒸汽，被直接用于发电，年创造经济效益达 1174 万元，同时，该工程由除尘设施完善的干熄焦系统取代湿熄焦系统，每年可削减酚排放量 76.5 吨、氰排放量 8.1 吨、硫化物排放量 18 吨，减少蒸汽外排 36 万吨，使环境质量大为改善，取得显著的经济绩效和环境绩效。

　　"十二五"期间，三钢集团加大生态创新投入，积极做好末端治理工作。首先，加强废水治理，实现了废水稳定达标排放。2011年，解决了炼钢连铸浊环水和转炉除尘水溢流外排问题，减少外排水约100吨/小时；处理了转炉炼钢汽化烟道和隔热水套漏水外排问题，减少外排水约150吨/小时；实现喷煤磨机液压站和润滑站冷却水循环利用，减少外排水约100吨/小时。通过治理，年减少废水排放量约300万吨。其次，三钢集团开展烟尘综合治理及降尘量攻关的工作。2015年初确定29个生态创新项目，到2016年3月已完成27个项目，焦炉区域烟尘综合治理和三化尿素造粒塔粉尘回收改造工程正在有序推进中。通过实施生态创新，强化环保设施运行管理，降低污染物排放量，大幅降低排污缴费。2016年，三钢集团本部共缴纳排污费1052万元，全年比预期减少约1100万元。

　　三钢集团继续推进清洁生产审核验收，组织实施《三钢第三轮清洁生产审核报告》中提出的12个中高费方案，实现持续清洁生产。三钢集团目前已经通过第三轮清洁生产验收，完成本轮清洁生产审核全部任务。

　　三钢集团生态创新产生和发展的动力源是多方面的，包括政府环境规制、绿色市场需求、公众压力、企业内部资源（生态技术优势和环境管理能力）及外层偏好等要素。这些动力往往会同时发生作用，是相辅相成的。三钢集团生态创新，是一个政府环境规制促动、绿色需求拉动、公众压力推动、企业内部资源启动和外层偏好诱动的综合过程。

4.8.2　政府环境规制促动

　　政府环境规制是三钢集团实施生态创新的强制性压力。首先，政府环境规制加大了三钢集团的排污支出和环境违法成本。2012年修订的《福建省环境保护条例》指出，产生环境污染的单位，必须把环境保护纳入工作计划，把消除污染、改善环境、节约资源和综合利用作为技术改造和经营管理的重要内容；建立环境保护责任制度和考核制度；规定排污单位应当承担治理污染和法律、法规规定的其他责任，并依法按时缴纳排污费。2015年1月1日起我国正式实施新修订的《中华人民共和国环境保护法》。新修订的《中华人民共和国环境保护法》进一步明确了政府对环境保护监督管理职责，强化了企业污染防治责任，加大了对环境违法行为的惩罚，法律条文由原来的47条增加到70条，提高了法律的可操作性和可执行性。2016年8月，中华人民共和国财政部出台《中华人民共和国环境保护税法（草案）》，使我国现行的18个税种增加到19个，环保税将成为治污减排和环境治理的一大利器。本次立法按照"税负平移"的原则，将现行的排污费制度向环保税转移，以排污费收费标准作为环保税的税额下限，对四种污染物征税：大气污染物税额为每污染当量1.2元；水污染物税额为每污染当量1.4元；固体废物按不同种类，税额为每吨5~30元；噪声按超标分贝数，税额为每月350~11 200

元。《中华人民共和国环境保护税法(草案)》实施污染物排放总量控制，加大执法力度，并将逐渐扩大征收范围。2016 年 1 月，中华人民共和国国家发展和改革委员会出台《关于切实做好全国碳排放权交易市场启动重点工作的通知》，要求确保 2017 年启动全国碳市场。在七个区域性交易市场的基础上迈向全国性市场，对于参与企业来说，一个非常直接的问题是，以前随意排放污染物，现在有了新的义务，在依法治国的年代，增加了排放的成本。在此背景下，三钢集团在生产过程中将面临不断上升的排污支出和环境违法成本。

其次，政府环境规制强化了三钢集团的环保评价和审批限制。2014 年 3 月，中华人民共和国环境保护部出台《关于进一步加强环境影响评价机构管理的意见》，进一步规范环境评价从业行为和环境评价机构管理，要求对"两高(高能耗、高污染)"项目从严把关，对存在环境隐患的项目暂缓审批或者不予审批。为了通过环保审批，三钢集团必须加大生态创新的研发力度。

最后，政府环境规制提高了非环保企业的融资成本。2007 年 7 月，国家环境保护总局、中国人民银行、中国银行业监督管理委员会联合发布《关于落实环保政策法规防范信贷风险的意见》，限制不符合环保要求和环境违规的企业及项目，以绿色信贷抑制环境违规行为。企业履行政府环境规制成为贷款审批的必备条件之一。2016 年 8 月，《关于构建绿色金融体系的指导意见》出台，进一步强调加快推进绿色金融创新，动员和激励更多社会资本投入到绿色产业，有效抑制污染性投资。金融机构为了响应政府的政策要求，一方面，探索在绿色信贷、绿色债券、绿色产业基金、绿色保险、绿色担保、排污权交易等领域形成创新性制度安排，加大对绿色产业和绿色项目的信贷规模；另一方面，严格信贷环保要求，逐年减少"两高一剩"行业信贷规模。

可见，一系列政府环境规制的演变，使三钢集团的经济行为受到更加严厉的环境约束，所以，必须加大生态创新投入，降低生产的排污支出，并符合环保评价和贷款审批要求。

此外，政府政策支持是三钢集团研发或采用生态技术重要的动力源。三钢集团生态创新实践，获得了各级政府的财政支持，例如，三钢集团内的循环经济重点建设项目——矿渣微粉工程，总投资达 1.2 亿元，该项目被国家发展和改革委员会列入第一批资源节约和环境保护中央预算内投资项目，获得了 720 万元的项目资金补助。2012 年 2 月，福建省人民政府发布的《福建省人民政府关于促进三明生态工贸区产业发展的若干意见》指出，福建省发展和改革、经济贸易、科技部门要从引进项目、技术改造、新产品开发等方面加大对三钢集团等重点产业的扶持力度。自 2012 年起五年内，在福建省经济贸易委员会安排资金的基础上，福建省财政厅每年按照 1∶1 比例叠加 1500 万元配套资金，专项用于三钢集团等国有企业技术改造和节能减排。近年来，三明市人民政府先后出台《"十一五"循环经济发展与资源节约专项规划》《"十二五"节能与循环经济发展专项规划》《"十一五"环境保护与生态建设专项规划》《"十二五"环境保护与生态建设专项规划》等政策，积极开展三明市省级循环经济示范区建设。为推动钢铁等传统产业的绿色升级，三明市人民政府还设立产品转型升级资金，专项用于补助工业企业研制新产品，三钢集团累计获得该专项扶持资金近 500 万元。除了产品研发专项资金支持，三钢集团还积极与三明市环保局、财政局沟通、协调，争取环保治理项目资金扶持，2015 年 5 月获三明市财政局返还排污费 486 万元，补助六个重点污染源治理项目建设。

4.8.3 绿色需求拉动

增加市场份额的预期是三钢集团提高生态创新能力的关键驱动因素。三钢集团继续从用户的需求角度出发，抓住市场的细微变化，加大绿色研发投入，深入开展差异化服务，坚持质量服务和技术服务相结合。首先，加快圆棒产品，形成汽车配件兼工程机械配件全领域的推广工作。直径 70 毫米规格以下 45 钢、40 铬、Q235B、40Mn2 等各类圆棒产品获得用户的认可。其次，搭建厂内模拟用户工艺实验平台的雏形，技术服务取得实效。采取精炼技术，改善 Q235B 圆棒机加工切削性能；优化成分设计，解决用户反馈 40Mn2 链片钻孔加工难问题；帮助用户优化热处理工艺；SL2 拉丝材采用个性化供货模式，以满足部分用户要求，虽然材质较硬，一部分用户却有材质较软的个性化需求。最后，三钢工业区内开展洁净钢冶炼，通过打造"资源—生产—社会"的动脉系统和"废弃物—再利用—再资源化"的静脉系统，实现新产业链的延伸和产品的多样化，满足国内外的绿色市场需求，给三钢集团带来巨大的市场回报。

4.8.4 公众压力推动

公众压力是促进三钢集团生态创新的直接驱动力。三钢集团地处福建省三明市，是个城市钢厂。由于三明市先有工业后有城市的历史原因及山谷地形，三钢集团污染物排放量占市区 86%。因此，三钢集团的生产行为，必须符合外部公众对空气质量的要求和预期。近年来，公众积极参与三明市的生态文明建设，多种渠道对三钢集团生态创新行为施加规范压力。新闻媒体和"12369"环保举报微信平台，积极监督企业的环境行为，并及时披露企业的环保信息。例如，2008 年 10 月，有网友在网络上公布三钢集团违规排污的现象，引起三明市市委、市人民政府和三钢集团的高度重视。面对公众压力，三钢集团加大了焦炉炉顶装煤导烟系统改造等多项除尘脱硫技术升级改造，使大气污染物排放符合排放标准，提高了三明市的空气质量。如今，在三明市，流传着一张颇具震撼力的三钢集团全景图片：镶嵌在沙溪河西岸的三钢集团背靠青山，如月牙般静谧地依偎在穿城而过的沙溪河河傍，三钢集团的天空，朵朵白云在一尘不染的天际自由游动。远山、近树、蓝天、白云浑然一体，蜿蜒的沙溪河把三钢集团和三明市城区一衣带水地紧密连接在一起。

4.8.5　企业内部资源启动

三钢集团内部的生态技术优势和环境组织能力，是技术知识和环境管理能力的长期积累，决定着三钢集团对生态创新活动的能力预期。一方面，三钢集团的生态技术优势，使创新实践呈现"创新培育创新"的累积现象。钢铁行业需要依托生态技术，如替代技术、资源化技术、减排技术、系统化技术等，以提高资源利用率和降低污染排放量。三钢集团成立省级企业技术中心、设立科技攻关百万元奖项，努力实现从学习模仿到自主开发、自主创新。为了进一步提高生态创新能力，三钢集团出台了《三钢试点单位改善提案和改善成果奖励办法》，实施科技进步奖励办法，奖励有贡献的创新项目和人员，激发全员创新活力和创造潜能。仅两年时间，已验收的生态创新成果有 1606 项，产生净效益 1.72 亿元。2008～2015 年，三钢集团获得绿色专利授权八项（表 4-4）、省部级科学技术进步奖七项、省优秀新产品二等奖三项等，荣获"高新技术企业"称号，成为第一批国家级知识产权优势企业。三钢集团积极与钢铁研究总院、东北大学等十多家科研院所及高校开展产、学、研协同创新，重点打造二次能源高效利用技术、炼钢高效率低成本洁净钢技术、铁前高效率低成本冶炼技术、轧钢减量化和柔性轧制技术、与管理深度融合的信息化技术这"五个技术体系"，大力开展钢铁生态技术攻关，增强企业生态创新自主研发能力。

表 4-4　2008～2015 年三钢集团绿色专利授权

专利名称	专利申请日/授权公告日	专利号或申请号
燃结机头烟气选择性脱硫装置	2008 年 11 月 4 日/2009 年 9 月 2 日	ZL200820146133.X
燃结废烟气显热回收装置	2008 年 11 月 4 日/2009 年 9 月 2 日	ZL200820146133.0
蓄热高效保护性气氛热处理炉	2010 年 12 月 7 日/2011 年 7 月 20 日	ZL201020646704.3
转炉干法除尘静电除尘器浓相气力输灰装置	2011 年 12 月 25 日/2012 年 8 月 15 日	ZL20110555227.4
一种干熄焦环境除尘灰仓结构	2011 年 11 月 23 日/2012 年 7 月 11 日	ZL201120472548.8
转炉烟气半干法除尘装置	2012 年 12 月 24 日/2012 年 6 月 19 日	ZL201220720455.7
一种烧结烟气循环全烟气脱硫技术	2015 年 2 月 26 日/2015 年 7 月 29 日	ZL201520116294.4
一种余热余能回收联合发电机组的对接式及空载冷却装置	2015 年 2 月 27 日/2015 年 7 月 29 日	ZL201520116969.5

另一方面，企业内部环境管理能力，也是驱动三钢集团生态创新的重要内容。三钢集团执行 ISO14001 环境管理体系，定期组织内审员开展 ISO14001 环境管理体系宣贯、培训，提高内审员审核水平，确保 QEOM（质量、测量、环境、职业健康安全管理）持续改进。三钢集团构建的 QEOM 覆盖了 29 个主要生产单位和各职能部门，组织结构合理、职责权限明确，能够满足管理体系有效运行和持续改进的需要。依据 QEOM 要求，三钢集团认真落实建设项目环境保护"三同时"制度；建立一把手负责制，把环保责任纳入经济责任制考核，做到"责任到位、措施到位、监督到位"；设立专门环境管理部门——安环部，制定环境方针，审定有关环境制度和工作规划，确定环保任务，分解环保指标。三钢集团三明本部出台的《厂区烟（粉）尘超标无组织排放专项考核办法》明确了三钢集团的年度减排目标，列出了 15 个重点监控区域，细化了违规情况的处罚标准。与此同时，三钢集团的各二级单位也主动结合具体情况，细化了考核办法，从每个细节抓好环境治理，使环境管理成为企业管理的重要组成部分。

结合环境管理体系规则，三钢集团对所有生产工序进行环境普查，形成体系文件和程序文件，使企业环境管理工作系统化、科学化和制度化。2015 年初，三钢集团对六个管理程序进行了修改，制定并实施了《公司环保经济责任制考核》《三钢集团公司废气治理设施管理办法》《三钢环境关键控制点及控制措施管理规定》《公司安全生产责任制》《公司安全生产责任考核办法》《三钢检修用脚手架验收管理规定》等文件，并按公司流程管理要求，全面制定和修订环保规章制度 11 项、安全规章制度 22 项，并汇编成册。

总之，环境管理体系通过不断审核评价活动，提升三钢集团的环境管理能力，促使企业设立环境目标和管理结构，诱导组织学习，并提供重要的环境信息，进一步增强企业生态创新能力。

4.8.6　外层偏好诱动

三钢集团的外层偏好促使其形成环境战略，发展与不断变化的需求和环境相匹配的竞争力，提高生态创新活动的意愿预期。三钢集团一直以"绿色钢铁，服务海西"为企业使命，以高度的社会责任感建设美丽中国。近年来，从回收、储存、输送、使用四个环节入手，实现了焦炉煤气、高炉煤气、转炉煤气最大限度的回收利用，在同业中达到先进水平。

三钢集团努力建设资源节约型、环境友好型、生态文明型的和谐企业，立足海西，担当社会责任，创造卓越业绩奉献社会。作为大型国有企业，三钢集团在企业发展壮大的同时，投入大量的资金用于改善和提高环境质量，把环境治理作为企业的神圣职责。2011 年，三钢集团从被誉为"世界上最清洁的钢厂"、为全国都市型钢铁企业的生存发展提供了成功范例的唐山钢铁集团有限责任公司的"绿色转型"经验中得到启迪。三钢集团董事长陈军伟亲自带队远赴唐山钢铁集团有限责任公司考察学习取经，一年之内，全部领导班子分三批带队远赴唐山钢铁集团有限责任公司学习，这在三钢集团的历史上也是绝无仅有的。董事长陈军伟在唐山钢铁集团有限责任公司考察工作汇报会上指出："三钢要下定决心进行绿色转型，要学到唐钢这座城市钢厂在绿色转型中的成功经验。"三钢集团坚持走一条"绿色环保型、循环经济型、资源节约型、环境友好型"的发展之路，努力为员工提供健康的工作环境，履行"还市民碧水蓝天"的社会责任。

　　践行社会责任，三钢集团脱硫设施年运行费用高达 4000 万元，有人认为，这是一项大投入却不见经济效益的"亏本买卖"，但三钢集团的管理者却不这么认为，他们认为，节能减排是利国利民的好事、实事，三钢集团是大型国有企业，有能力、有信心、有义务承担这份责任。于是，三钢集团把这个"亏本买卖"做细做实，"十一五"期间二氧化硫减排量高达 17 712 吨。正是三钢集团高度的社会责任感，强化了利他偏好，使得企业生技术创新发展过程中，不仅存在追求利润最大化的目标，还关注企业创新项目选择及创新方式对环境的影响。

　　综上所述，政府支持性政策、绿色市场需求等外部因素，增强了三钢集团生态创新的信心，感知到的政府环境规制压力、公众压力、企业内部创新资源，影响了三钢集团生态创新方式的选择和创新绩效，而外层偏好则增强了三钢集团生态创新的意愿。换言之，内外部驱动因素诱发三钢集团的生态创新行为，通过创新执行程度影响创新整合能力，进而影响企业的创新绩效。

第5章　企业生态创新驱动模型的实证检验

量化是管理的基础，激励企业生态创新行为，离不开对各驱动要素实际驱动效应的量化研究。本书在分析驱动机理的基础上，构建生态创新驱动模型假说。本书中所涉及的驱动要素、企业分层偏好、生态创新行为和创新绩效等关键变量，都属于无法准确、直接观测的潜变量，相关数据无法从公开资料中直接获得。因此，本书主要采用大规模企业调查问卷和访谈方式来获取企业数据，运用结构方程模型，对所构建的驱动模型假说及相关假设进行验证，揭示企业生态创新驱动模型的具体作用路径和强度。

5.1　研究设计及样本描述

5.1.1　研究构思、问卷设计及主要内容

科学合理的研究构思与问卷设计，是保证研究准确性和有效性的重要环节。本问卷采用利克特量表，由于单个问题一般只能测量较窄的概念，当测量是具有一定复杂性的驱动因素和创新行为时，变量通常需要设计多个题项。在测量题项具有一致性的情况下，多个题项比单个题项更能提高信度(Churchill，1979)，因此，本书在问卷中采用多个题项对变量进行测度，即题项由一组对某种事物的态度或看法的陈述组成(李怀祖，2004)。

依据研究对象和内容，并严格遵循 Churchill(1979)的建议，本书的问卷设计过程分为以下五个阶段。

(1)第一阶段：文献研究与理论构思。在本次研究过程中，从国内外影响因子较高的管理、环境经济学期刊上检索、整理并阅读了大量关于创新驱动、企业社会责任、生态创新、创新绩效等国内外文献，充分吸收现有文献中的相关知识，初步形成驱动因素对生态创新影响的研究思路。

(2)第二阶段：征求专家意见。本书在形成初步构思后，通过邮件的方式，向生态创新管理研究领域中的国际顶级学者美国埃里克·冯·希贝尔(Eric von Hippel)教授、荷兰的洛萨诺(Lozano)教授、长期从事中国生态技术政策和创新研究的勃洛克(Blok)教授请教，教授们的真知灼见进一步完善了本书的理论框架。

此外，作者通过参与国际学术研讨会，与从事生态创新研究的国内外教授、学者进行了广泛的交流与探讨。基于上述工作，初步确定了本书构想，并形成了下一步进行企业现场访谈的调研提纲（附录 1）。此外，基于本书的研究构想，撰写小论文 *On the drivers of eco-innovation：empirical evidence from China*，已经发表在 SCI 期刊 *Journal of Cleaner Production*。

（3）第三阶段：问卷初稿的形成。作者所在的研究学术团队——福州大学民建经济研究院，是高校、民主党派、企业相互协作的创新科研平台，是政府和企业的智库基地，从事大量国内大型企业的管理咨询服务，并与这些企业建立长期的合作伙伴关系。作者在博士学习阶段，通过参与管理咨询服务项目的方式扎根企业生态创新管理实践，在厦门某集团公司内开展了半年多的生态创新管理实践、创新项目研究工作。基于上述的研究条件及本书的初步构思，在中国的广东省、福建省等地选择了若干典型的制造业企业，进行了深入的现场调研与访谈工作。根据拟研究问题，采用半结构化和开发式问题的方法进行访谈，访谈对象是熟悉企业生态创新的高层领导、负责研发工作的项目经理或者技术中心的主任等。

基于对访谈内容的归纳，初步构建驱动因素对生态创新行为影响机制理论模型，并在此基础上查阅相关学术和实务资料，选择在国内外许多研究中都被采用过的相关概念变量，借鉴权威实证研究中的成熟量表，设计本书测度变量的相关题项，形成调查问卷的初稿。

（4）第四阶段：学术团队修正问卷题项。作者在学术团队的学术例会上，与两位教授、三位副教授、一位博士后在内的诸多同领域学者，深入探讨逻辑关系、题项设计、题项措辞和归类等问题，并对部分题项进行增删。另外，为了减少答卷者不能完全理解所提问题而带来的负面影响，还请相关企业界多位中高层管理者对问卷设计提出宝贵意见和建议，由此形成了调查问卷第二稿。

（5）第五阶段：对预测试题项进行纯化，形成最终问卷。为了保证调查问卷中指标设置和表述的合理性，在展开全面调研之前，选取福州市的 20 家企业进行预测试，根据预测试反馈的结果对问卷进行完善，在此基础上形成最终调查问卷。

本书的问卷设计，主要围绕企业生态创新的内外部驱动要素、企业分层偏好的作用机制而展开，运用回归分析、因子分析、结构方程模型对这些数据进行统计分析，探索不同驱动要素、企业偏好结构对生态创新行为和绩效的影响机制。围绕着研究目的和研究内容，本书所设计的调查问卷包括以下五个方面的基本内容：①企业的基本信息；②企业偏好结构；③内外部驱动因素；④生态创新行为；⑤企业生态创新绩效。

5.1.2　企业生态创新驱动模型变量设计

当前由于缺少环境研发投入、专利和其他数据资源，问卷调查是评价生态创新驱动行为和绩效的最好方法（Arundel and Kemp，2009）。模型所涉及的变量包括：解释变量为内外部驱动因素（政府环境规制、市场压力、公众压力、企业内部资源）；被解释变量为企业生态创新绩效；中介变量为企业生态创新行为；调节变量为企业外层偏好。

1. 解释变量：内外部驱动因素的测度

内部驱动因素，主要考察生态技术优势及内部环境管理能力；外部驱动因素，主要考察政府环境规制、市场压力及公众压力。以上变量属于难以量化的潜变量，为了避免被调查者过多地选择中间项，本书每个题目使用五级量表进行测量，数字评分 1～5 依次表示"很不同意""比较不同意""有点同意""比较同意""非常同意"，分数越高代表满意程度越高。

生态技术优势、环境管理能力、政府环境规制及公众压力四个潜变量，参考王林秀（2009）博士研究题项。其中，政府环境规制的观察指标，包括四个命令型环境规制题项和四个市场激励型环境规制题项。目前，学者们对市场压力这个变量的测度存在较大争议，如 Rehfeld 等（2006）以出口总量来测度市场压力；Triebswetter 和 Wackerbauer（2008）用"消费者对清洁产品的需求意识""对环境友好型产品的偏好"等来测度市场压力；Zhu 和 Sarkis（2004）的研究，用"公司的客户要求产品符合环保标准""公司的客户重视产品蕴含的绿色概念""公司通过产品的绿色概念树立良好的市场形象""公司通过产品的绿色概念占有可观的市场份额""公司通过（或准备通过）产品的绿色概念维持市场竞争优势"等题项测度市场压力。本书基于上述研究成果，结合相关专家意见和企业实地调研结果，用以下四个题项来测度市场压力变量，如表 5-1 所示。

表 5-1　市场压力测度题项

测度题项	测度依据
企业所在的产业链系统中，更多的商业合作伙伴开展了生态创新活动，"绿色供应"的需求越来越突出	Triebswetter 和 Wackerbauer（2008）、Kammerer（2009）、向刚和段云龙（2007）、Zhu 和 Sarkis（2004）
消费者越来越看重产品是否标注"十环"标志、ISO14001 环境管理体系等认证，促使企业开展生态创新	
企业对外出口，尤其是出口到欧盟的产品，其面临"绿色壁垒"的压力呈增强趋势	
竞争对手在新材料、新技术、新装备的突破，促使本企业开展生态创新活动	

资料来源：根据相关文献整理所得

2. 中介变量：企业生态创新行为的测度

企业生态创新行为的测度，Brunnermeier 和 Cohen (2003) 主张用专利来度量，但实际上，并不是所有的生态创新行为都可以用专利来度量。国内外有关企业生态创新的文献，如表 5-2 所示，大部分是从企业生态创新活动内容来界定的，也有学者用创新 (研发) 强度对企业生态效率提升的影响来考量 (Nogareda and Ziegler，2006)。

表 5-2　测度企业生态创新行为的文献

测度依据	研究数据来源	生态创新行为的测度
Mazzanti 和 Zoboli (2006)	意大利制造业 2002 年和 2004 年调查数据	企业是否开展环境创新，主要测度企业的环境研发、投资及环境支出
Frondel 等 (2007)	OECD 的七个国家的企业层面数据	是否采用末端处理技术、集成一体化技术
Horbach 等 (2012)	2009 年德国创新调查	通过 12 项与产品有关的环境影响来测度，其中，9 项与企业生产过程的环境影响有关，3 项与产品使用的环境影响有关
Triguero 等 (2013)	欧洲 27 个国家的中小企业数据库	具体细分生态产品、过程和组织创新
Kesidou 和 Demirel (2012)	1566 家英国企业数据集	环境研发支出
Brunnermeier 和 Cohen (2003)	1983～1992 年美国 146 家制造企业年面板数据	成功申请的专利数
刘燕娜和余建辉 (2010)	55 家中国福建省上市公司	企业低碳技术创新与应用行为频数
董颖 (2011)	中国 279 家企业的调查问卷	设置了 30 个 0～1 的客观题题项，测度生态创新活动强度

资料来源：根据相关文献整理所得

本书作者借鉴董颖 (2011) 的研究，月生态创新活动强度作为生态创新行为的代理变量，采用 15 个项目来测量。按照 OECD 对生态创新行为的分类：末端污染治理、清洁生产和资源节约型创新，每类行为包括五种实践分子，每一种实践分子为 1 分，实施一项得 1 分，最终计算累计得分，即为企业生态创新行为频数。生态创新行为强度等于每一创新类别的实际举措数加总除以 3，最高值为 5 分。多数企业的生态创新强度低于 2 分，意味着较少的企业在从事生态创新，有部分企业甚至没有采取任何生态创新举措。

3. 被解释变量：企业生态创新绩效的测度

企业生态创新绩效，包括环境绩效和经济绩效两部分，即增加经济价值率或者减少污染排放。本书借鉴李怡娜和叶飞(2011)等的研究,采用七个项目来测量生态创新绩效,如表 5-3 所示。

表 5-3　企业生态创新环境绩效和经济绩效的测度题项

变量	测度题项	测度依据
企业生态创新环境绩效	降低了废弃、废水、废物的排放量	Nogareda 和 Ziegler(2006)、Brunnermeier 和 Cohen(2003)、Johnstone 和 Hascic(2008)、吴雷(2009)、李怡娜和叶飞(2011)
	减少了综合能源的消耗	
	提高了企业环保形象	
	增加环境专利申请数	
企业生态创新经济绩效	降低了废物处理费用开支	Arundel 和 Kemp(2009)、吴雷(2009)、Dangelico 等(2013)、李怡娜和叶飞(2011)、Cheng 等(2014)
	提高税后收益率	
	通过销售废料和废旧物资、设备获得盈利	

资料来源:根据相关文献整理所得

5.1.3　数据收集

　　数据的可靠、有效是保证研究信度和效度的重要基础。本书问卷数据的获取,基于 2014 年 1 月至 2014 年 5 月对中国国内制造企业的问卷调查。为了提高问卷数据的可靠性和代表性,本研究在问卷发放时对发放方式、区域选择、行业选择及对象选择进行了总体控制,尽量排除外部因素的影响。

　　(1)问卷发放方式方面,为了提高样本数据质量,本问卷通过作者直接走访、委托省市相关企业管理机构、委托专业统计调查机构(问卷星)等多种方式,进行问卷的发放与回收。

　　(2)问卷发放区域选择方面,为确保数据的可靠性和有效性,在全国范围内随机抽样,主要涉及北京市、浙江省、福建省、江苏省、上海市等地。

　　(3)问卷发放行业选择方面,由于从事生态创新的行业主要集中在制造业,为了更好地获取相关数据,本问卷面向全国制造业企业发放。

　　(4)问卷填写对象选择方面,本问卷针对在该企业有两年以上工作经验的中高层管理人员、技术创新主管、项目经理进行发放,从而确保被试者熟悉企业整体情况,保证收集数据的质量。

　　本次研究问卷调查共发出问卷 547 份,截至 2014 年 5 月共收回问卷 505 份,剔除问卷回答不完整或者具有明显的规律性(如选择一致性)等不合格问卷,利用层次分析法剔除企业分层偏好部分的无效问卷 63 份,得到有效问卷 442 份,如表 5-4 所示。

表 5-4　问卷发放与回收情况

项目	发放数量/份	回收数量/份	回收率/%	有效问卷/份	有效率/%
直接走访发放	30	30	100	25	83
委托政府机构、问卷星	517	475	92	417	88
合计	547	505	92	442	88

5.1.4　样本描述性统计分析

从回收的 442 份有效问卷来看，本书所得样本涵盖化工、能源、建筑材料、造纸、纺织等行业。企业特征中产权性质包括国有企业、集体所有制企业、三资企业、民营企业等，样本企业的其他特征及分布情况，如表 5-5 所示。

表 5-5　样本基本特征的分布情况表($N=442$)

企业特征	企业分类	样本变量/份	分布/%	累计/%
产权性质	国有企业	97	21.95	21.95
	集体所有制企业	67	15.16	37.11
	三资企业	166	37.56	74.67
	民营企业	63	14.25	88.92
	其他类型	49	11.08	100
企业年龄	1～8 年	178	40.27	40.27
	8 年以上	264	59.73	100
资产总额	4000 万元以下	61	13.80	13.80
	4000 万至 1 亿元	126	28.51	42.31
	1 亿至 4 亿元	143	32.35	74.66
	4 亿元及以上	112	25.34	100
员工人数	300 人以下	88	19.91	19.91
	300～1000 人	181	40.95	60.86
	1000～1999 人	97	21.95	82.81
	2000 人及以上	76	17.19	100
新产品产值率	5%以下	8	1.81	1.81
	5%～10%	93	21.04	22.85
	10%～20%	187	42.31	65.16
	20%～50%	114	25.79	90.95
	50%及以上	40	9.05	100

5.2　企业分层偏好的度量

5.2.1　构建企业偏好层次结构模型

层次分析法是一种定性和定量相结合的决策方法,自 20 世纪 70 年代诞生之后,被人们广泛地运用到社会科学领域。该方法把复杂问题分解为具有递阶结构的若干层次,根据对客观事实的主观判断,定量地刻画每一表达层各元素的相对重要性,应用数学方法确定每一表达层所有元素的相关重要性次序数值,从而得出对整个问题的分析(陈畴涛等,2002)。在关系复杂的层次结构模型中,通常蕴含了所要实现决策目标的最高层、影响目标实现的准则层及表示解决问题的措施或政策的最底层,其中,上一表达层若干元素支配下一表达层若干元素。按照这一逻辑思路,本书所构建的层次结构模型,是为了得到总体样本企业内外层偏好程度而将被试企业划分为内层偏好型和外层偏好型。经济责任偏好大于等于 4 分时,即为内层偏好型企业;经济责任偏好小于 4 分时,则划分为外层偏好型企业。模型层数比较简单,仅包括两层:第一层是企业分层偏好;第二层指标数为四个,即企业总体偏好的四部分责任。通过连线表示总目标与四个指标之间的递进关系,如图 5-1 所示。

图 5-1　企业分层偏好的层次结构模型

5.2.2　统计分析

本书采用 Aupperle 等(1985)设计的问卷来测度企业分层偏好。为了便于中国文化背景下的被试者理解和填写,杨帆(2008)博士对问卷进行改进,并论证了该问卷在中国背景下的适用性。该问卷使用 11 个测量项目(见附录 2 "企业分层偏好测度"问卷部分),对每题下的四个选项进行两两比较,由于"强烈极其重要"的 9 分项目,在实际情况中并不存在,故只列出 7 分题项,其中,7 分表示左边极其重要,1/7 分表示右边极其重要。

基于问卷数据,计算企业在经济责任、法律责任、伦理责任和道义责任这四个维度的信度,以及它们之间的相对重要性,具体分析步骤如下。

(1)根据被试企业对每题四个选项的选择结果,构造两两比较的四阶判断矩阵。

(2)判断矩阵的一致性检验。由于偏好的主观性和复杂性,检验判断矩阵的一致性显得极为重要。根据美国运筹学家 Saaty(1980)的论述,只有当 11 题判断矩阵一致性比率(consistency ratio,CR)值都小于 0.1(有些场合为 0.15),才认定判断矩阵通过一致性检验,即此问卷为有效问卷。运用天津大学管理学院郭均鹏教授开发的层次分析法软件,将 481 份问卷(回收 505 份问卷,剔除不完整问卷 24 份),每份问卷 11 个题项的两两比较结果输入方程式,便可得到一致性指标。经检验,481 份问卷中,有 442 份问卷通过了一致性检验。

(3)计算判断矩阵中每层偏好的权重。将问卷数据输入层次分析法软件,即可算出每个题项的各层偏好的权重,问卷□四部分责任维度的划分,如表 5-6 所示。其中,EcR、LaR、EtR、PhR 分别表示经济责任维度、法律责任维度、伦理责任维度和道义责任维度。运用 VBA 编程(编程程序见附录 3)把 11 题总共 44 个选项中每个责任偏好对应的权重进行加总,然后除以 11,并乘以 10,便可得到被试企业在问卷中反映出的经济责任维度、法律责任维度、伦理责任维度和道义责任维度的排序。

表 5-6 企业四部分责任维度题项划分

题项		经济责任维度	法律责任维度	伦理责任维度	道义责任维度
第一题	A	EcRl			
	B		LaRl		
	C				PhRl
	D			EtRl	
第二题	A			EtR2	
	B		LaR2		
	C	EcR2			
	D				PhR2
第三题	A		LaR3		
	B				PhR3
	C			EtR3	
	D	EcR3			
第四题	A				PhR4
	B	EcR4			
	C		LaR4		
	D			EtR4	
第五题	A	EcR5			
	B				PhR5
	C		LaR5		
	D			EtR5	

题项		经济责任维度	法律责任维度	伦理责任维度	道义责任维度
第六题	A				PhR6
	B		LaR6		
	C			EtR6	
	D	EcR6			
第七题	A			EtR7	
	B		LaR7		
	C				PhR7
	D	EcR7			
第八题	A			EtR8	
	B		LaR8		
	C	EcR8			
	D				PhR8
第九题	A				PhR9
	B	EcR9			
	C		LaR9		
	D			EtR9	
第十题	A	EcR10			
	B				PhRl0
	C		LaR10		
	D			EtRl0	
第十一题	A	EcR11			
	B		LaR11		
	C			EtRl1	
	D				PhRl1

注：EcR、LaR、EtR、PhR 分别表示经济责任维度、法律责任维度、伦理责任维度、道义责任维度

(4) 利用步骤三得到各个题项的分值，检验经济责任维度、法律责任维度、伦理责任维度和道义责任维度四个题项的信度，分别为 0.787、0.725、0.720、0.751，表明问卷具有较高的信度。

(5) Aupperle 等(1985)及其他学者均是通过对 11 题的得分进行平均，获得被试企业在经济责任维度、法律责任维度、伦理责任维度和道义责任维度四个维度相对重要性的权重。本书对层次分析法软件测算的各个题项的分值进行汇总平均，得出所有被试企业在经济责任维度、法律责任维度、伦理责任维度和道义责任维

度四个维度的权重，分别为 0.373 04、0.242 61、0.201 65、0.182 70。即便这与 Carroll（1979）理论假定和 Aupperle 等（1985）验证的四维度权重分别为 4∶3∶2∶1 略有不同，但总体而言，相对重要性排序仍然是经济责任维度、法律责任维度、伦理责任维度和道义责任维度。

（6）结合被试企业在四部分责任维度下各 11 题的分析数据，测算四部分责任维度之间的相关性。计算结果表明经济责任维度与法律责任维度（r=-0.449，p<0.01）[①]、伦理责任维度（r=-0.682，p<0.01）、道义责任维度（r=-0.496，p<0.01）负相关，且法律责任维度与道义责任维度（r=-0.340，p<0.01）负相关，具体如表 5-7 所示，该结论与以往的研究结论一致。

表 5-7　四部分责任维度相关性分析（N=442）

维度	经济责任维度	法律责任维度	伦理责任维度	道义责任维度
经济责任维度	1			
法律责任维度	-0.449**	1		
伦理责任维度	-0.682**	0.58	1	
道义责任维度	-0.496**	-0.340**	0.139	1

**表示在 1% 的统计水平（双侧）上显著

5.3　研究方法概述

5.3.1　结构方程模型建模方法

本书综合运用 SPSS 17.0 统计软件、天津大学管理学院开发的层次分析法软件和 AMOS 20.0 统计软件等作为主要分析工具。首先，运用层次分析法软件计算企业分层偏好的具体数值；其次，运用 SPSS 17.0 统计软件对问卷回收数据进行了描述性统计、各层偏好的相关性分析、因子分析、样本的信度和效度分析；最后，运用 AMOS 20.0 统计软件检验本书提出的结构方程模型和样本企业数据的拟合程度，并确定包含各种假设关系的企业生态创新驱动最优模型。

结构方程模型，又称为因果关系模型或者潜在变量模型，是一种常用的多元统计方法，用于建立、评估和检验变量之间因果关系的结构方程式的体系。囿于社会科学中很多指标不能直接地、准确地测度，只能用其他的观察指标来替代潜在变量，而观察指标不可避免地存在大量的测量误差，这对传统统计方法提出了挑战。结构方程模型较好地综合经济计量、社会计量与心理计量的研究成果，是

---

① r 表示相关系数；p 表示显著性概率值。

解决众多社会科学中多变量问题的有效实现路径。相比于传统的因素分析，它没有严格的假定限制条件，允许存在多个潜在变量和测量误差，能够使研究者较直观地规划出潜在变量之间的关系(周子敬，2006)。结构方程模型具有以下几个特征：理论先验性、可以同时处理测量与分析的关系、关注协方差的运用、适用于大样本的统计分析、包含多种统计技术(如因子分析、回归分析和路径分析)、重视多重统计指标的运用(邱皓政，2005)。

结构方程模型可以分为两个模型：测量模型(外部关系)和结构模型(内部关系)。其中，前者主要描述潜在变量与一组观察指标之间的关系。对于潜在变量与观察指标之间的相互关系，通常可以用测量方程来表示：一个是外生潜变量 ξ 的测量方程 $X = \Lambda_x \xi + \delta$；另一个是内生潜变量 η 的测量方程 $Y = \Lambda_y \eta + \varepsilon$，其中，$\xi$、$\eta$ 分别为外生潜变量和内生潜变量，Λ_x、Λ_y 分别为观测指标(X、Y)的因子载荷矩阵，δ 为外生指标 X 的误差项，ε 为内生指标 Y 的误差项。结构模型则是刻画所假设的潜在变量之间因果关系，可以用矩阵方程式来表示 $\eta = B\eta + \Gamma\xi + \zeta$。其中，$B$ 为内生潜变量之间的系数矩阵；Γ 为外生潜变量对内生潜变量的影响系数矩阵；ζ 为结构方程的残差所构成的向量。结构方程模型本质上是回归模型，目的是验证模型是否合适，因此，估计潜在变量的路径系数通常是研究的重点(侯杰泰等，2004)。

5.3.2 结构方程分析方法

1. 描述性统计分析

描述性统计分析是进行其他统计分析的前提和基础。通过描述性统计分析，可以更好地把握研究对象和数据的整体特征，从而选择更为合理和深入的统计方法(王林秀，2009)。本书已经利用描述性统计分析来分析样本的结构，包括样本企业的产权性质、年限、资产总额、员工人数、新产品产值率等。

2. 信度分析

信度(reliability)即可靠性，指测量结果的稳定性(stability)或一致性(consistency)两种含义，可以反映测量的随机误差大小。一个好的测量必须稳定可靠，也就是研究者对相同或相似的对象进行不同测量得到的结果一致。在对问卷进行数据分析前，必须考察问卷的信度，以确保测度的质量。

1)稳定性

有关稳定性的信度主要有两种：一种是重测信度(test-retest reliability)，指前后不同时间，用同一量表对同一组样本先后两次测量，两次测量结果的相关系数称为稳定性系数，稳定性系数越大，表明信度越高；另一种是复本信度(alternate form reliability），又称为等值信度（equivalent forms reliability），指社会调查中研究人员的一个测试工具有两个复本（两个大致相似的研究工具），根据同一组样本接受这两个复本测试的得分，用以判断两个复本的测量结果是否等值，两次测量结果的相关系数称为等值性系数，即为复本信度。

2）一致性

在社会科学研究的大量量表中，常以多个问项测度同一个概念，因此，各问项之间应具有一致性，即量表的内部一致性。内部一致性信度有两种：克朗巴哈系数（Cronbach's α）和折半信度（split-half reliability）。其中，Cronbach's α 系数用于刻画量表内部的一致性，通常用来测量具有一维潜在结构变量（马庆国，2008）。

本次研究的问卷设计运用多个问项测量同一概念，所以适合采用信度检验，考虑到研究的时间与成本，本次研究无法对样本企业进行重测，因此仅对调查问卷的一致性进行信度检验。为了确保本次问卷内容在所属构面中的测量结果具有高度的一致性，本次研究采用 Cronbach's α 系数作为判断的依据，衡量问卷内容项目的一致性程度，Cronbach's α 值越高，问卷构面的信度越高。样本数据的信度通过检验的最低限度是 Cronbach's α 系数大于 0.70（李怀祖，2004）。

3. 效度分析

测量的效度（validity），又称为准确度，是指测量的结果能准确度量事物真实内涵和属性的程度。效度分析，在一般学术研究中常用于分析内在因素结构的有效性，表征量表的正确程度，一般包括内容效度（content validity）和建构效度（construct validity）。前者只测量工具在多大程度上涵盖所要测量的全部内容，考核的是测量工具的适合性；而后者用于刻画观察指标（即量表题项）对量表理论结构的正确反映程度，即尝试解释"量表为什么有效"的问题，分为收敛效度和区分效度两大类。

一份复合问卷的建构效度不仅需要理论作为支撑，还需要统计方法来检验，通常采用因子分析法。因子分析（factor analysis）又可以分为探索性因子分析和验证性因子分析。探索性因子分析是进入研究的初步阶段最常用的统计方法（使用SPSS 统计软件或者 SAS 统计软件），对所编制的量表到底能测出哪些因素不是很清楚，通过收集到的资料萃取因素，将众多的变量简化为较少的几个精简变量。如果研究者在编制量表之前，已经有明确的因素结构设想，可以使用验证性因子分析（使用 SPSS 统计软件、LISREL 统计软件或者 AMOS 统计软件）以确认因素结构。换言之，二者的区别在于，探索性因子分析注重从众多观察指标中探索出潜在变量，也就是对初始观察指标进行科学选择，此时观察指标和潜在变量之间的关系不是事先确定的；而验证性因子分析在观察指标和潜在变量之间的关系事先给定的前提下侧重检验假设。采用因子分析法评价建构效度时，如果量表的公因子累积贡献率大于 50%，且每个题项在各自测度的潜在变量上的因子载荷足够大（大于或等于 0.4），则可以认为该量表的建构效度较为理想（马文军和潘波，2000）。

4. 模型适配度检验

适配度检验是评价假设的路径模型图和问卷数据相互适配的程度的检验，一个路径模型图如果与问卷数据适配度完全符合评价标准，说明研究者所构想的路径模型图比较符合实际数据的现状。有关适配度的评价指标及标准有许多不同主张，迄今为止，尚未统一（吴明隆，2010）。Bagozzi 和 Yi（1988）的论点比较周全，认为考虑假设模型与实际数据是否契合，必须考虑三个方面的指标：基本适配度指标、整体模型适配度指标和模型内在结构适配度指标。Maruyama（1988）将整体模型适配度指标区分为绝对指标（absolute index）、相对指标（relative index）和调整指标（adjustment index）。

综合以上学者的研究，借鉴温忠麟等（2005）的研究，本书主要采用目前十个被广泛认可的标准来测度结构方程模型的适配度，其评价标准整理，如表 5-8 所示。

表 5-8　结构方程模型适配度标准

拟合指数	适配临界值	指标内涵说明
χ^2	$p>0.05$	比值越小，表示适配度越好
χ^2 / df	<2 时	比值越小，模型越适配
RMSEA	<0.05 适配良好 <0.08 适配合理	通常被认为是最重要的适配指数
GFI	>0.90 以上	通常介于 0~1，数值越接近 1，模型越适配
AGFI	>0.90 以上	通常介于 0~1，数值越接近 1，适配度越佳
NFI	>0.90 以上	规则适配指数
IFI	>0.90 以上	增值适配指数
TLI	>0.90 以上	非规则适配指数
CFI	>0.90 以上	比较适配指数
PGFI	>0.50 以上	通常介于 0~1，数值越接近 1，适配度越佳

注：χ^2 表示卡方检验值；χ^2 / df 表示卡方/自由度；RMSEA（root mean square error of approximation）表示近似残差均方根；GFI（goodness of fit index）表示良性适配指数；AGFI（adjusted goodness of fit index）调整后良性适配指数；NFI（normed fit index）表示规则适配指数；IFI（incremental fit index）表示增值适配指数；TLI（Tucker-Lewis idex）表示非规则适配指数；CFI（comparative fit index）表示比较适配指数；PGFI（parsimony goodness of fit index）表示简约适配指数

5.4　生态创新驱动模型检验

5.4.1　数据信度分析

　　良好的衡量工具应该具有内容的一致性和时间上的稳定性。本书使用 SPSS 17.0 软件中 Analyze-scale 中可靠性分析(reliability analyze)功能，对企业内部资源、政府环境规制、公众压力、市场压力、生态创新行为、生态创新环境绩效和生态创新经济绩效七个数据量表进行信度分析，问卷的信度分析结果，如表 5-9 所示。

表 5-9　问卷信度分析结果

研究变量	Cronbach's α 系数
企业内部资源	0.897
政府环境规制	0.794
公众压力	0.754
市场压力	0.733
生态创新行为	0.722
生态创新环境绩效	0.707
生态创新经济绩效	0.735
问卷整体信度	0.930

　　在样本信度检验中，企业内部资源的 Cronbach's α 系数大于 0.8，其余 Cronbach's α 系数大于 0.7，符合沃策尔(Wortzel，1979)提出的 Cronbach's α 系数大于 0.7 时，表明问卷内容具有较高的内部一致性的基本判断标准。此外，本书的问卷整体信度为 0.930，这表明组成量表的题项内部一致性是可靠且稳定的。

5.4.2　数据效度分析

　　由于信度只涉及测量结果的一致性，体现不了准确性，为了考察本次测量的有效程度，我们还需要做效度分析。基于规范研究的范式，我们衡量效度，需要分析内容效度和建构效度。从内容效度方面来看，本次研究问卷的设计，是基于理论基础，综合了学术界经典研究文献的量表，并结合专家、实地调研及学术团队意见，反复斟酌问卷的内容及措辞，因此具有较高的内容效度。

　　建构效度是一个重要的测度指标，指的是问卷调查能在多大程度上测度出理论的概念和特征，对量表建构效度的检验必须同时从收敛效度和区分效度两个方面进行。探索性因子分析，主要分析众多变量之间的内部依赖关系，能够将复杂的变量综合为少数几个核心因子，可用于寻找多元观察指标的基本数据结构。验证性因子分析则是评价观察指标是否真的可以反映潜在变量，即验证因子分析模型是否成立的一种统计分析。

1. 探索性因子分析

　　本书对 442 个企业样本的四个生态创新驱动因素相关题项进行了探索性因子分析，结果如表 5-10 所示，样本数据的 KMO（Kaiser-Meyer-Olkin）检验为 0.895，大于 0.7，且 Bartlett's 球状检验结果的显著水平 $p<0.000$，充分说明数据适合进一步做因子分析。采用主成分因子分析方法，分成五个因子，运用最大化方差法正交旋转，对 442 份问卷中 27 个题项数据做探索性因子分析，结果如表 5-11 和表 5-12 所示。

表 5-10　初始数据因子分析的 KMO 检验及 Bartlett's 球状检验的检验结果

KMO 检验		0.895
Bartlett's 球状检验	近似卡方	3084.946
	df	666
	Sig.	0.000

注：df 表示自由度；Sig.表示显著性差异

表 5-11　企业生态创新驱动因素探索性因子分析的旋转成分矩阵（N=442）

题号	测量题项(简写)	因子载荷			
		因子 1	因子 2	因子 3	因子 4
$X1$	生态技术优势 3	0.721	0.210	0.095	0.137
$X2$	生态技术优势 2	0.717	0.170	0.076	0.035
$X3$	生态技术优势 4	0.708	0.098	0.086	0.247
$X4$	生态技术优势 5	0.701	0.052	0.246	0.154
$X5$	生态技术优势 1	0.681	0.175	0.081	0.008
$X6$	环境管理能力 4	0.642	0.257	0.106	0.132
$X7$	环境管理能力 1	0.629	0.079	0.256	0.206
$X8$	环境管理能力 2	0.624	0.143	0.273	0.149

续表

题号	测量题项(简写)	因子载荷			
		因子 1	因子 2	因子 3	因子 4
X9	环境管理能力 5	0.614	0.279	0.094	0.201
X10	环境管理能力 3	0.539	0.352	0.129	0.229
X11	政府环境规制 2	0.103	0.695	0.048	0.231
X12	政府环境规制 3	0.168	0.637	−0.007	0.298
X13	政府环境规制 6	0.150	0.609	0.107	0.074
X14	政府环境规制 8	0.294	0.571	0.354	0.064
X15	政府环境规制 1	0.097	0.570	0.120	0.313
X16	政府环境规制 4	0.262	0.557	0.243	0.102
X17	政府环境规制 7	0.308	0.551	0.223	−0.204
X18	政府环境规制 5	0.143	0.537	0.262	−0.020
X19	公众压力 1	0.097	0.134	0.748	0.204
X20	公众压力 4	0.248	0.242	0.700	0.038
X21	公众压力 5	0.254	0.166	0.683	0.116
X22	公众压力 3	0.068	0.173	0.625	0.295
X23	公众压力 2	0.284	0.183	0.475	0.318
X24	市场压力 1	0.242	0.177	0.246	0.685
X25	市场压力 2	0.094	0.163	0.151	0.681
X26	市场压力 4	0.172	0.154	0.170	0.665
X27	市场压力 3	0.258	0.038	0.107	0.612

表 5-12　初始总方差解释率表(N =442)

成分	初始特征值			提取平方和载入			旋转平方和载入		
	合计	方差的百分比/%	累积百分比/%	合计	方差的百分比/%	累积百分比/%	合计	方差的百分比/%	累积百分比/%
1	9.030	33.443	33.443	9.030	33.443	33.443	5.081	18.818	18.818
2	1.971	7.302	40.744	1.971	7.302	40.744	3.474	12.866	31.684
3	1.634	6.054	46.798	1.634	6.054	46.798	2.851	10.560	42.245
4	1.348	4.992	51.790	1.348	4.992	51.790	2.577	9.545	51.790

注：提取方法为主成分分析

　　基于特征根值大于 1，因子载荷大于 0.5 的要求，生态技术优势与环境管理能力具有相同的特征，将二者合并为企业内部资源，也就是说，$X1\sim X10$ 这 10 个测量题项是同一个维度的，因此，本书提取出了四个因子。其中，$X1\sim X10$ 为因子 1：企业内部资源(用 CIR 表示)，最大因子载荷为题项 $X1$ 的 0.721；最小因子载荷为题项 $X10$ 的 0.539。$X11\sim X18$ 为因子 2：政府环境规制(用 ER 表示)，最大因子载荷为题项 $X11$ 的 0.695，最小因子载荷为题项 $X18$ 的 0.537。$X19\sim X23$为因子 3：公众压力(用 PP 表示)，最大因子载荷为题项 $X19$ 的 0.748，最小因子载荷为题项 $X23$ 的 0.475。$X24\sim X27$ 为因子 4：市场压力(用 MP 表示)，最大因子载荷为题项 $X24$ 的 0.685，最小因子载荷为题项 $X27$ 的 0.612。

　　根据侯杰泰等(2004)提出的对各因子载荷小于 0.5 的题项进行处理的判断标准，本书删除原题项(公众压力 2)之后再做探索性因子分析，结果如表 5-13 和表 5-14 所示。

表 5-13　因子分析的 KMO 检验及 Bartlett's 球状检验的检验结果

KMO 检验		0.920
Bartlett's 球状检验	近似卡方	2527.362
	df	325
	Sig.	0.000

注：df 表示自由度；Sig.表示显著性差异

表 5-14　最终总方差解释率表(N=442)

成分	初始特征值			提取平方和载入			旋转平方和载入		
	合计	方差的百分比/%	累积百分比/%	合计	方差的百分比/%	累积百分比/%	合计	方差的百分比/%	累积百分比/%
1	8.700	33.460	33.460	8.700	33.460	33.460	5.052	19.433	19.433
2	1.955	7.518	40.979	1.955	7.518	40.979	3.447	13.258	32.690
3	1.610	6.193	47.172	1.610	6.193	47.172	2.594	9.976	42.666
4	1.336	5.139	52.311	1.336	5.139	52.311	2.508	9.644	52.311

注：提取方法为主成分分析

　　由表 5-13 的 KMO 检验及 Bartlett's 球状检验结果可知，本次研究 26 个题项的 KMO 检验系数为 0.920，大于 0.8，达到较好的适配度。Bartlett's 球状检验结果显著性水平为 $p<0.000$，小于 0.05，本次研究调查量表中的 26 个题项适合做出进一步分析，26 个题项较好地分布在四个公因子上，且各题项在各自测度的潜在变量上的因子载荷大于 0.5。由表 5-14 可以看出，四个公因子对总方差的累积解

释率变为 52.311%，这表明本书问卷数据有较好的收敛效度。同时，各题项在其他的潜在变量上的因子载荷小于 0.5，也说明了本书问卷数据有较好的区分效度。

2. 验证性因子分析

Anderson 和 Gerbing(1988)研究提出，建立一个测量模型需要进一步做验证性因子分析，用以检验数据与测量模型的拟合程度。本次研究所设计的量表通过了探索性因子分析，相对明确了观测变量和潜在变量的关系，为了确认量表所包含的因素是否与先前的构念相符，将对所有指标变量进一步做验证性因子分析。进行验证性因子分析采用的样本为 442 份有效问卷。本书对七个变量进行验证性因子分析，如表 5-15 所示，显示了模型的拟合指标。

表 5-15　测量模型验证性因子分析(N=442)

路径			标准化路径系数	路径系数	C.R.	p
$T5$	←	CIR	0.879	0.890	24.721	***
$T4$	←	CIR	0.878	0.937	24.665	***
$T3$	←	CIR	0.897	1.082	26.428	***
$T2$	←	CIR	0.876	1.065	24.489	***
$T1$	←	CIR	0.842	0.730	21.762	***
$M5$	←	CIR	0.895	1.000		
$M4$	←	CIR	0.865	0.839	23.480	***
$M3$	←	CIR	0.841	0.820	21.721	***
$M2$	←	CIR	0.858	0.858	22.967	***
$M1$	←	CIR	0.859	0.871	23.008	***
MP1	←	MP	0.926	1.000		
MP2	←	MP	0.856	0.808	23.245	***
MP3	←	MP	0.835	0.750	21.659	***
MP4	←	MP	0.811	0.632	20.048	***
ER1	←	ER	0.878	1.000		
ER2	←	ER	0.821	0.817	20.420	***
ER3	←	ER	0.794	0.743	18.823	***
ER4	←	ER	0.854	0.854	22.719	***
ER5	←	ER	0.774	0.762	17.762	***

续表

路径			标准化路径系数	路径系数	C.R.	p
ER6	←	ER	0.762	0.585	17.169	***
ER7	←	ER	0.812	0.841	19.834	***
ER8	←	ER	0.855	0.828	22.788	***
PP1	←	PP	0.914	1.000		
PP3	←	PP	0.805	0.642	19.292	***
PP4	←	PP	0.886	0.882	25.263	***
PP5	←	PP	0.900	0.816	26.579	***
EB1	←	EB	0.841	1.000		
EB2	←	EB	0.903	0.985	19.377	***
EB3	←	EB	0.905	0.913	19.455	***
EP1	←	EP	0.845	1.000		
EP2	←	EP	0.745	0.829	13.988	***
EP3	←	EP	0.860	1.062	17.588	***
EP4	←	EP	0.822	0.993	16.294	***
EE1	←	EE	0.811	1.000		
EE2	←	EE	0.822	0.861	14.728	***
EE3	←	EE	0.861	1.091	15.638	***
χ^2	934.452		TLI		0.875	
df	577		CFI		0.886	
χ^2 / df	1.620		RMSEA		0.050	

***表示显著性水平 $p<0.001$

注：T 表示生态技术优势；M 表示企业内部环境管理体系；CIR 表示企业内部资源；MP 表示市场压力；ER 表示政府环境规制；PP 表示公众压力；EB 表示生态创新行为；EP 表示生态创新环境绩效；EE 表示生态创新经济绩效；χ^2 表示卡方检验值；df 表示自由度；TLI 表示非规则适配指数；CFI 表示比较适配指数；RMSEA 表示近似残差均方根；C.R.表示一致性比率；p 表示显著性水平

　　所有的测量题项在各自测量的潜在变量上的因子载荷大于 0.5 且均在 $p<0.001$ 水平上具有统计显著性。χ^2 为 934.452；df 为 577；χ^2 / df 为 1.620，小于 2；TLI 与 CFI 分别为 0.875 和 0.886，都接近于 0.900，在可以接受的范围内；RMSEA 为 0.050，小于 0.1。可见，该模型因子结构通过了验证，拟合效果较好。

5.4.3　初始模型构建

结构方程模型分析过程，一般包括初始模型构建、初步模型拟合、模型修正与确定及实证结果解释和讨论这四个步骤。目前的管理研究中涉及很多变量，都不能准确、直接地测量，结构方程模型有效弥补传统回归分析的不足(如同时处理潜在变量及其指标、多重共线性、估计整个模型的拟合程度等)(侯杰泰等，2004)。关于结构方程模型中样本量大小的选择问题，吴明隆(2010)等在总结各种文献研究结果后认为，大多数结构方程模型需要至少 100～200 个样本，小样本容易影响测量结果。本书采用问卷调研的方法收回 442 份有效问卷，其中，属于外层偏好型企业共 253 家，内层偏好型企业共 189 家，经过信度检验和效度检验，问卷数据可靠，因此非常适合采用结构方程模型对研究模型进行构建与拟合。模型拟合主要是对模型的参数进行估计和对整体模型进行评价，模型评价主要考量模型输出的各种拟合指数是否满足要求。模型整体拟合优度指标主要有三种类型：绝对拟合优度指标(χ^2、χ^2/df、GFI、AGFI)、比较适配指标(CFI)和近似残差均方根(RMSEA)。指标的解释详见本书 5.3.2 结构方程分析方法，此处不再赘述。

结构方程模型运用主要有三种类型：纯粹验证(strictly confirmatory，SC)模型、选择模型或替代模型(alternative model，AM)和产生模型(model generating，MG)(易丹辉，2008)。本次研究属于产生模型分析，目的在于找到理论上和统计上最佳的模型。

基于图 4-5 所构建的分层偏好视角下企业生态创新驱动模型图，通过机理分析和样本数据分析，设置初始结构方程模型，该模型通过 26 个外生显变量($T1$～$T5$、$M1$～$M5$、ER1～ER8、PP1～PP4、MP1～MP4)对四个外生潜在变量(企业内部资源、政府环境规制、市场压力和公众压力)进行测量，设置 10 个内生显变量(EB1～EB3、EP1～EP4、EE1～EE3)来测量三个内生潜变量(生态创新行为、生态创新环境绩效和生态创新经济绩效)。运用结构方程模型检验所构建的理论模型与样本数据的拟合情况，分析找出初始结构方程模型中拟合欠佳的部分，并做出适当的修正和解释，最终产生一个最适合的模型。

5.4.4　初步模型拟合

1. 外层偏好型企业

利用 AMOS 20.0 软件，结合 253 家外层偏好型企业调查数据进行分析运算，拟合结果如表 5-16 所示。

表 5-16 外层偏好型企业生态创新驱动机制初始模型拟合结果(N=253)

路径			路径系数	标准化路径系数	C.R.	p
EB	←	CIR	0.432	0.151	2.857	0.004
EB	←	ER	0.712	0.213	3.35	***
EB	←	MP	0.904	0.298	3.036	0.002
EB	←	PP	0.328	0.136	2.422	0.015
EP	←	EB	0.447	0.061	7.304	***
EE	←	EP	0.756	0.259	2.923	0.003
EE	←	EB	0.106	0.128	0.823	0.411
$T1$	←	CIR	1.000			
$T2$	←	CIR	1.461	0.153	9.565	***
$T3$	←	CIR	1.482	0.149	9.954	***
$T4$	←	CIR	1.285	0.134	9.598	***
$T5$	←	CIR	1.22	0.127	9.611	***
$M1$	←	CIR	1.193	0.130	9.211	***
$M2$	←	CIR	1.173	0.128	9.188	***
$M3$	←	CIR	1.122	0.126	8.885	***
$M4$	←	CIR	1.194	0.127	9.385	***
$M5$	←	CIR	1.145	0.123	9.295	***
ER1	←	ER	1.000			
ER2	←	ER	1.178	0.172	6.852	***
ER3	←	ER	1.082	0.164	6.612	***
ER4	←	ER	1.23	0.170	7.216	***
ER5	←	ER	1.11	0.174	6.398	***
ER6	←	ER	0.848	0.136	6.25	***
ER7	←	ER	1.219	0.180	6.777	***
ER8	←	ER	1.205	0.166	7.27	***
MP4	←	MP	1.000			
MP3	←	MP	1.35	0.222	6.069	***
MP2	←	MP	1.371	0.224	6.128	***

续表

路径			路径系数	标准化路径系数	C.R.	p
MP1	←	MP	1.383	0.215	6.435	***
PP5	←	PP	1.000			
PP4	←	PP	1.086	0.118	9.198	***
PP3	←	PP	0.786	0.102	7.716	***
PP1	←	PP	0.892	0.104	8.586	***
EB1	←	EB	1.000			
EB2	←	EB	0.947	0.107	8.839	***
EB3	←	EB	0.896	0.099	9.002	***
EP1	←	EP	1.000			
EP2	←	EP	0.835	0.124	6.732	***
EP3	←	EP	1.093	0.130	8.396	***
EP4	←	EP	1.035	0.130	7.947	***
EE1	←	EE	1.000			
EE2	←	EE	0.879	0.109	8.064	***
EE3	←	EE	1.112	0.134	8.316	***
χ^2	719.383		TLI		0.950	
df	581		CFI		0.954	
χ^2 / df	1.238		RMSEA		0.026	

***表示显著性水平 $p<0.001$

注：T 表示生态技术优势；M 表示企业内部环境管理体系；CIR 表示企业内部资源；MP 表示市场压力；ER 表示政府环境规制；PP 表示公众压力；EB 表示生态创新行为；EP 表示生态创新环境绩效；EE 表示生态创新经济绩效；χ^2 表示卡方检验值；df 表示自由度；TLI 表示非规则适配指数；CFI 表示比较适配指数；RMSEA 表示近似残差均方根；C.R.表示一致性比率；p 表示显著性水平

　　初始结构方程模型的 χ^2 为 719.383；df 为 581；χ^2 / df 为 1.238，小于 2；RMSEA 为 0.026；TLI 和 CFI 分别为 0.950 和 0.954，非常接近 1。绝对拟合指标中的 χ^2 / df 和 RMSEA 在可接受范围之内，CFI 与 TLI 也都在拟合接受范围内，说明初始结构方程模型通过检验，就初步拟合的效果来说，在进行模型修正前，上述拟合指标是相当好的。

2. 内层偏好型企业

利用 AMOS 20.0 软件，结合 189 家内层偏好型企业调查数据进行分析运算，拟合结果如表 5-17 所示。

表 5-17　内层偏好型企业生态创新驱动机制初始模型拟合结果(N=189)

路径			路径系数	标准化路径系数	C.R.	p
EB	←	CIR	0.250	0.094	2.648	0.008
EB	←	ER	0.293	0.095	3.071	0.002
EB	←	MP	0.494	0.207	2.385	0.017
EB	←	PP	0.213	0.109	1.951	0.051
EP	←	EB	0.712	0.127	5.61	***
EE	←	EP	0.961	0.251	3.829	***
EE	←	EB	0.157	0.201	0.78	0.435
$T1$	←	CIR	1.000			
$T2$	←	CIR	0.770	0.475	1.620	0.105
$T3$	←	CIR	1.249	0.108	11.561	***
$T4$	←	CIR	1.179	0.100	11.842	***
$T5$	←	CIR	0.913	0.095	9.628	***
$M1$	←	CIR	0.751	0.098	7.654	***
$M2$	←	CIR	0.981	0.101	9.714	***
$M3$	←	CIR	1.166	0.104	11.181	***
$M4$	←	CIR	1.062	0.099	10.694	***
$M5$	←	CIR	0.741	0.091	8.184	***
ER1	←	ER	1.000			
ER2	←	ER	1.071	0.138	7.741	***
ER3	←	ER	0.328	0.096	3.411	***
ER4	←	ER	0.559	0.144	3.883	***
ER5	←	ER	0.829	0.144	5.768	***
ER6	←	ER	0.218	0.083	2.620	0.009
ER7	←	ER	1.000	0.155	6.472	***
ER8	←	ER	1.143	0.143	7.987	***

续表

路径			路径系数	标准化路径系数	C.R.	p
MP4	←	MP	1.000			
MP3	←	MP	1.570	0.271	5.805	***
MP2	←	MP	1.137	0.232	4.891	***
MP1	←	MP	1.486	0.258	5.752	***
PP5	←	PP	1.000			
PP4	←	PP	0.805	0.153	5.270	***
PP3	←	PP	0.668	0.141	4.733	***
PP1	←	PP	0.987	0.172	5.744	***
EB1	←	EB	1.000			
EB2	←	EB	0.952	0.151	6.288	***
EB3	←	EB	0.841	0.153	5.506	***
EP1	←	EP	1.000			
EP2	←	EP	0.974	0.165	5.914	***
EP3	←	EP	1.172	0.170	6.898	***
EP4	←	EP	1.129	0.174	6.488	***
EE1	←	EE	1.000			
EE2	←	EE	0.908	0.121	7.507	***
EE3	←	EE	1.205	0.157	7.693	***
χ^2			1157.166	TLI		0.922
df			581	CFI		0.908
$\chi^2 / $ df			1.992	RMSEA		0.038

***表示显著性水平 $p<0.001$

注：T 表示生态技术优势；M 表示企业内部环境管理体系；CIR 表示企业内部资源；MP 表示市场压力；ER 表示政府环境规制；PP 表示公众压力；EB 表示生态创新行为；EP 表示生态创新环境绩效；EE 表示生态创新经济绩效；χ^2 表示卡方检验值；df 表示自由度；TLI 表示非规则适配指数；CFI 表示比较适配指数；RMSEA 表示近似残差均方根；C.R.表示一致性比率；p 表示显著性水平

初始结构方程模型的 χ^2 为 1157.166；df 为 581；$\chi^2 / $ df 为 1.992，小于 2；RMSEA 为 0.038；TLI 和 CFI 分别为 0.922 和 0.908，非常接近 1。绝对拟合指标

中的 χ^2 / df 和 RMSEA 在可接受范围之内，CFI 与 TLI 也都在拟合接受范围内，说明初始结构方程模型通过检验，就初步拟合的效果来说，上述拟合指标是相当好的。

5.4.5　模型修正与确定

结构方程模型是结合因素分析和路径分析来解释变量之间因果关系的一种数据分析工具。系数的显著性和模型拟合指数十分重要，但是模型结果还需要被相关领域知识所解释，换言之，模型结论需要具有理论支撑。现实中，学者结合初始结构方程模型的参数显著性检验结果进行模型修正主要采用两种方式：模型扩展 (model building) 和模型限制 (model trimming)。前者通过释放或添加新路径使模型结构更为合理，后者通过限制或删除部分路径的方法使模型更为简洁明了。常用的模型修正方法是去掉修正指数最大的路径，此外，删除 C.R.值明显低于 1.96、标准化路径系数不显著的路径，然后再通过拟合指标来评价新模型的拟合情况。外层偏好型企业生态创新驱动模型最终拟合结果如表 5-18 所示，内层偏好型企业生态创新驱动模型最终拟合结果，如表 5-19 所示。

表 5-18　外层偏好型企业生态创新驱动模型最终拟合结果 (N=253)

路径			路径系数	标准化路径系数	C.R.	p
EB	←	CIR	0.436	0.152	2.867	0.004
EB	←	ER	0.710	0.213	3.331	***
EB	←	MP	0.919	0.300	3.064	0.002
EB	←	PP	0.317	0.136	2.329	0.020
EP	←	EB	0.448	0.061	7.361	***
EE	←	EP	0.949	0.147	6.464	***
χ^2		719.960	TLI		0.950	
df		582	CFI		0.954	
χ^2 / df		1.237	RMSEA		0.031	

***表示显著性水平 p<0.001

注：EB 表示生态创新行为；EP 表示生态创新环境绩效；EE 表示生态创新经济绩效；CIR 表示企业内部资源；ER 表示政府环境规制；MP 表示市场压力；PP 表示公众压力；χ^2 表示卡方检验值；df 表示自由度；TLI 表示非规则适配指数；CFI 表示比较适配指数；RMSEA 表示近似残差均方根；C.R.表示一致性比率；p 表示显著性水平

表 5-19　内层偏好型企业生态创新驱动模型最终拟合结果（N=189）

路径			路径系数	标准化路径系数	C.R.	p
EB	←	CIR	0.253	0.094	2.687	0.007
EB	←	ER	0.293	0.095	3.078	0.002
EB	←	MP	0.486	0.206	2.360	0.018
EB	←	PP	0.214	0.109	1.961	0.050
EP	←	EB	0.727	0.127	5.712	***
EE	←	EP	1.102	0.191	5.777	***
χ^2		1157.704		TLI		0.922
df		582		CFI		0.908
χ^2 / df		1.989		RMSEA		0.038

***表示显著性水平 $p<0.001$

注：EB 表示生态创新行为；EP 表示生态创新环境绩效；EE 表示生态创新经济绩效；CIR 表示企业内部资源；ER 表示政府环境规制；MP 表示市场压力；PP 表示公众压力；χ^2 表示卡方检验值；df 表示自由度；TLI 表示非规则适配指数；CFI 表示比较适配指数；RMSEA 表示近似残差均方根；C.R.表示一致性比率；p 表示显著性水平

　　根据实证结果，最后确定的企业生态创新驱动模型，变量之间共有 6 条路径是显著的，这些路径所代表的均为变量间的正向影响关系，表 5-18 和表 5-19 中列出了各路径的影响效应。

5.4.6　实证结果解释和讨论

　　通过企业生态创新驱动模型的结构方程模型拟合和修正，我们就各种驱动因素对企业生态创新实践及创新绩效的影响进行了实证性的探讨。研究结果验证了我们最初的假设，即四种主要驱动因素直接影响企业生态创新行为，许多学者论证了企业内部资源、政府环境规制、市场压力和公众压力正向驱动企业生态创新（Horbach，2008；Ziegler and Rennings，2004；Wagner，2008；Jaffe and Palmer，1997；Brunnermeier and Cohen，2003；Kneller and Manderson，2012；Downing and White，1986；Rehfeld et al.，2006），这一结论和先前的众多学者的研究结论一致。在四种主要驱动因素中，企业的外部市场压力的驱动效果最大，在产品研发阶段，消费者绿色需求和市场竞争压力需要被识别，并整合到新产品创意过程中，对于识别正确的创新方向起到重要作用。因此，擅长通过生态创新并获得快速增长的企业，通常特别注重识别和获取能力的培养，能通过了解外部绿色消费需求和竞争压力，从中识别"创新增长点"，并视之为机会而非威胁。

　　本书将企业生态创新绩效分为环境绩效与经济绩效两个维度，不仅系统论证了企业生态创新驱动对生态创新行为的影响机制，而且基于上述维度的划分，得到了更为细化、更具有实践意义的研究结果。李怡娜和叶飞(2011)验证了企业生态创新行为在创新驱动与绩效之间的中介关系，本书的研究结论支持了他们的观点。更为有趣的是，研究结果表明，企业生态创新行为正向促进环境绩效的增加，对经济绩效并没有直接的显著影响，但是会通过环境绩效间接影响企业的经济绩效，即环境绩效是中介变量。这一结论验证了波特假说，即环境规制正向驱动企业生态创新实践，通过生态创新实践能给企业带来生态收益并增加企业竞争力。

此外，本书具有一定的探索性和创新性，此前的学者还没有定量研究企业偏好差异对企业生态创新的影响。大部分的学者在探讨企业生态创新驱动因素对生态创新行为的影响时，并未将创新企业进行分类，本书基于企业偏好类型的差异，对比外层偏好型企业和内层偏好型企业的生态创新驱动机理发现：企业在内部与外部驱动情境相同的情况下，外层偏好型企业的驱动效果大于内层偏好型企业。如表 5-18 和表 5-19 所示，企业内部资源、政府环境规制、市场压力和公众压力对外层偏好型企业生态创新行为的驱动效果为 0.436、0.710、0.919、0.317，分别大于对内层偏好型企业生态创新行为的驱动效果 0.253、0.293、0.486、0.214，这意味着企业外层偏好水平能调节生态创新驱动对生态创新行为的影响效应。

5.5　研　究　小　结

本章是在第 4 章提出的企业生态创新驱动概念模型与研究假设的基础上，基于对研究设计与方法论的探讨，以问卷调查的方式对 442 个中国企业进行了研究，并运用结构方程模型分析验证，剖析企业生态创新驱动因素、生态创新行为及生态创新绩效之间的影响路径和效应，企业外层偏好对创新驱动及生态创新行为之间的作用机理。首先，解决企业分层偏好的测度问题，基于 Aupperle 等(1985)问卷，运用层次分析法把企业偏好类型分为两类；其次，验证了各个变量测度量表的有效性，通过了信度检验和效度检验，形成拟合度较好的测量模型；最后，运用结构方程模型的理论和方法，对第 4 章构建的企业生态创新驱动概念模型进行检验、修正和解释。本章得到了一些较为新颖的结论：首先，确认了四种创新驱动因素对生态创新的影响效应，其中，市场压力最大，政府环境规制次之，然后是企业内部资源，公众压力最小；其次，本书将企业生态创新绩效分为环境绩效和经济绩效，得到了更为细化、更具有实践意义的研究结果，企业生态创新行为对环境绩效有显著的正向影响，对经济绩效并没有直接的显著影响，环境绩效在企业生态创新行为和经济绩效之间起中介作用，该结论验证了波特假说；最后，证实了外层偏好对企业生态创新驱动和生态创新行为的调节作用，外层偏好强的企业创新驱动效果大于内层偏好强的企业。

第 6 章　企业生态创新驱动系统动力仿真

上一章的结构方程模型证实了，生态创新各种驱动因素的作用特征及对企业实施生态创新行为的影响。从长期来看，这种关系结构和该结构下所诱致出的企业生态创新行为、企业对驱动因素的策略反应是否稳定或者是否可预期，还需要选择一个合理的视角做出进一步的实证推演。因此，本章在分析企业生态创新过程各阶段、各子系统之间关系的基础上，建立企业生态创新驱动系统动力学模型，运用系统动力学原理和计算机仿真技术，拟合企业生态创新驱动因素影响生态创新行为、生态创新经济效益的总体发展趋势，并依此提出促进企业生态创新的相关建议。

6.1　系统动力学理论基础

6.1.1　系统动力学的适用性分析

系统动力学(system dynamics)是一门交叉学科，是结合了经济数学和系统科学，以信息反馈系统为研究对象，以计算机仿真技术为手段，用以认识和解决复杂系统问题的学科。20 世纪 50 年代美国麻省理工学院福瑞斯特(Forrester)教授出版名著《工业动力学》，从此拉开了系统动力学研究的序幕。《工业动力学》一书出版以后，工业动力学这一新兴学科逐渐被人们所认识。在此后的二十几年里，系统动力学逐步应用于工业、农业、交通、能源、城市规划、人口、生态环境、自然资源开发和国家发展等领域。直至 20 世纪 80 年代，系统动力学研究才被引入中国。在经济、社会、科技、管理和生态等领域的研究中发挥了自己独特的重要作用。尤其在中国可持续发展战略、技术创新和清洁生产等领域的研究中(易丹辉，2008；许光清和邹骥，2005)。在可持续发展战略方面，肖广岭(1997)、程叶青等(2004)基于人口、自然资源、环境和经济社会的复合耗散结构，根据子系统及要素之间的相互关系，构建生态环境与可持续发展动力学模型，据此预测系统未来发展的趋势。胡大伟(2006)依据可持续发展原理和研究目的，剖析人口子系统、经济子系统、资源与环境子系统之间的多重反馈机制和相互作用，并用 95个系统变量对整个系统和子系统进行描述。

福瑞斯特在 1958 年指出，企业不是一个分离的功能的简单集合，而是一个系统，这一整体的性质决定了所有的企业活动之间的相互关系，确立了系统动力学在企业层面的适用性（Forruster，1958）。与之一脉相承的是，彼得·圣吉在其名著《第五项修炼——学习型组织的艺术与实务》，详细论述了"系统思考"的方法，进一步推动系统动力学在企业层面的运用（圣吉，1994）。例如，吴传荣等（2010）结合高技术企业技术创新系统的构成要素及各要素相互关系，构建系统动力学模型，预测了未来企业技术创新关键指标的发展趋势。近年来，系统动力学原理在促进清洁生产的应用方面引起了学者们的关注，王林秀（2009）、田红娜等（2012）依据生态创新的基本特征和演化规律，运用多种模拟实验，对企业实施清洁生产和绿色工艺创新意愿发展趋势进行拟合，为促进企业清洁生产提供参考依据。

系统动力学是为了适应现代社会经济系统的管理需要而发展起来的，不依据抽象的假设，而是以现实世界为前提；不追求"最优解"，而是寻求改善系统行为的路径。系统动力学分析及解决问题的独特性在于：它是定性分析和定量分析的统一，本着内在结构决定行为的观点，研究对象的因果关系和反馈机制以建立系统模型，借助计算机仿真技术，考察系统在不同参数或者不同策略因素输入时的系统动态变化行为和趋势，从而寻求解决问题的对策。与其他模型、方法相比，其具有以下五大优势。

（1）能处理非线性、多重回路、高阶次的复杂变化系统。

（2）能清晰展示系统内部元素的作用机理及与外部环境的相互作用关系。

（3）能对系统的动态变化和未来趋势做出合理的预测分析。

（4）对数据需求量不高，在系统结构可靠的前提下，利用少量数据即可做出系统的推算与预测。

（5）利用不同的政策组合对系统进行动态模拟，可实现管理决策科学化。

结合上文对系统动力学特点的分析可知，系统动力学模型适用于企业生态创新驱动机制的研究。将系统动力学方法应用于企业生态创新驱动机制的研究领域，是系统动力学学科特点与创新系统活动特性共同决定的。

首先，系统动力学较适合研究创新系统的动态复杂性。企业生态创新系统是各方主体频繁的物质、人才和信息等熵流的交换系统，而产生的多重反馈回路和复杂网络，整体发展受各变量之间非线性耦合关系的相互作用和影响，因此，很难将某一部分单独割裂开来研究。系统动力学把一切被研究对象都看成一个系统，既着眼于系统整体结构的宏观动态行为，又从系统内部各变量之间的微观结构入手，揭示系统存在的复杂反馈机制。按照系统动力学理论建立起来的系统动力学模型，能描述系统内部的非线性逻辑关系，注重系统内部的机制与结构，强调单元之间的关系与信息反馈，既利用各要素间的因果关系进行协调，又把握时间上的动态发展，擅长处理高阶数、非线性的、多反馈和动态的复杂系统问题。

其次，系统动力学较适合研究系统的多时段性。企业生态创新系统的发展是从无序到有序，从低级有序到高级有序的变迁；是从平衡态到非平衡态，再从非平衡态到更高层次平衡态的递进。描述这类周而复始、螺旋式上升的系统，通常会用到一些高阶动态的方程，若通过常规的降阶、线性近似等数学方法，所建模型方程中的完整信息将被破坏，且所得的解很可能是不可靠的。系统动力学是建立模型与运用模型的统一过程。经过深入调查，尽可能搜集研究对象的资料和统计数据；再运用综合分析推理的方法把企业生态创新的问题流程化，用以剖析系统，获得更丰富的信息；最后通过计算机运算处理大量资料，对长时间跨度进行仿真模拟，获得对真实系统的跟踪，实现对循环向上的系统发展过程做出长期、动态的定量分析研究的目的。

再次，系统动力学擅长处理相关数据不足的问题。从某种意义上讲，它适合处理数据不足或者是某些参数难以量化的、长期性的、高阶的、非线性的复杂社会问题。企业生态创新驱动系统，具有高阶性、非线性、多重反馈和机理复杂的特征，很难用传统的数学方法描述。在创新驱动因素的量化方面，会遭遇历史数据缺乏或某些参数及关系难以量化的棘手问题。系统动力学，不仅依赖于历史数据，也侧重于对系统内部结构的研究，多重反馈环的存在使系统行为模式对大多数参数是不敏感的。系统动力学认为，多重反馈机制结构决定着系统行为，而只要系统结构设计合理，估计的参数落在宽容度之内，便可利用有限的数据，对系统行为模式、行为的发展趋势做出定性与定量相结合的推算分析。

最后，系统动力学很好地适用于本书的主要目的。本书目的是构建企业生态创新驱动系统动力学模型，在真实性检验下对企业生态创新驱动系统动力学模型结果进行分析，预测企业生态创新行为在未来发展过程中的变化趋势，确定敏感参量，识别长期的关键驱动因素。系统动力学采用"情景分析"的方式预测未来，强调产生结果的条件。按系统要素是否受控，被研究对象可以划分为两大类：第一类是不受控制的因素，称为自然要素；第二类是受到控制的因素，称为受控要素（李旭，2011）。系统动力学是一个系统的"政策实验室"，对于非线性复杂系统模型，决策者可以利用此实验室试验，变更各种受控要素，观测输入的受控要素变化时的系统行为，从而通过实验结果分析制定合适的决策，为企业生态创新驱动系统的合理化建设，提供可行性强和满意度高的政策方案。

企业生态创新驱动系统是一个开放的复杂系统，由生态创新构想子系统、立项子系统、研发子系统和商业化子系统等组成，各个子系统之间不断进行物质和信息的反馈。生态创新行为的产生是一个累积的过程，要实现对企业生态创新行为的驱动，必须依赖于各子系统的合理结构、协调发展和对系统的有效调控，因此，系统动力学适用于企业生态创新驱动的研究。

本书选择系统动力学方法，分析企业生态创新驱动系统中各子系统的关系，建立有关企业生态创新驱动因素的系统动力学模型，将四个关键的驱动因素作为受控要素，通过对比不同情境下的生态创新发展趋势，以期在驱动因素与作用趋势的动态研究中，获取激励企业生态创新的优化方案，构建有利于企业生态创新发展的理论解释框架。关于生态创新驱动的主流学说，可以给予本书理解生态创新驱动若干独立的微观启示，而对生态创新系统的解读，则有助于为认识这一问题提供连续的、整体的和流程式的系统探查。

6.1.2 系统动力学的关键概念和建模方法

系统动力学是一门分析和研究信息反馈系统、认识和解决系统问题的学科。为了更好地理解企业生态创新驱动系统，我们需要进一步明确相关的概念。

1. 系统动力学的关键概念

1）因果关系及因果关系图

因果关系是系统动力学的基本工具之一，假设有两个变量 A、B，如果变量 A 引起变量 B 的变化，两者之间便形成因果关系。变量 A 是原因，变量 B 是可能产生的结果，则可用带箭头和正号（+）、负号（–）的实线表示 A 和 B 之间的因果关系，从而构成一条因果链。在因果链中，正号（+）表示，变量 B 将随变量 A 的增加而增加，或减少而减少，极性为正；而负号（–）则表示变量 A 的变化使变量 B 在相反方向上发生变化，极性为负，如图 6-1 中（a）所示。因果链的极性，用于定性描述一个变量的改变引起相关变量改变的趋势。

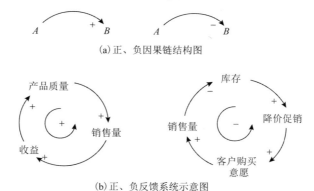

(a)正、负因果链结构图

(b)正、负反馈系统示意图

图 6-1　系统动力学的因果关系图及图例

两个以上因果关系链首尾相连构成因果回路，它分为正因果回路和负因果回路。当因果回路中某个要素发生变化，通过因果回路的作用使这种变化加强，称其为正因果回路；反之，当因果回路中某个要素发生变化，通过回路的作用使这种变化减弱，称其为负因果回路。一系列因果链的集合就构成了因果关系图。

因果关系图是一种定性描述系统中变量之间因果关系的图示模型，用图的方式刻画变量之间相互影响和相互作用的关系。社会系统中事物之间存在复杂的因果关系，一个原因往往会产生多方面的结果，一个结果往往又是多方面的原因造成的。因果关系图比较符合人们思考问题的逻辑，能简洁地表达复杂系统中变量之间的关系，便于研究人员之间的交流，优于语言表达方式，因此，得到了广泛的应用。

2) 反馈系统

反馈是指外部环境输入与系统内部输出的关系，指信息的传输与回授。一系列因果链组成的闭合回路构成了反馈回路，而包含这种相互联结与作用的反馈环节的系统就是反馈系统。根据反馈过程的特征，反馈划分为正反馈和负反馈两种，如图 6-1 中 (b) 所示。正反馈回路可产生自身变化趋势的增长行为，具有自增长性；负反馈回路则产生自身变化趋势的减弱行为，具有自减弱性。

3) 主要变量

系统中的变量是关于时间 t 的函数，每时每刻都处于变化之中。一般来说，系统中的变量可大致归纳为五大类。

一是存量变量 (level variable)，也称水平变量或状态变量，表示系统内物质或信息随时间累积的过程。状态变量的取值，是系统从初始时刻到特定时刻的物质流动或信息流动积累的结果，如总人口数、库存量和用水量等，在流图中，一般用一个矩形符号表示。

二是流率变量 (rate variable)，已称速率变量，是描述系统中单位时间内流量变化率的变量。流率变量描述了存量变量的时间变化，反映了系统状态的变化速度或决策幅度的大小，是数学意义上的导数，是可以在一段时间内观测的数值，如人口增长率、人口死亡率、水流速度等，在系统流图中用类似阀门的符号来表示。

三是辅助变量 (auxiliary variable)。系统中的决策，是依据存量变量的信息决定流率变量的过程，有时从存量变量到流率变量需要中间变量来过渡。辅助变量是存量变量到流率变量之间信息传递和转换过程的中间变量，起到简化速率方程、使复杂的函数易于理解的作用，是分析反馈结构的有效手段。辅助变量既不反映积累也不具有导数意义，它描述了从存量变量到流率变量之间的局部结构。表函数是一种特殊的辅助变量，它通过输入自变量和因变量的一组对应数值，方便描述变量之间的非线性关系。

四是常量（constant）。在所考虑时间内变化甚微或相对不变的参数，也称为外生变量。常量一般为系统中的局部目标或者标准，如福建省全省面积、总体规划年限等。

五是延迟（delay）。由于物质或者信息从输入到输出的反应过程中，不可避免地有一段时间的延迟，所以延迟现象指的是变量的变化需要一定时间才能得到响应。例如，投入教育经费到人力资本提升、从播种到收获等都是延迟现象。

4) 流图

因果关系表达了系统要素之间的相关性和反馈过程，但是因果关系不能表达系统中变量的性质，无法刻画系统的控制过程。流图是在因果关系的基础上绘制的，进一步区分变量的性质，用更加直观的符号，细致地描绘系统内部结构、明确系统的反馈形式和控制规律，从而可以为系统分析者提供建立系统动力学方程的框架、进一步搜集数据的依据，以及系统分析和设计方案的构思。常见的流图基本结构，如图 6-2 所示。

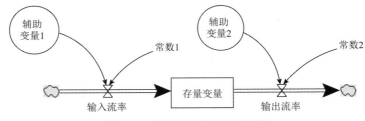

图 6-2　系统动力学的流图图例

5) 系统动力学方程

系统动力学方程，是在流图的基础上对系统要素之间的关系定量描述的一组数学关系式，它本质上是微分方程组，是从一个已知的初始状态确定下一个状态的递推关系式。系统动力学方程共有五种，分别是水平方程（L）、流率方程（R）、辅助方程（A）、常量方程（C）和初值方程（N）。

2. 系统动力学的建模方法

系统动力学建模，是建立一种基于因果关系的机理性模型，其基本思路是，定性分析和定量分析相结合，明确建模目的，以定性分析把复杂的系统问题抽象成子系统，初步划定系统的界限，确定系统包含的要素、重要变量及系统行为模式，确立变量之间的因果关系和反馈回路；在因果关系基础上，区分回路中不同性质的变量，用流图符号描述和连接系统的各个变量；再将定量研究作为支持，进一步搜集数据、系统分析，从而建立变量间的方程并估计参数，将系统要素之间的局部关系量化；通过模型运行、检验和调试，在确保模型的可信度和有效性之后，结合研究的目的找出关键参数，运用系统动力学软件对现实系统或预期可能发生的情况进行仿真，从而得到有价值的趋势结果，最终提出调控对策及建议。系统动力学在定性研究系统内部结构及行为模式的动态反馈机制的基础上，定量地实现系统的优化和改善，并寻求解决问题的对策，建模过程大体上包括以下步骤，如图 6-3 所示。

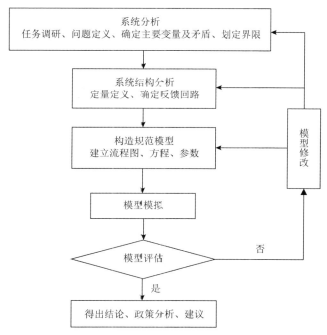

图 6-3　系统动力学建模的主要步骤

6.2　企业生态创新驱动系统动力学模型构建

以往学者们更多地按照经验判断、直观认识和推理的方法，研究驱动企业生态创新的因素，忽略了企业生态创新的形成和积累的基本过程。基于这一研究现状，本书系统动力学建模的目的在于，剖析严谨的因果关系，考察在开放式创新环境下企业生态创新四个过程中驱动因素的相互影响和反馈机制，实现驱动企业生态创新行为，具体包括控制政府环境规制、市场压力、公众压力和企业内部资源等因素，以掌握关键的长期驱动变量。

6.2.1　企业生态创新的驱动和障碍因素分析

生态创新是可持续发展的重要支撑和核心举措。企业生态创新是一个始于构想、立项、研究开发，经设计制造，再到实现商业化的过程，同时还必须减少对环境的不利影响。在企业生态创新早期阶段，消费者绿色需求和市场竞争压力需要被识别，并整合到新产品创意过程中，这对识别正确的创新方向起到重要作用，进而影响企业的创新行为和创新绩效。企业生态创新成功与否涉及众多影响因素，这不仅需要外部社会、政治和经济环境的支持，还需要满足内部组织管理能力和技术能力等方面的要求。逻辑上，企业的一切创新行为，都是源于外部环境的制度压力和组织自身的内部演化动力。

企业占有、创造和实现财富增值的绝对或优先属性，决定了企业作为生态创新主体的内层偏好。实践表明，生态创新过程存在着诸多障碍因素，干扰了内层偏好的实现，主要包括生态创新风险及生态创新成本等因素。

1. 生态创新风险

熊彼特（2015）最早指出创新的三个显著特征，其一就是所有的创新过程都存在不确定性。不确定性存在于生态创新过程的每一个环节，成为生态创新决策的主要障碍，包括市场需求的不确定性和生态技术的不确定性。市场需求的不确定性主要是指，由于新产品往往性能不太稳定、粗糙且昂贵，企业无法准确判断和预测生态创新产品的消费者需求类型、价格、市场规模及演变趋势等；生态技术的不确定性主要是指，在生态创新过程中，在现有的知识技术条件下，企业绿色研发能否成功、未来生态创新的速度是否沿着预期的方向发展，以及在多长时间内会取得生态创新的成功，这些问题都没有足够的把握，使得生态创新的技术发展前景表现出不确定性。此外，相比于传统技术创新，生态技术本身的不成熟性和小批量，使生态创新往往呈现高成本、低收益的特征。在现实中，企业现有技术系统中的知识储备仅适用于已有的技术范式，这种技术范式通常是非生态技术范式，与生态技术有关的生产工艺、原材料和循环技术的知识积累相对缺乏，这将增加生态创新的风险。生态技术创新的扩散，需要通过"干中学""用中学"的过程来熟悉和完善该技术。随着污染治理由末端治理向全程治理的转变，环境意识被融合到创新过程的每一个阶段，包括构思、分析、定义、开发、生产、扩散及市场化等环节，资源重复使用的可能性小，转换成本相应变高。因此，生态创新具有复杂程度高、风险高、难度大的特征，这可能使生态创新的投入难以得到回报，阻碍了生态创新的投入与发展。

2. 生态创新成本

严格地讲，目前西方主流经济学尚未正式提出生态创新成本概念，也未专门对生态创新这一特定经济活动存在的成本予以系统关注和分析。企业生态创新成本的界定范畴包括多种观点，从本质上看，都是基于产品设计周期角度提出的。例如，杨东德和何忠龙(1994)认为，企业创新成本包括投资成本，如研发的各种投入成本，以及研发成功后的新技术市场化的广告费、试制、生产和营销等成本；万寿义(2007)认为，在概念开发与产品规划阶段、详细设计阶段、小规模生产阶段、增量生产不同阶段，产品成本管理的内容不同。毫无疑问，企业生态创新的全过程包括各种成本，如新产品研发经费支出、新产品工程准备、试生产经费支出、新产品生产和应用工艺发展的培训费用及试销费用等，如果成本太高，会影响企业的生态创新经济收益。

6.2.2　企业生态创新驱动系统动力学模型因果关系

关于创新系统的划分，有学者按创新过展，将创新系统划分为创新阶段和经济促进阶段(WCED，1987)，或者着眼于系统评价角度，将创新系统框架简化为创新环境、创新运行、创新绩效三大子系统。从本质上看，这两种划分方法的依据，都关注从创新投入到创新成果(如环境增加值、经济绩效)之间的绩效关联。

在总结和分析现有创新过程模型的基础上，本书作者认为，企业在环境规制驱使、市场需求拉动、公众压力推动下，结合自身创新资源，创新从构思的蕴育到新产品(或服务)最终推向市场、实现商业化，需要经历四个主要阶段：构想、立项、研发和商业化。依据本书在第 4 章提出的驱动企业生态创新的四个关键因素：政府环境规制、市场压力、公众压力和企业内部资源，应用系统动力学的方法，分别描述影响企业生态创新每一阶段中各要素之间的因果关系和反馈机制，构建各个阶段的系统动力学子模块，以此来认识和把握整个系统的结构，为模型分析和计算奠定基础。由于部分基础数据不全，同时考虑到一些因素对系统的影响较小，在实际建立企业生态创新驱动系统动力学模型时，采取剔除或者替代等办法简化模型，运用 Vensim PLE 系统动力学专用软件绘制因果关系图。

1. 生态创新构想子系统因果关系

生态创新构想阶段：主要是发现机会，形成初步的创新构想。创新构想是一种创造性思维，企业运用已有的知识和经验，进行重新组合、联想、综合、推理及抽象等过程，为市场提供一个可能的新产品设想。企业生态创新构想来源可能是多方面的，既可能来源于企业内部的研发、生产、管理、工程、营销等部门，也可能来源于企业外部的消费者、供应商、竞争者、大学、研究机构和公共信息等途径。企业的创新者或创新团队，运用属性分析、需求分析、关联分析和群体创造力等方法来完善、丰富这些创新构想或激发出更多有意义的创新构想。通过分析企业生态创新构想阶段的驱动及障碍因素，根据因素间的因果反馈关系，构建了生态创新构想阶段的系统动力学子模块。企业生态创新构想子系统因果关系图，如图6-4所示。

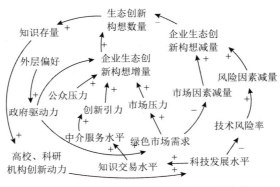

图 6-4　企业生态创新构想子系统因果关系图

主要反馈回路如下。

（1）高校、科研机构创新动力→+科技发展水平→+知识交易水平→+中介服务水平→+创新引力→+企业生态创新构想增量→+生态创新构想数量→+知识存量。

（2）高校、科研机构创新动力→+科技发展水平→–技术风险率→+风险因素减量→+企业生态创新构想减量→–生态创新构想数量→+知识存量。

2. 生态创新立项子系统因果关系

生态创新立项阶段：需要初步审查和挑选创新构想，对创新构想的技术特点和市场前景进行初步评估，形成产品概念，即用有意义的顾客术语表达精心阐述的构想。企业生态创新构想是对原有科学知识和经验的扩充，其运行效果将直接影响生态创新全过程，在生态创新构想形成之后，企业内部各职能部门依据内外部环境做出初步评估，包括初步的技术评估、初步的市场评估和初步的财务评估，权衡该创新构想未来的市场潜力和所需费用，及时地预测未来生态创新活动对企业目标的贡献，对不同的生态创新构想进行筛选及组合，并决定是否立项。企业内有大量抵制创新的惯性，生态创新立项数量的多少主要取决于生态创新构想数量、项目立项率和项目过滤率。图 6-5 是企业生态创新立项子系统因果关系图。

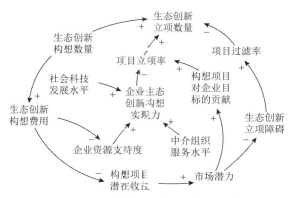

图 6-5　企业生态创新立项子系统因果关系图

主要反馈回路如下。

(1) 生态创新构想数量→+生态创新构想费用→−企业资源支持度→+企业生态创新构想实现力→+项目立项率→+生态创新立项数量。

(2) 生态创新构想数量→+生态创新构想费用→−构想项目潜在收益→+市场潜力→+构想项目对企业目标的贡献→+项目立项率→+生态创新立项数量。

(3) 生态创新构想数量→+生态创新构想费用→−构想项目潜在收益→+市场潜力→−生态创新立项障碍→+项目过滤率→−生态创新立项数量。

3. 生态创新研发子系统因果关系

生态创新研发阶段：研究开发主要包括基础研究 (fundamental research)、应用研究 (applied research) 和试验发展 (test development) 三方面。企业更多进行的是应用研究和试验发展，也可能存在一部分基础研究。在研究开发阶段，研究人员通过逻辑思维和非逻辑思维 (直觉、想象、灵感、联想) 实现构思解题方案的具体化，具体包括概念开发、产品原型设计、全面开发、中试和预生产。在研发过程中，首先，要设立解决问题的目标，框定开发人员；其次，构建产品生产的详细方案，做好产品原型的设计及生产工具与设备的开发；最后，要求制造和测试原型，并根据各种测试改进和完善原型，确定最终交付生产的新产品。

在生态创新研发阶段的系统动力模型中，生态创新立项数量、研发成功率和研发失败率，共同决定生态创新研发数量，企业生态创新研发子系统因果关系图，如图 6-6 所示。

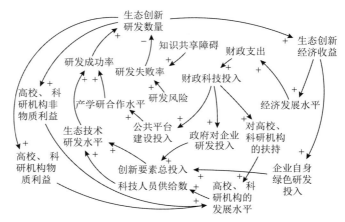

图 6-6　企业生态创新研发子系统因果关系图

主要反馈回路如下。

（1）生态创新经济收益→+企业自身绿色研发投入→+创新要素总投入→+生态技术研发水平→+研发成功率→+生态创新研发数量。

（2）生态创新经济收益→+经济发展水平→+财政支出→+财政科技投入→+公共平台建设投入→+产学研合作水平→+研发成功率→+生态创新研发数量。

（3）生态创新经济收益→+经济发展水平→+财政支出→+财政科技投入→+政府对企业研发投入→+创新要素总投入→+生态技术研发水平→+研发成功率→+生态创新研发数量。

（4）生态创新经济收益→+经济发展水平→+财政支出→+财政科技投入→+对高校、科研机构的扶持→+高校、科研机构的发展水平→+科技人员供给数→+生态技术研发水平→+研发成功率→+生态创新研发数量。

（5）生态创新研发数量→+高校、科研机构非物质利益→+高校、科研机构的发展水平→+科技人员供给数→+生态技术研发水平→+研发成功率。

（6）生态创新研发数量→+高校、科研机构物质利益→+高校、科研机构的发展水平→+科技人员供给数→+生态技术研发水平→+研发成功率。

4. 生态创新商业化子系统因果关系

生态创新商业化阶段：新技术、新产品首次得到应用并向市场扩散阶段。新产品从产生构思、形成概念、研制原型、产品生产到商业化是一个连续的过程。商业化阶段是最后一个环节，同新思想、新概念产生的早期阶段相比，不确定性已大大降低，但需要大量投资于生产制造、市场开拓和渠道建立方面。企业开发新产品的目的是不断满足消费者的绿色需要，进而给企业带来经济效益和环境效益，形成企业的竞争优势。因此，生产系统要适应新产品的工程性要求，要满足环境标准、用户的质量要求、多样性要求、交货期和售后要求。在进行生产的同时或生产之前，企业应进行新产品营销规划，包括确定营销目标、营销调研、确定目标市场、新产品定位、新产品定价、销售渠道和市场测试等。

　　企业生态创新具有双重外部性：除了产生研发的技术外溢效应，还能降低产出带来的外部环境成本。企业生态创新的目标是获得经济绩效和资源环境的改善。生态创新商业化阶段的子模块中，在绿色产品价格不变的情况下，生态创新研发成果数量越多，所带来的销售收入越多。同时，生态创新环境收益能驱动经济收益的增加，如图 6-7 所示。

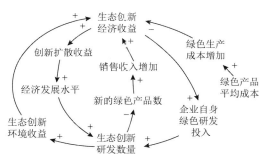

图 6-7　企业生态创新商业化子系统因果关系图

　　主要反馈回路如下。

　　(1) 生态创新经济收益→+企业自身绿色研发投入→+生态创新研发数量→+生态创新环境收益。

　　(2) 生态创新经济收益→+企业自身绿色研发投入→+生态创新研发数量→+新的绿色产品数→+销售收入增加。

　　(3) 生态创新经济收益→+创新扩散收益→+经济发展水平→+生态创新研发数量→+生态创新环境收益。

　　(4) 生态创新经济收益→+创新扩散收益→+经济发展水平→+生态创新研发数量→+新的绿色产品数→+销售收入增加。

6.2.3　企业生态创新驱动系统流图及方程

　　企业生态创新系统是一个复杂的动力学系统，可以采用系统动力学方法，并借助于 Vensim PLE 系统动力学软件对企业生态创新动力系统模型进行仿真。流图构建与构造结构方程是系统动力学模型仿真的关键步骤。流图是系统动力学的基本变量和表示符号的有机组合，是在因果关系反馈回路的基础上绘制的，用更加直观的方式刻画系统各要素之间的逻辑关系，既有利于掌握社会系统的反馈形式及行为的动态特性，也便于人们理解系统的特性；而方程的构造，则清晰地描述了系统各要素之间的定量关系。

　　通过充分认识和理解各个阶段的系统动力学子模块结构，我们合成企业生态创新系统动力学的整体框架，绘制了总流图以明确系统的物质流、信息流和反馈机制，为数据收集、系统分析和方案设计奠定了研究基础。生态创新过程的四个阶段，不是孤立存在、与外界隔绝的，而是一个多重反馈的、连续的过程，各个子系统是相互影响和传递信息的，由此形成一种动态结构。通过对中国企业生态创新相关资料的收集和整理，具体分析该系统的因果关系和反馈图及各子系统之间的相互耦合关系，选择了 9 个水平变量、13 个流率变量、32 个辅助变量及 11 个常量，最终形成企业生态创新驱动系统动力学总流图，如图 6-8 所示。

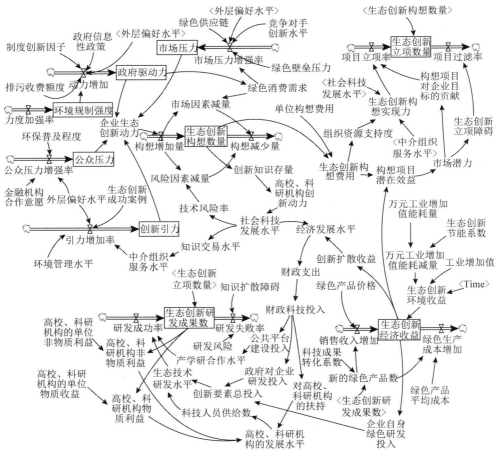

图 6-8　企业生态创新驱动系统动力学总流图

本书使用 Vensim PLE 系统动力学软件，对中国企业生态创新发展进行模拟仿真，模型中模拟范围为 2001～2012 年，仿真期间为 12 年，仿真步长为 0.125 年，以 2001 年作为模型仿真模拟的基年，接下来分别阐述各子模块的模型方程设计和参数确定。

1. 生态创新构想子模块

1）存量初值的确定

迄今为止，对环境规制强度的度量尚不存在统一的方法。考虑到指标的完整性和数据的可获得性，我们借鉴傅京燕和李丽莎（2010）的方法，选取固体废物综合利用率、废水排放达标率、二氧化硫去除率和烟尘去除率四个指标，基于《中国环境年鉴》的数据，计算得到 2001 年我国制造行业的环境规制强度为 2.36，年平均力度增强率为 0.036。需要指出的是，由于数据的不可获得性，本书把上一年（2000 年）国内专利申请受理数作为生态创新构想初始值。此外，基于第 5 章问卷调查的数据，企业内部资源、政府环境规制、市场压力和公众压力四个变量的初始赋值为问卷平均得分除以总分，即分别为 0.62、0.52、0.48 和 0.60。

2）常数值的确定

本书常数值的确定主要参考其他研究资料和专家经验值法。由于数据不可获得，参考胡晓珍（2010）的研究，用美国传统基金会公布的经济自由化指数来度量制度创新因子，该指数侧重于考察政府放松管制和经济自由发展，在一定程度上能够较好地体现国家的制度创新程度。关于绿色壁垒的测度，本书基于 Calvin 和 Krissoff（1998）的研究，使用关税当量法将绿色贸易壁垒（《肯定列表制度》）的影响折算成一定比例的关税，从而计算绿色壁垒对福利及贸易产生的影响。经过计算，绿色壁垒的关税当量约为 60%。参考胡大伟（2006）、刘安国等（2011）的研究，对环保普及程度和排污费额度分别赋值 1.22、0.45。

依据福建省数据测算，生态技术专利占总专利数比例约为 0.175，由此推算企业生态创新成功案例为 19 993 项。结合第 5 章的问卷调查数据，外层偏好水平赋值为 5.598，政府信息性政策、金融机构合作意愿、绿色供应链、环境管理水平和竞争对手创新水平分别赋值 0.550、0.560、0.432、0.600 和 0.512。

3）方程参数的确定

本书研究中，方程参数的确定主要采用以下方法。

（1）采用统计分析方法和回归法确定参数。模型中涉及线性表达式的方程，运用 SPSS 统计软件对历史数据进行一元线性拟合确定，以公式"财政科技投入=0.47×财政支出"为例，运算结果如表 6-1～表 6-3 所示。

表 6-1　模型汇总 [b]

模型	R	R^2	调整 R^2	估计值的标准误差
1	0.998[a]	0.996	0.995	79.545 82

注：a 是预测变量（常数），表示财政支出；b 是因变量，表示财政科技投入；R 表示相关系数；R^2 表示决定系数

表 6-2　方差分析 [b]

模型		平方和	df	均方	F 检验	Sig.
1	回归系数	1.164×10^7	1	1.164×10^7	1 838.822	0.000[a]
	残差	50 620.297	8	6 327.537		
	总计	1.169×10^7	9			

注：a 是预测变量（常数），表示财政支出；b 是因变量，表示财政科技投入；df 表示自由度；Sig.表示显著性差异

表 6-3　系数

模型		非标准系数		标准系数	t 检验	Sig.
		回归系数	标准误差	回归系数		
1	财政支出	0.47	0.001	0.998	42.881	0.000

注：Sig.表示显著性差异

模型的相关系数 R 为 0.998，决定系数 R^2 为 0.996，而调整 R^2 为 0.995，表明模型的拟合效果很好。

在 F 检验中，统计量为 1838.822，对应的置信水平为 0.000，远小于常用的置信水平 0.05，可认为该回归方程式很显著。

所以方程：财政科技投入=0.47×财政支出。

（2）采用层次分析法确定权重。本书在抽样专家评分数据的基础上采用层次分析法估计，访谈对象为相关的专家学者，专家人数为 20 人。通过咨询相关部门专家的意见，确定了相关权重，如公众压力增加率=0.3×外层偏好水平+0.4×环保普及程度+0.3×金融机构合作意愿。

经过测算得到生态创新构想子系统方程式，如表 6-4 所示。同样地，采用以上两种方法确定其余三个子系统方程的相关参数，此处不再赘述。

表 6-4　生态创新构想子系统方程式

变量名	类型	方程式
生态创新构想数量	L	INTEG（构想增加量-构想减少量，140 339）
构想增加量	R	企业生态创新动力×动力创新贡献系数
构想减少量	R	市场因素减量+风险因素减量
环境规制强度	L	INTEG（力度提高率，2.36）
力度提高率	R	0.036
动力增加率	R	0.2×外层偏好水平+0.2×制度创新因子+0.2×排污收费额度+0.2×政府信息性政策+0.2×环境规制强度
政府驱动力	L	INTEG（动力增加率，0.52）
公众压力	L	INTEG（公众压力增强率，0.6）
公众压力增强率	R	0.3×外层偏好水平+0.4×环保普及程度+0.3×金融机构合作意愿
创新引力	L	INTEG（引力增强率，0.62）
引力增加率	R	0.25×中介组织服务水平+0.25×外层偏好水平+0.25×生态创新成功案例+0.25×环境管理水平
绿色消费需求	A	政府驱动力×0.74
市场压力	L	INTEG（市场压力增强率，0.48）
市场压力增强率	R	0.2×外层偏好水平+0.2×竞争对手创新水平+0.2×绿色供应链+0.2×绿色壁垒压力+0.2×绿色消费需求
企业生态创新动力	A	0.15×创新引力+0.25×政府驱动力+0.45×市场压力+0.15×公众压力
风险因素减量	A	创新构想增加量×技术风险率
市场因素减量	A	创新构想增加量×（1/绿色市场需求）
创新知识存量	A	生态创新构想数量
高校、科研机构创新动力	A	0.5×知识存量
社会科技发展水平	A	0.7×高校、科研机构创新动力
知识交易水平	A	社会科技发展水平×0.3
中介组织服务水平	A	知识交易水平×0.3

注：L 表示存量变量；R 表示流率变量；A 表示辅助变量

2. 生态创新立项子模块

参考胡大伟（2006）的研究，企业生态创新单位构想费用为 57.1 万元。本模块的系统方程式，如表 6-5 所示。

表 6-5　生态创新立项子系统方程式

变量名	类型	方程式
生态创新立项数量	L	生态创新构想数量×(项目立项率-项目过滤率)
项目立项率	R	0.5×生态创新构想实现力+0.5×项目对企业目标的贡献
项目过滤率	R	生态创新立项障碍
生态创新构想费用	A	单位构想费用×生态创新构想数量
构想项目潜在效益	A	生态创新经济收益-生态创新构想费用
市场潜力	A	0.6×构想项目潜在效益
生态创新立项障碍	A	1/市场潜力
项目对企业目标的贡献	A	市场潜力×1.2
组织资源支持度	A	1/生态创新构想费用
生态创新构想实现力	A	0.25×中介组织服务水平+0.35×社会科技发展水平+0.4×组织资源支持度

注：L 表示存量变量；R 表示流率变量；A 表示辅助变量

3. 生态创新研发子模块

参考杨东升和张永安(2009)的研究，高校、科研机构非物质利益分别设置为 1.3 万元，知识扩散障碍为 0.1。高校、科研机构物质利益=对高校、科研研究经费支出/企业科技研发数量=6.9 万元。本模块子系统方程式，如表 6-6 所示。

表 6-6　生态创新研发子系统方程式

变量名	类型	方程式
生态创新研发成果数	L	生态创新立项数量×(研发成功率-研发失败率)
创新成功率	R	0.5×生态技术研发水平+0.5×产学研合作水平
创新失败率	R	0.5×知识扩散障碍+0.5×研发风险
高校、科研机构的物质收益	A	生态创新研发成果数×6.9
高校、科研机构的非物质收益	A	生态创新研发成果数×1.3
财政支出	A	0.065×经济发展水平
财政科技投入	A	0.47×财政支出
对高校、科研机构的扶持	A	0.223×财政科技投入
政府对企业研发投入	A	0.764×财政科技投入
公共平台建设投入	A	0.01×财政科技投入
产学研合作水平	A	0.288×公共平台建设投入
创新要素总投入	A	企业自身绿色研发投入+政府对企业研发投入
生态技术研发水平	A	创新要素总投入×0.6+科技人员供给数×0.4

注：L 表示存量变量；R 表示流率变量；A 表示辅助变量

4. 生态创新商业化子模块

1）常数值的确定

（1）绿色产品平均成本=(新产品研发经费支出+新产品工程准备和试生产经费支出+新产品生产和应用工艺发展的培训费用+试销费用)/新产品项目数=1305 万元。

（2）借鉴董洁和黄付杰(2012)的研究成果，得到我国科技成果转化效率为 0.5272，绿色产品销售价格为 2220 万元。

（3）万元工业增加值能耗=能耗总量/工业增加值，为 1.399 吨标准煤/万元。

（4）用算术法计算发现，万元工业增加值能耗呈逐年下降趋势，这主要是由生态技术进步引起的，测算得到万元工业增加值能耗减少率平均值为 4%，因此，生态创新节能系数设定为常数 0.04。

2）方程参数的确定

（1）平均研发经费内部支出与主营业务之比为 0.0081，所以，企业绿色研发投入=生态创新经济收益×0.0081。

（2）基于杨中楷等(2009)的研究，本书用专利的引用来度量创新扩散。美国专利及商标局(United States Patent and Trademark Office，USPTO)数据库中的中国专利平均每项被引用 2.45 次，因此，创新扩散收益系数赋值为 2.45。

3）表函数的确定

根据系统参数的性质和历年统计资料，工业增加值=lookup[(2001，0)-(2012，250 000)]，(2001，47 431.3)，(2002，47 431.3)，(2003，54 945.5)，(2004，65 210)，(2005，77 230.8)，(2006，91 310.9)，(2007，110 535)，(2008，130 260)，(2009，135 240)，(2010，160 722)，(2011，188 470)，(2012，199 671)

经过测算得到生态创新商业化子系统方程式，如表 6-7 所示。

表 6-7　生态创新商业化子系统方程式

变量名	类型	方程式
生态创新经济收益	L	环境收益×0.68+(销售收入增加-绿色生产成本增加)
销售收入增加	R	新的绿色产品数×绿色产品价格
绿色生产成本增加	R	新的绿色产品数×绿色产品平均成本
企业自身绿色研发投入	A	生态创新经济收益×0.0081
新的绿色产品数	A	生态创新研发成果数×科技成果转化系数
万元工业增加值能耗减量	A	单位工业能耗量×生态创新节能系数
工业增加值	A	表函数
生态创新环境收益	A	单位工业能耗减量×工业增加值
创新扩散收益	A	2.45×生态创新经济收益

注：L 表示存量变量；R 表示流率变量；A 表示辅助变量

6.3　企业生态创新驱动系统动力学模型真实性检验与仿真

6.3.1　系统动力学模型真实性检验

企业生态创新是一个复杂的非线性动态反馈系统，从系统整体角度来认识企业生态创新行为的发展规律是十分必要的。建模的最终目标是运用系统动力学模型分析问题，因此必须确保模型的有效性和适应性。检验需要围绕系统动力学模型的研究目的进行，关注所构造的企业生态创新驱动系统模型获得的信息是否能准确地描述现状并有效地解决问题。现实社会中的大系统十分复杂、庞大，该模型无法全面反映现实中的所有关系，只是对现实问题的大关系进行简化模拟，集中研究所关心的问题的某一个侧面。与计量经济学模型不同，系统动力学模型一般很少使用统计假设检验方法，如 t 检验、适合度检验等。系统动力学模型是一个计算机仿真模型，有符合自身特点的检验方法和检验准则。

　1. 适应性检验

本书作者在进行系统分析与模型构建的研究时，阅读了大量相关文献资料、公开的统计数据，以及行业的相关研究报告，较全面地搜集并了解本系统的重要先验信息，以划定合理的研究边界，确定易于量化的特征变量，采用多种方法估计模型的主要变量。根据有关先验信息，对模型的定量关系、因果关系、各子系统的流图和系统方程的正确性做出基本判断，说明模型中的每个方程均有用途和意义，证明该模型是合适的。

　2. 量纲检验

系统动力学模型中诸多变量的单位都不相同，因此，模型量纲保持一致是确保系统动力学模型有效性的重要因素。用 Vensim PLE 系统动力学软件自带的检测功能可识别出模型的错误，模型或者单位不正确时，就会提示该模型有误，无法进行仿真，并会提示产生错误的原因。本书所建立的企业生态创新驱动系统动力学模型通过反复校正，变量的量纲均保持了较好的一致性，满足了系统研究的要求。

　3. 适合度检验

如果模型的仿真结果与现实系统真实记录的数据不相吻合，该模型便无法应用于系统未来趋势的预测。通过检验模拟仿真行为和系统行为的过去行为拟合程度，比较系统状态变量和历史统计数据之间的差异来判断模型的有效性。本书比较了中国企业生态创新的历史数据与模型中参数的运行结果，衡量 2001～2012 年系统参数的真实值和模拟值的拟合程度，以判断模型的整体有效性，如表 6-8 所示。2001～2012 年系统模拟的绿色产品销售收入仿真水平，如图 6-9 所示。

表 6-8　企业生态创新驱动系统动力学模型真实值与模拟值的比较

年份	绿色产品销售收入			生态创新专利数量		
	真实值/亿元	模拟值/亿元	相对误差/%	真实值/件	模拟值/件	相对误差/%
2001	9 894	10 838.0	9.54	13 710.12	13 710.0	0.00
2002	10 838	11 408.7	5.27	15 887.88	17 387.8	9.44
2003	14 098	14 247.4	1.06	21 867.12	21 659.1	−0.95
2004	20 421	19 989.6	−2.11	23 828.56	25 732.7	7.99
2005	24 097	25 620.4	6.32	30 480.36	32 840.3	7.74
2006	31 233	32 476.3	3.98	37 160.24	40 243.4	8.30
2007	38 455	42 248.2	9.86	45 213.84	49 240.5	8.91
2008	45 566	50 115.1	9.98	55 437.84	59 176.8	6.74
2009	65 838	65 729.9	−0.16	69 839.04	73 455.5	5.18
2010	72 863	72 178.4	−0.93	97 779.00	89 548.8	−8.42
2011	100 582	88 645.2	−11.86	115 261.60	109 008.0	−5.43
2012	110 529	101 456.0	−8.21	140 616.60	134 190.0	−4.57

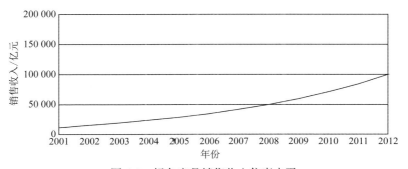

图 6-9　绿色产品销售收入仿真水平

考虑到历史数据的可获取性，该验证仅限于模型中具有代表性的状态变量，包括绿色产品销售收入和生态创新专利数量，检验时间为 12 年。表 6-8 反映的是各个状态变量的真实值、模拟值和相对误差的情况。观察检验结果，2001～2012年的模拟数据和真实统计数据的误差最高为−11.87%，其余大部分均介于−10%～10%，拟合效果好，说明模型运行的结果与实际数据误差在一定的范围内，基本符合系统动力学模型建模精度的要求，该模型是可靠的。同时也说明，企业生态创新驱动系统动力学模型的结构设计和参数选取是合理的，能较好地反映实际系统，在此基础上进行仿真模拟和政策分析是可行、有效的。

6.3.2 系统动力学模型仿真

通过上述系列的模型检验，确定了本书所构建的企业生态创新驱动系统动力学模型的合理有效性，模型能从总体上反映系统的真实情况和内外部关系，可以用于进一步的预测分析。现以之前的参数设置，进行2007～2017年的预测，仿真步长为0.125，对该系统动力学模型进行生态创新行为的模拟仿真预测，在保持企业生态驱动因素政府环境规制、市场压力、企业内部资源和公众压力相对稳定的情况下，2007～2017年我国企业生态创新研发成果数如图6-10所示。从图6-10中可见，我国企业生态创新成果数将保持持续增长的态势，但是增长的幅度较小。

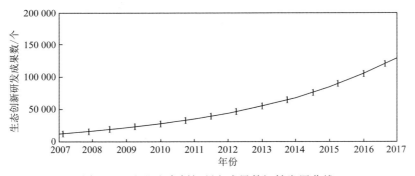

图6-10 企业生态创新研发成果数初始发展曲线

为了更大程度上驱动企业生态创新，以实现我国"新型工业化、城镇化、信息化、农业现代化、绿色化"的发展目标，通过设计不同仿真方案，对现行模型中的有关参数进行调整，主要分别调整政府环境规制、市场压力、企业内部资源、公众压力的强度及外层偏好水平，对2007～2017年11年间企业生态创新行为的发展变化进行动态模拟仿真预测，比较不同驱动因素对企业生态创新行为的影响效果，便于最优驱动方案的选择和评价。分别对以上四种方案进行模拟仿真，得出企业生态创新研发成果数的发展趋势值，如图6-11～图6-15所示。

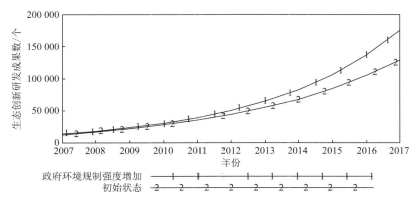

图 6-11　政府环境规制强度增加后企业生态创新研发成果数发展水平曲线

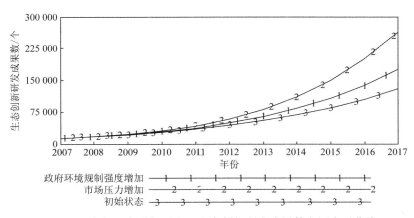

图 6-12　市场压力增加后企业生态创新研发成果数发展水平曲线

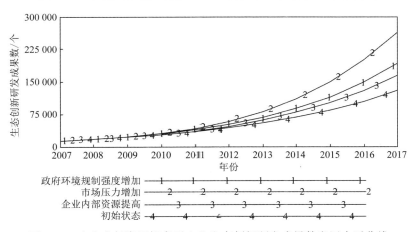

图 6-13　企业内部资源提高后企业生态创新研发成果数发展水平曲线

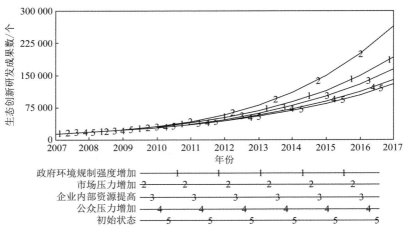

图 6-14　公众压力增加后企业生态创新研发成果数发展水平曲线

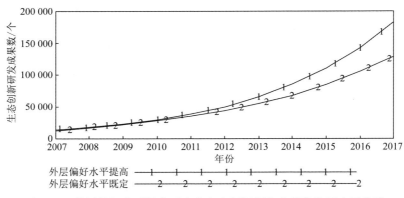

图 6-15　外层偏好水平提高后企业生态创新研发成果数发展水平曲线

6.3.3　系统动力学模型仿真结果讨论

（1）根据仿真结果，企业生态创新初始发展水平如图 6-10 中的企业生态创新研发成果数初始发展曲线所示。从图 6-10 中可以看出，在其他驱动因素保持不变的情况下，企业生态创新水平在 2007～2017 年呈缓慢增长趋势，但是创新成果数量偏少，亟待进一步提高。

（2）结合系统动力学模型的分析特点，通过调整四个驱动变量的相关参数设置，即加强政府环境规制、市场压力、企业内部资源和公众压力。这四个变量水平的变化情况，分别对应曲线政府环境规制强度增加、市场压力增加、企业内部资源提高和公众压力增加。通过仿真，得到这四种情形下，企业生态创新发展水平曲线，如图 6-11～图 6-14 所示。对比图 6-14 中企业生态创新研发成果数的发展趋势，我们发现：四种驱动因素都正向驱动企业生态创新行为，但是驱动效果是有差异的，其中，市场压力对企业生态创新驱动效果最大，其次为政府环境规制，公众压力的驱动效果最小，该结论与第 4 章得出的实证结果相吻合。

(3)通过调整企业外层偏好水平，当其提高 0.1，企业生态创新发展水平也会随之提高，仿真结果如图 6-15 所示。

6.4 研 究 小 结

企业生态创新水平发展趋势具有较强的非线性特征和多变性，各驱动因素相互影响耦合形成一个复杂创新体系，每一种动力的作用机理各不相同。本章根据社会系统动力学原理，将企业生态创新看成是一个动态复杂系统，把企业生态创新过程的四个阶段当成相互联系又内部独立的子系统。通过构建企业生态创新驱动系统动力学模型，将相关驱动因素变化作为系统变量引入系统仿真模型，模拟不同驱动因素变化对系统的影响效应，以及外层偏好水平变化对企业生态创新行为的影响，进而定性地、动态地比较不同驱动因素对企业生态创新的长期驱动效应。通过对比不同情景下企业生态创新水平的变化趋势，可以看出：四种驱动因素的作用效果是有差异的，其中，增加市场压力对企业生态创新驱动效果最大，其后依次为加强政府环境规制、丰富企业内部资源(包括技术和环境管理能力)和增加公众压力。此外，外层偏好水平的增加也会提升企业生态创新水平。本书测度不同驱动因素的变化对企业生态创新系统的长期冲击效应，可以帮助人们深刻认识各主要驱动因素对企业生态创新的影响，也将丰富企业生态创新理论与管理方法，为有关部门的政策制定提供决策参考。

第7章 企业生态创新驱动优化机制

当前中国促进企业由传统生产方式向生态化生产方式转变，仍然过多倚靠于法律法规和其他命令控制型规制手段，市场激励型规制手段运用不足。根据第5章和第6章企业生态创新驱动实证和仿真结果，本章将研究如何设计不同的政策调控手段和激励措施，以便更好地发挥政府和企业在推进企业生态创新过程中的作用，建议政府实施电子排污票这一制度，通过实施支持性补贴机制、调整专利政策、鼓励开发兼容的生态技术以促进生态技术扩散。更为重要的是，由于企业外层偏好能调节生态创新驱动因素和生态创新行为，所以政府还应进一步培育企业外层偏好，更大限度地激励企业生态创新行为。

7.1 生态创新的优化机制

7.1.1 机制设计理论概述

机制设计理论框架由2007年诺贝尔经济学奖获得者赫尔维茨最先严格提出，在实际研究领域中扮演重要的角色，是微观经济领域的一个分支。机制设计理论是理性选择理论、社会选择理论和博弈论的综合，对规制者和被规制企业的目标约束、可选工具和信息结构进行描述，在此基础上分析各种机制和制度对企业行为的影响，为政府在现实的约束条件下，设计最优的规制政策提供理论指导和可行对策。机制设计理论要解决的核心问题是，在既定的经济和社会目标下的"经济机制的选择问题"，这一研究路径和研究方法与传统经济学是截然不同的，传统经济学假定市场机制是已知的，而导致的资源配置结果是未知的。

简单而言，机制设计理论是研究在自由选择、自愿交换、信息不完全情况下，如何设计出诱导机制和激励相容机制来实现任意给定的一个经济或社会目标的理论(田国强，2003)，更为关注经济资源的配置效率。作为一套激励和约束性的规则体系，机制(制度)界定了人们社会行为选择的空间和方式，影响着人们的社会互动方式、互动过程及由此而形成的利益格局。机制设计理论的运用，通常要考虑两个核心原则——信息效率和激励相容，还包含一个非常重要的原理，即显示原理(陈富良，2005)。

1. 信息效率

信息效率是指既定社会目标的经济机制所需信息量的大小，即机制运行的成本问题。现实世界中生产者和消费者拥有各自的私人信息，并且信息往往是不完全的，生产者和消费者不可能拥有某种经济环境状态的全部信息。在市场机制运行过程中，经济活动主体分散决策，他们需要掌握对方的信息以做出生产或者消费决策。毫无疑问，决策机制的运行总是伴随着信息的传递，信息传递本身是需要成本的。因此，信息发送成本成为经济运行机制成本的重要组成部分，也是评价经济运行机制优劣的关键指标。这就要求经济运行机制的信息最好都是真实的，同时经济运行机制能减少信息传递层级，这样才能降低信息传递成本。

2. 激励相容

1972 年，赫尔维茨在《论信息分散系统》一文中提出了激励相容的概念，较好地解决了"代理人问题"，降低了逆向选择风险和道德风险。在信息不对称的情况下，不同的经济参与人有不同的动机，导致个人目标和社会目标相冲突。激励相容在理性经济人假设的前提下，接受个体自利的一面，使拥有信息优势的一方(通常是代理人)尽可能按照另一方(通常是委托人)的意愿行事，实现个人目标和社会目标最大程度耦合。换言之，激励相容机制的设计，是要达到单一理性人的自利行为决策和社会目标相统一的状态。

3. 显示原理

在现实中，显示原理是指如何诱使经济活动参与者披露个人真实信息，从而消除信息不对称，便于寻找最优经济机制的理论基础，被广泛运用于社会选择、不完全契约等研究领域。在寻找最佳经济机制来解决一个既定的资源配置问题时，显示原理较好地引入博弈论知识，包括不完全信息博弈、多阶段博弈等，使设计者把精力集中于一个小范围的激励相容机制。显示原理的产生和发展，把很多复杂的社会问题转化为不完全信息博弈，大大降低了问题的复杂性，在很大程度上深化了赫尔维茨的机制设计理论，无疑具有重大的理论意义和现实意义。

总之，机制设计理论是通过解读私人信息和个人激励，帮助经济学家甄别在既定目标下最优的交易机制、行动方案等。该理论不仅要求我们去考虑激励相容问题，还要求我们在设计经济机制时，考虑经济机制所需的信息量，其有助于人们确定最有效的资源配置方式，在经济现实中具有广泛的应用价值。

7.1.2　机制设计理论对驱动生态创新的适用性

机制设计理论所研究的问题是，在一个信息不完全的市场环境下，如何设计一个经济机制，以实现经济活动参与者的个人利益与实现委托人或者制度设计者的既定目标相耦合和协调。20 世纪 70 年代之后，微观经济学的激励理论被纳入环境经济学分析领域，尤其是信号传递机制很好地解决了环境管理中的一个难点问题——环境规制者和被规制者之间的信息不对称问题。

在拥有完全信息的完美世界里，最优规制的筛选是直观的，数量和价格工具是等效的，环境规制者可以制定一个最佳的排污数量，也可以确定一笔最优的污染税。前者要测算最佳的排污数量，必须知道企业的边际减污成本和边际外部成本。在现实生活中，环境规制者掌握的关于企业减污成本的信息少于企业，由于制定命令控制环境规制需要更多的企业信息，即信息效率更低，"胡萝卜"型(市场激励型)环境规制比"大棒"型(命令控制型)环境规制更为有效。

为了系统地反映不同机制设计情景对企业生态创新的影响，本书重点分析市场激励型环境规制和企业兼容技术两种驱动企业生态创新的优化机制。接下来，先回顾一下当前我国环境规制机制设计的内容。

7.2　环境规制的优化

7.2.1　当前的主要环境规制

环境规制是协调经济和自然资源之间矛盾的重要手段，也是驱动生态创新的重要因素，当前治理外部性的环境规制主要包括以下四种。

(1)收税或者补贴。1920 年庇古提出"庇古税"，符合污染者付费原则，即对排污者征收每单位的污染税额等于其向社会产生的边际外部成本，用公式表示为 $T=MSC-PMC=MEC$，T 为污染税，MSC 为边际社会成本，PMC 为私人边际成本，MEC 为边际外部成本。"庇古税"通过征收污染税解决环境的外部性问题，从而恢复帕累托最优。"庇古税"提供了一个完美解决环境污染的方案，然而，现实中执行有一定的难度。首先，信息不对称是实施"庇古税"的主要障碍。实施"庇古税"的前提是政府必须足够了解企业的边际外部成本，但是企业没有积极向政府提供这类信息，以便制定税收标准。其次，"庇古税"等于社会最优产出点上的边际外部成本，意味着人们必须准确了解污染损失的货币值。由于污染的影响不仅具有多样性、流动性和滞后性，限于人类的认知水平，还具有很强的不确定性，有的污染损失很难用货币表示。最后，"庇古税"不能保证对污染排放总量的控制，当边际治污成本不确定且大于预期，征收"庇古税"会导致过少地削减污染量，相反，当边际治污成本不确定且小于预期，征收"庇古税"会导致过多地削减污染量。

(2) 产权协商。20世纪60年代，科斯提出解决外部性问题的方案，包括：交易费用为零；产权清晰界定；允许产权在当事人之间自由交易。他主张利用产权的界定来限制污染，即排污者与治污者之间可以通过商定的方式，一方获得另一方的补偿。科斯定理虽然在理论上是完美的，但是在实际操作中仍然存在以下不足：首先，科斯定理需要考虑交易费用的问题，是否能成功协商，取决于交易费用的多少。环境污染治理的交易费用，包括识别污染者的费用、界定污染损失大小的费用、组织污染者协商的费用等。如果交易费用大于协商的净收益，那么自愿协商将失去意义。其次，科斯认为只要产权明确，就能用市场化的手段来解决外部性问题。但是在现实中，许多资源产权的界定依然模糊。再次，生活中的经济活动是变化莫测的，交易者可能会依据实际条件采取策略，最大化自身收益，我们称其为"策略性行为"。即使是交易费用为零，只要存在"策略性行为"，就不可能实现社会的最优效率状态。最后，科斯定理假设市场完全竞争，即在竞争条件不充分的经济中，科斯定理不能发挥作用。

(3) 排污权交易。在科斯定理的启发下，著名经济学家戴尔斯在科斯定理引入产权和价格机制的基础上，提出了"污染权"的概念。戴尔斯认为，环境是具有使用价值和价值的一般商品。环境的使用价值是它能容纳排污者排放一定数量的污染物，保证排污者的经济活动能顺利进行。在一定时期内，环境的供给是有限的，经济发展伴随着污染物持续增加，如果污染物的增加超过环境承载力，污染问题就出现了。环境是一种有价值但是没有价值体现的经济资源，经济学家建议为环境资源建立市场，让市场来评价其价值。建立环境资源市场，就必须明确不同经济主体对环境资源的权利，可以排污权的形式确定。政府在专家的帮助下，确定环境质量目标，在此基础上规定环境容量，然后计算出污染物的最大排放量，并将最大排放量分割成若干标准的排污权，然后允许其在公开市场上标价出售。每一份排污权允许拥有者排放一单位的污染物。不同经济主体对排污权的价值评价(支付意愿)是有差异的，这促使排污权在不同经济主体之间进行交易。在排污权市场上，价格机制引导排污者的决策，使排污权流向价值最大的用途，限制企业污染成本外溢。

国内外相关研究及国际经验表明：排污权交易制度，是当前一项具有行为激励功能和环境资源优化配置功能的环境政策，具有理论创新和制度创新的双重作用，也是控制污染物排放总量的一项重要措施(孙亚琴和容玲，2011)。排污权交易自20世纪60年代被提出之后，成为各国广泛关注的主要环境经济政策之一。美国最早采用"限额贸易"制度，用于大气污染管理和河流污染管理。2005年1月建立起来的欧盟碳排放交易体系(European Union emission trading scheme，

EU-ETS)包含了欧盟 27 个成员国,是全球最大的温室气体排放交易体系。澳大利亚新南威尔士州的温室气体排放交易体系、英国排放权交易制(UK emissions trading group,ETG)和美国芝加哥气候交易所(Chicago Climate Exchange,CCX),构成世界温室气体排放交易体系的重要组成部分。此后,日本、瑞士、加拿大、新西兰、新加坡等国家也纷纷开展碳交易实践,碳交易市场犹如雨后春笋般地产生。近年来,碳交易市场迅速扩张和发展,成为全球贸易的新亮点,也成为各国在经济发展和环境保护之间协调发展的重要路径。

固然,排污权交易制度是一种比较有效的诱发企业节能减排、生态创新的市场激励型环境规制,但是其存在一定的局限性,如未考虑污染的区域性、没有涉及企业污染排放的时间控制等问题。

(4)自愿协议。自愿协议是企业在自愿的基础上,以节能减排为目的,与政府或组织机构签订的一种协议。企业为了实现其应承担的社会责任或受政府相关激励措施的引导和约束,承诺在一定时期内达到节能减排目标,以获得政府提供的政策支持,并由第三方参与监督审核。政府对签订自愿协议的企业,一般会授予环境标志、荣誉或者对企业进行宣传和推广。自愿协议一般涉及较长时间的节能减排目标,通常为 3～5 年的长期协议,以高耗能行业为主,可涉及各个行业领域,它有利于企业为降低能耗和减少温室气体排放而进行长期技术研发与投资,因而,被认为是激励生态创新的有效措施。由于企业有减排目标和需求,自愿协议也为专门从事低碳节能技术开发咨询公司及碳交易、碳金融、碳基金等公司的发展提供了市场。

与命令控制型环境规制相比,自愿协议环境规制能够以更低的交易成本实现节能减排目标。经测算,在发达国家,通过自愿协议实现碳减排成本约 50 美元/吨,远低于政策补贴的碳减排成本 90 美元/吨。此外,自愿协议在法规并不健全的国家,可以对法律起补充作用,规避制定环境规制所需的高成本问题。目前,自愿协议已成为发达国家推动节能减排的主要政策工具,被英国、美国、法国、德国、荷兰、瑞典、挪威、加拿大、澳大利亚及日本等国家普遍采用,并取得了良好的节能减排效果。当然,自愿协议环境规制的实施,也不可避免地存在着一些问题,如协议指标设立不合理、检测程序过多、操作性不强、具有浓厚的政府色彩、对企业缺乏激励等。

7.2.2　中国环境规制机制设计相关情况

中国国内日益关注如何推进生态创新问题,从宏观上看,不仅与国家发展战略层面上主张经济和社会发展方式的转变有关,还与近 20 年来国际社会在推动生态创新的共识和行动准则密切相关。从微观上看,社会公众逐渐意识到传统技术发展模式对国内经济、社会和生态产生日益显著的负面影响，急需促进技术生态化。当然，从学术层面看，众多经济、自然与社会科学领域关于生态创新等议题的研究，为在全社会范围内引导生态创新的理性思考和行动选择提供了必要的学术环境。

与此相应的是，在如何激励企业生态创新方面，中国国内从政治、经济、社会、技术和生态管理方面，逐步探索、构建了旨在规范和引导生态创新活动的一系列制度安排。截止到 2015 年，我国共颁布 418 条环境相关法律条文，以技术为先导、以节能减排和结构调整为抓手、以培育绿色需求为依托，形成了较为完善的环境规制体系，如表 7-1 所示。

表 7-1　国家及各部委涉及生态创新的相关制度安排

序号	规制名称	调整对象	目标
1	《中华人民共和国促进科技成果转化法》第 3 条、第 6 条、第 20 条	科技成果转化的目标属性	促进创新实现经济、社会、环境与资源的多重效益
2	《可持续发展科技纲要(2001—2010年)》	科技发展的重点任务与领域	建成与可持续发展相匹配的技术和产业体系
3	《国家中长期科学和技术发展规划纲要(2006—2020 年)》	科学和技术发展的重点领域及优先主题	确立了发展能源、资源和环境技术的优先地位
4	《中华人民共和国国民经济和社会发展第十三个五年规划纲要》	提出单位 GDP 能源消耗降低、单位 GDP 二氧化碳排放降低等 10 个约束性指标	树立创新、协调、绿色、开放、共享的发展理念
5	《核电厂放射性液态流出物排放技术要求》	核电厂放射性液态流出物排放技术的生态安全属性	降低核电厂生产活动对环境质量和人体健康的不良影响
6	《无公害农产品管理办法》第 6 条、第 8 条、第 22 条	绿色农产品的界定、认证及推动生态农产品技术的研发和推广	强制推行绿色农产品的认证制度
7	《中国节能技术政策大纲》	规制经济发展过程中的高资源消耗	明确了众多行业的节能技术，促进技术创新向提升能源效率和效益节能模式转变
8	《中国应对气候变化科技专项行动》	当前生产模式和技术难以扭转气候恶化的局面	政府和企业加大节能环保、减少温室气体排放技术的投入
9	《中华人民共和国农药管理条例》第 8 条、第 13 条、第 15 条	农药产品生产、使用中的安全和环境污染风险	降低农药技术对人和环境的不良影响
10	《中华人民共和国环境保护法》第 21 条、第 22 条、第 36 条及第四章、第五章	规范技术研发、引进和应用中的环保属性	明确我国三种环境规制范畴，通过财政、价格和税收等政策，鼓励企业生态创新；政府优先采购绿色产品和设备

序号	规制名称	调整对象	目标
11	《中华人民共和国产品质量法》第四章	生产主体的产品质量责任	产品技术应确保人身安全、财产安全
12	《中华人民共和国清洁生产促进法》第二章和第三章	非清洁生产的高能耗、高物耗和污染重的本质属性	进一步鼓励和推广清洁生产等生态创新行为，规范清洁生产审核
	《清洁生产审核暂行办法》		
	《清洁生产标准汽车制造业(涂装)》		
13	《中华人民共和国节约能源法》第三章和第四章	经济与社会活动带来的能源和环境问题	发布节能技术政策大纲，促进节能技术进步
14	《中华人民共和国可再生能源法》第四章	经济与社会活动带来的能源和环境问题	鼓励兼顾能源供给和环境效益的生态创新发展
15	《中华人民共和国大气污染防治法》第9条、第19条、第26条	工艺技术和能源技术对大气环境的影响属性	优先发展清洁生产工艺和洁净煤技术的研发和扩散
16	《中华人民共和国水污染防治法》第6条、第22条	生产和消费过程中的水质影响属性	规范水污染防治标准，鼓励水污染防治技术的推广应用
17	《中华人民共和国农产品质量安全法》第17条、第18条、第21条、第23条	农业生产技术的不规范，存在农产品质量安全隐患	保障现代农业技术符合质量安全，并减少对环境的影响
18	《中华人民共和国循环经济促进法》第三章和第四章	经济活动带来的能源消耗和环境污染	促进企业技术创新向3R(减量、再利用和资源化)模式转变
19	《国务院关于印发实施〈国家中长期科学和技术发展规划纲要(2006—2020年)〉的若干配套政策的通知》	生态技术创新的正外部性	通过税收激励、金融支持、政府采购等具体措施，补偿生态创新的正外部性
20	《环境经济政策配套综合名录》	规范技术研发、引进和应用中的标准	确定29种环境友好工艺、15种污染减排重点环保设备，推动生态创新发展
21	制定27项高能耗产品国家能耗限额强制性标准和38项强制性终端用能产品国家能效标准	提高能源密集型产品的市场进入门槛	制定能耗标准，推动节能研发
22	《国家重点节能低碳技术推广目录》	规范和明确低碳技术的概念和认识	制定技术标准，鼓励生态技术创新和推广
23	《"十一五"主要污染物总量减排核查办法(试行)》	加强污染物的总量管理	控制污染总量，诱导生态技术研发和扩散
24	《财政部国家发展改革委关于印发〈节能产品政府采购实施意见〉的通知》	节能产品市场需求及示范效应相对不足	扩大节能产品市场，推动生态创新发展

续表

序号	规制名称	调整对象	目标
25	《关于环境标志产品政府采购实施的意见》	非环境标志产品对人体健康和环境的显著影响	增加环境标志产品市场需求,推动生态创新发展
26	节能产品政府采购清单公示制度	政府采购节能产品的示范效应	拓展节能需求,推动节能研发
27	环境标志产品政府采购清单公示制度	政府采购环境标志产品的示范效应	提高节能产品的市场竞争力,推动技术创新向环保模式转变
28	《中华人民共和国节约能源法》第五章	节能技术创新的正外部效应和节能产品的竞争力	通过国家税收、价格补贴、金融支持等手段,补偿节能技术创新的正外部性
29	《中华人民共和国循环经济促进法》第五章	消费者循环技术产品消费活动的正外部效应	增进生态创新模式收益
30	国家循环经济试点示范单位公示制度	循环经济试点单位的示范效应	增进生态创新模式收益
31	《能源效率标识管理办法》	高效节能产品意识的宣传及普及	促进生态创新消费观的形成
32	《中华人民共和国可再生能源法》第六章	可再生能源技术创新的正外部效应,创新动力不足	通过政府监督和经济激励措施促进可再生能源技术的推广
33	《中华人民共和国清洁生产促进法》第 6 条、第 10 条、第 15 条	清洁生产意识、技术和知识的宣传与普及	增进了企业和公众清洁生产观念的形成和发展
34	《中华人民共和国节约能源法》第二章	节能意识、知识和技术的教育、宣传与普及	发挥新闻媒体和教育机构的功能,促进社会节约型转变
35	《中华人民共和国循环经济促进法》第 3 条、第 7 条、第 10 条、第 11 条	消费者和公众生态创新意识、知识、技术的社会氛围	促进生态创新消费观和政绩观的形成,支持技术中介机构发展
36	《中华人民共和国可再生能源法》第 11 条、第 12 条	可再生能源的技术创新意识、技术和产品的普及	营造提升可再生能源的技术创新观和消费观的社会氛围
37	《清洁发展机制项目运行管理办法》	经济活动带来的高能耗和高排放	促进生态技术转让
38	《中华人民共和国企业所得税法》第 30 条、第 33 条、第 34 条 《环境保护、节能节水项目企业所得税优惠目录(试行)》	生态创新活动的主体动机	以税收减免的方式鼓励生态技术的投入
39	《中国银监会关于印发〈节能减排授信工作指导意见〉的通知》	生态创新活动的主体动机	以信贷支持的方式鼓励生态技术的投入

序号	规制名称	调整对象	目标
40	《关于落实环保政策法规防范信贷风险的意见》	生态创新活动的主体动机	通过信贷政策激励生态创新
41	《征收排污费暂行办法》	生态创新活动的主体动机	以收费的形式鼓励生态技术的投入
42	《关于印发〈中央财政主要污染物减排专项资金项目管理暂行办法〉的通知》	生态创新活动的主体动机	"以奖代补"对节能技术项目给予支持和奖励
	《关于印发〈节能技术改造财政奖励资金管理暂行办法〉的通知》		
43	节能产品惠民补贴	节能意识的宣传和普及	从消费端鼓励生态创新
44	《国务院办公厅关于限制生产销售使用塑料购物袋的通知》	低碳消费理念	从消费端鼓励生态创新
45	《排污费征收使用管理条例》和《排污费征收标准管理办法》	经济活动带来的高能耗和高排放	末端治理的思路促进生态创新
46	《碳排放权交易管理暂行办法》	经济活动带来环境污染	通过市场方式削减污染,激励生态创新
47	《节能自愿协议技术通则》	为解决环境问题做出承诺或达成协议	通过协商的方式削减污染,激励生态创新

资料来源:根据公开的相关法律文件研究整理

从总体上看,我国环境规制呈现出"政府推动为主,正式制度为主要形式,市场拉动、公众参与初显"的特点。现阶段以命令控制型环境规制为主,都是自上而下执行的:一方面,命令控制型环境规制短期内在鼓励节能减排、调整市场结构方面发挥了重要作用;另一方面,命令控制型环境规制也存在相应的弊端,具有资源配置效率低、管理成本高、易于设租和寻租、不利于鼓励创新等制度缺陷。随着我国低碳约束的进一步提升和人民生活质量的大幅提高,未来企业和居民能源的消费需求将持续增加。由于能源消费主体较为分散,应通过市场信号来影响个体行为决策,依靠传统的命令控制型环境规制来影响经济行为的做法会逐渐失去效力。

随着经济学原理在环境管理领域的应用,市场激励型环境规制被广泛运用,弥补了命令控制型环境规制的不足。市场激励型环境规制,不仅有利于降低企业治理污染的成本,还可以提高企业生态创新的积极性,在我国环保等公共政策领域的应用越来越广泛。我国市场激励型环境规制主要包括环境税费和碳交易。1978年以来,政府实行了一些环境税费制度,大致可划分为两大部分:一是收取的各项环境费用,包括排污收费和生态补偿收费;二是散存于其他税种中的收费措施,主要针对交通燃油、供暖及加工燃料、机动车辆、自然资源、废弃物管理和污染物排放六大领域。

环境税费制度在促进资源节约和生态创新方面发挥了积极作用，但是存在以下不足：第一，税负总体偏高，创新效果与之并不匹配。2007年，中国环境税费收入占总税收收入的比重达12.04%，占国内GDP的比重为2.41%，这均高于OECD国家的平均水平，但是中国的生态创新绩效不容乐观。第二，税制的绿色化程度并不高，尽管中国出台了《中华人民共和国环境保护税法》，但是还未形成系统的环境税费体系。中国税收体系历经多年的变革，其宗旨是拉动经济增长和减少贫富差距，对税目、税基和税率的确定没有纳入可持续发展的框架内。第三，不符合可持续发展需要。现行的环境税费规范了污染费的征收、使用和管理，但仍然是末端治理的思路，不符合全过程控制的循环经济理念。第四，生态补偿机制缺乏系统性。中国执行了大量的税收减免、政府补贴等生态补偿措施，对企业节能减排项目、环保设备实现税收减免，对资源综合利用实行增值税优惠政策，对中国石油天然气集团有限公司、中国石油化工集团公司等大型国有企业进行大规模补贴，甚至一些徘徊在产能过剩、污染环境边缘的企业也获得了补贴。同时，生态补偿机制以纵向转移支付为主，缺乏对区域之间、不同社会群体之间的横向转移支付，不利于驱动中国结构优化、科技创新、制度公平三大经济发展新动力。

近年来，中国逐步开展排污权有偿使用交易试点工作。中国自20世纪80年代以来，在大气、水污染排污权交易方面积累了丰富的经验，为碳交易市场的发展奠定了理论和实践基础。"十五"期间，中国环境规制调节的重点由浓度控制转向总量控制，通过实施排污许可制度控制污染总量，主要手段是开展排污权有偿使用交易试点工作。2002年3月，国家环境保护总局启动当时规模最大的排污权有偿使用和交易试点工作，确定山东省、山西省、江苏省、河南省、上海市、天津市和柳州市共七个试点，开展二氧化硫排污权交易。此时排污权交易试点处于起步阶段，基本上以政府为主导，交易二级市场尚未形成。随着国家经济发展方式的转变，各级政府日益重视市场对环境资源配置的作用，更加注重市场激励型环境规制的应用，排污权交易进入到试点深化和蓬勃发展的阶段。2011年10月，《国家发展改革委办公厅关于开展碳排放权交易试点工作的通知》设立北京市、上海市、天津市、重庆市、湖北省、广东省和深圳市七个碳排放权交易试点。2013～2014年，深圳市、上海市、北京市、广东省、天津市、湖北省、重庆市七个国家级碳排放权交易试点先后启动。目前，国内七大国家级碳排放权交易试点总体运行良好，截止到2016年8月，我国碳交易市场累计成交量约7210万吨，累计成交额约20.21亿元，但是七个试点碳交易市场横跨东部地区、中部地区、西部地区，区域经济差异较大，制度设计上也有区别，导致交易活跃度、价格波动性等在碳交易市场表现不同，仍然存在碳价波动失真、企业不愿意履约等现象，难以真实反映减排成本。为了使碳价格真实反映减排成本，发挥碳交易市场在我国经济转型中的示范作用，中国计划启动全国碳排放交易体系，覆盖电力、钢铁、建材、化工、造纸和有色金属等重点行业。目前，从区域试点过渡到全国市场，仍需要进一步完善碳交易机制、约束机制和分配机制。此外，中国幅员辽阔，不同区域存在经济水平上的差异、环境容量资源差异和功能区差异等，根据区域环境差异对排污权交易制度进行调整是必要的。

为了实现 2020 年碳强度下降 40%～45%的减排目标，中国除了执行命令控制型和市场激励型环境规制之外，还在借鉴其他国家成功经验的基础上，开展自愿协议环境规制的相关探索和实践。2003 年 4 月，山东省人民政府和济南钢铁集团总公司、莱芜钢铁集团有限公司签署了中国第一份节能减排自愿协议，正式拉开了中国自愿协议试点的序幕。随后，江苏省、新疆维吾尔自治区、上海市、辽宁省、四川省、云南省和广州市等地也在典型高耗能行业推行自愿协议环境规制，并取得一定的经验和成效。尽管如此，目前中国环境治理制度构成还是以命令控制型和市场激励型两种环境规制为主。

本书作者认为，政府在对企业进行生态创新激励时，环境规制的类型应与企业的偏好类型相匹配，而不是"一刀切"，这样才能进一步提高激励效果。对于创新自觉性差的内层偏好型企业，比较适用命令控制型和市场激励型环境规制。然而，对于外层偏好型企业，可以考虑采用市场激励型或者自愿协议环境规制。可见，市场激励型环境规制普适性较强，我们将结合机制设计理论和相关经济学原理，对当前激励生态创新的市场激励型环境规制提出优化对策。

7.2.3　推行电子排污票制度

众所周知，"雾霾"成为中国 2013 年度关键词。2013 年 1 月，中国出现前所未有的自然灾害：四次雾霾笼罩 30 个省（自治区、直辖市），在北京一个月有26 天都是雾霾天。目前中国民政部、国家减灾委员会办公室已经把雾霾作为自然灾害进行通报。"十三五"规划将 2015～2020 年碳强度下降 18%、单位 GDP能耗下降 15%确定为重要的约束性指标，对节能减排工作提出更高的要求；同时，科技进步贡献率要增加 4.7%。随着减排难度的增大，如何通过制度设计使企业主动进行生态创新，提高企业竞争力并降低对环境的影响，成为本书需要解决的问题。

基于我国当前环境规制的运行状况及不足之处，本书作者提出政府应尝试推行电子排污票制度。这种生态创新激励机制的基本思路是：①地方环境保护部门结合本区域的环境和产业特征，确定环境质量目标，在此基础上规定该区域的环境容量，然后计算出该区域污染物的最大排放量，并将最大排放量分割成若干规定的排放指标量，并以电子排污票的方式发放给不同的排污企业。排污票之所以采用电子形式，是为了减少交易费用，提高交易效率。②排污企业必须持有电子排污票，方能进行污染排放，允许电子排污票在排污单位之间进行交易。③与排污权交易制度不同的是，排污企业在"污染拥挤"天气(如雾霾天气)排放污染物(主要是废气)，其所需要的电子排污票多于一般天气，也就是说，发生"污染拥挤"时，电子排污票更稀缺，企业的排污成本更高。因此，电子排污票制度可以更好地促进企业理性把握减排时间和方式、加大生态创新投入，在一定程度上降低"污染拥挤"状况。

1. 电子排污票制度的理论基础

电子排污票制度是科斯定理在环境领域的应用，是对原来环境规制的修正和补充，具有降低污染控制的成本、激励生态创新的特征。电子排污票本质上是环境资源商品化的具体体现，是排污企业在一定的条件下，对环境行使占有、使用、处置和收益的权利。

本书主要从经济学理论角度，阐述电子排污票制度产生的理论根源。首先，从外部性理论论述环境问题产生的根源，而电子排污票制度是解决环境问题外部性的主要手段；其次，论述了产权理论与电子排污票制度的关系；最后，认为电子排污票制度符合制度变迁理论。

1) 外部性理论与电子排污票制度

外部性理论是电子排污票制度的理论基础，也是制定环境规制的依据。一方面，外部性理论表明市场活动中存在低效资源配置的根源；另一方面，它为如何解决市场失灵问题提供了思路。

外部性理论，最早可以追溯到英国经济学家、剑桥学派的奠基人西奇威克。1887 年，他在《政治经济学原理》一书中提出，"个人对财富拥有的权力并不是在所有情况下都是他对社会贡献的等价物"。即经济活动中的私人收益(成本)和社会收益(成本)之间经常是不一致的，这种不一致性也就意味着外部性的存在。虽然他没有明确提出外部性的概念，但是基本表达了后来学者们想要表达的意义，西奇威克进一步以灯塔的例子，说明要解决经济活动中的外部性问题需要政府进行干预。

1890 年，新古典学派的创始人马歇尔最先系统地提出外部性理论，他在《经济学原理》一书中指出，扩大一种商品生产规模的经济有两种：一种是依赖于产业的一般发达所造成的经济；另一种是依赖于个别企业本身资源、组织和管理效率的经济。这两种经济形式分别对应"外部经济"和"内部经济"的概念。最初的外部经济概念实际上类似于规模集聚效应的意义，即相似性质的企业聚集会导致生产工具、工艺方法和技能等迅速交流，辅助工业也相应产生，从而提高企业生产率。马歇尔外部经济的概念，强调外部因素对企业的影响，一经提出就引起了广泛关注，这不仅是因为马歇尔在经济学界的影响力，还因为这个概念引发了政府对经济进行干预的话题。

首次把环境污染和外部性理论联系在一起的是马歇尔的学生——庇古。1920年，他在《福利经济学》中首次使用外部性的概念，并从福利经济学的角度系统地研究了外部性问题。庇古在马歇尔的外部经济概念基础上，扩充了"外部不经济"的概念和内容，研究视角从外部因素对企业的影响效果，转向企业或居民对其他企业或居民的影响效果。庇古指出，边际私人纯产值与边际社会纯产值的差异构成外部性，外部性可正可负。他把外部性从一个受动性概念转变为主动性概念，此后学者所用的外部性概念基本上遵循庇古的解释。庇古提出了私人边际成本和社会边际成本、私人边际纯收益和社会边际纯收益等概念，其作为理论分析工具，形成了静态技术外部性基本理论，大大推进了马歇尔的外部性理论。由于存在外部性，完全依靠市场机制是不可能实现帕累托最优的，所以，政府应实施干预以实现社会福利最大化。政府采取的干预措施是：向社会边际成本高于私人边际成本的污染者征收税费，对社会边际收益高于私人边际收益的部门实施补贴，即通过征收"庇古税"和实施补贴，实现外部效应内部化。

奈特于1924年对庇古的理论提出质疑，他认为稀缺资源产权界定不清是导致"外部不经济"的原因，若将稀缺资源划定为私人所有，那么"外部不经济"问题将得以解决。1943年，埃利斯和费尔纳提出了与奈特近似的看法，他们认为，环境污染问题与产权关系密切相关，"竞争中的厂商常常忽略了这样一些不经济，如讨厌的烟尘、挥霍性的资源开发——这些后果并非来自企业的原子结构特征，而是源于技术或者制度环境，即稀缺物品被当成免费资源对待；或者是将稀缺资源与有效的产权相分离"。

20世纪中叶，对外部性理论的研究日渐繁荣，主要沿着三条路径展开：①继续对众多外部性问题进行研究，这些问题包括道路拥挤、深海捕鱼及备受关注的环境污染问题。②专注于外部性（或者外部不经济）问题，提出众多内部化的途径。1960年，科斯基于产权理论，提出解决外部性并实现资源优化配置的方案。③拓展了对外部性的认识和分析方法。

环境外部性，包括环境保护的正外部性和环境污染的负外部性。正外部性是指个体的行为使他人或社会受益，而受益者无需花费代价。环境保护具有很强的正外部性，环境资源具有公共物品的属性，由于产权界定不明确，在技术上很难排除其他人在不付费的情况下参与使用，环境保护者为他人提供好处却无法获得相应报酬，其结果是环境保护的供给量严重不足。与环境保护相反，环境污染具有很强的负外部性。负外部性指的是个体行为使他人或社会受损,而造成负外部性的个体却无需承担成本。这导致私人成本和社会成本、私人收益和社会收益的不一致,造成社会脱离最有效的生产状态,使市场经济体制不能实现优化资源配置的基本功能。负外部性的存在,倒污染者或者破坏者不承担相应的责任和付出相应的代价,可能导致严重的环境污染问题,这将影响环境的可持续发展。解决外部性问题的主要途径是外部性的内部化,通过电子排污票制度让外部性制造者承担外部成本,使私人成本和社会成本相一致,克服外部性造成的损失,实现帕累托最优。

2) 西方产权理论与电子排污票制度

电子排污票是对环境资源使用权的一种描述,是产权理论在环境领域的具体应用。"产权"是"财产权利"一词的缩写,英文是 property right。产权是具有排他性和独占性的一种权利,包括财产的所有权、占有权、使用权、处置权和收益权等。由于西方产权理论学派对产权问题研究的出发点不同,未能形成统一的产权定义。

科斯认为,产权是指一种权利,既是一般的法定权利,又是同个体的损益相联系的一种行为权利。他认为,产权的界定是市场交易的基础。没有权利的初始界定,就无法进行协商谈判,就不存在权利转让和重新组合的市场交易。

德姆塞茨指出:"产权是社会的工具,其重要性在于它能帮助一个人形成与他人进行交易时的合理预期。"他从产权的社会功能和作用来阐述产权的定义,产权不仅是一种行为权利,更体现了人和人之间的关系。在他看来,产权的一个主要功能是引导人们实现将外部性较大内化的激励。

阿尔钦从形成机制上界定产权的定义,认为本质上经济学是对于稀缺资源产权的研究。产权,是一种通过社会强制而实现对某种经济物品的多种用途进行选择的权利。

另外两名著名产权经济学家菲吕博腾和配杰威齐在总结相关产权研究文献的基础上指出,"产权会影响激励和行为,不同的产权安排会导致不同的收益-报酬结构"。他们强调产权不仅是一种权利,也是一种制度安排,能够维护人们对资产排他性的权威。"产权不是指人与物之间的关系,而是指由物的存在及关于它们的使用所引起的人们之间相互认可的行为关系。产权安排确定了每个人相应于物时的行为规范,每个人都必须遵守他与其他人之间的相互关系,或承担不遵守这种关系的成本。因此,对共同体中通行的产权制度是可以描述的,它是一系列用来确定每个人相对于稀缺资源使用时的地位的经济和社会关系。"(菲吕博腾和配杰威齐,2002)

从以上产权理论的梳理我们看出,西方产权理论研究的目的是通过安排和调整产权关系及产权制度,以实现资源的合理配置。现实中环境污染问题的产生,在于没有确立相应的产权或者是产权不清晰,使外部成本内部化的收益小于成本,导致资源配置失效。科斯指出，"庇古税"在解决外部性问题上存在一定的弊端，认为应把产权和外部性联系起来，运用市场手段解决环境污染问题。在产权明晰且交易成本很低的情况下，无论产权属于何方，通过私人之间达成的契约或通过市场交易的方式可以实现资源的合理配置。

产权功能会对电子排污票制度的形成产生影响。在清晰界定环境产权的基础上，通过排污权产权分配、拍卖等方式建立环境资源市场，运用价格机制调节环境资源的供需是实现环境污染外部性内在化的一种有效方式。产权的清晰界定和交易成本的降低，成为推进电子排污票制度的关键。排放权的权利构成分为排放权的主体与客体。排放权的主体是全体人民，国家是排放权的代表，企业或其他组织是排放权的使用者；排放权的客体则是环境资源。国家及地方各级人民政府是排放权的代表，享有分配权，依据特定的规则将使用权分配给每一个经济实体。每个经济实体在获得国家分配的排放权和使用权的同时，也享有排放权的收益权，允许对有富余排放权进行自愿交易，其目的在于实现排放权的优化配置。当企业的使用量超过初始分配的电子排污票，可以通过电子排污票市场购买排放权；当企业的使用量低于初始分配的电子排污票，可以将剩余部分在电子排污票市场上进行交易，或者留作企业资产。

图 7-1 是科斯定理在产权交易中的运用，其中，NMPB 表示边际私人净收益曲线，MEC 表示边际外部成本曲线。如果不存在环境规制，则企业最优生产量为 Q^{π}，但是社会最优生产量是 Q^{*}，企业最优生产量和社会最优生产量不一致。现在假设污染受害者拥有产权，意味着受害者有权利不被污染，而排污者没有排放污染物的权利。如图 7-1 所示，双方协商的起点在 O，假设双方移动到 d 点，排污企业的收益是 $Oabd$，污染受害者的损失是 Ocd，由于 $Oabd$ 大于 Ocd，排污企业要支付大于 Ocd、小于 $Oabd$ 的款项给污染受害者以弥补其损失，一直持续到 Q^{*} 点但不超过 Q^{*}，因为在 Q^{*} 的右侧排污企业的收益小于污染受害者的损失。

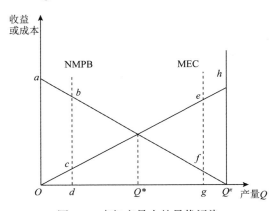

图 7-1 产权交易中的最优污染

相反，假设排污企业拥有产权，意味着其有权排放污染物。双方协商的起点在 Q^T，假设双方移动到 g 点，排污企业的损失是 fgQ^T，污染受害者的收益是 $hegQ^T$，污染受害者可以支付大于 fgQ^T 小于 $hegQ^T$ 的补偿给排污企业，这样的移动一直持续到 Q^* 点。因此，不管是哪一方拥有产权，经过双方协商都可以达到社会最优生产量。

3）制度变迁理论与电子排污票制度

旧制度经济学以自发秩序原理为核心，认为制度是集体行为的一定规范。凡勃伦在 1899 年以人的本能作为出发点，认为制度就是个人或社会对某些关系或某些作用的一般思想习惯。如今制度被认为是当前公认的生活方式。制度必须适应环境的变化，人们思想习惯的演变导致了制度变迁。而旧制度经济学派的另外一位代表人物康芒斯，继承和发展了凡勃伦的制度分析，他从稀缺性出发，认为制度是集体行动控制个体行动，并提出了法制优先于经济的观点。在这之后，两位学者的追随者丰富了制度的内涵。旧制度经济学是在批判新古典经济学的基础上发展起来的，试图将制度纳入经济学分析框架，但是其所蕴含的整体制度演化思想难以数量化，难以建立模型，从而使该学派逐渐失去了影响力。

新制度经济学的开创者科斯，从产权和交易的视角理解制度，把制度理解成降低交易成本的法律、规章、规则和政策等，并用交易成本这个工具解释了制度的存在和制度变迁的方式。舒尔茨作为新制度经济学的代表人物之一，将一种制度定义为一种行为规则，这些规则涉及社会、政治及经济行为。本质上，舒尔茨与康芒斯的制度定义是一致的。他还提出四种制度类型："用于降低交易费用的制度；用于影响生产要素所有者之间配置风险的制度；用于提供职能组织与个人收入流之间的联系的制度；用于确立公共品和服务的生产与分配框架的制度。"舒尔茨还简单概括了制度的功能，就是为经济提供服务："制度是某些服务的供给者，它们可以提供便利，便利是货币的特性之一。它们可以提供一种使交易费用降低的合约，如租赁、抵押贷款和期货；它们可以提供信息，正如市场与经济计划所从事的那样；它们可以共担风险，这是保险、公司、合作社及公共社会安全安排的特性之一；它们还可以提供公共品(服务)，如学校、高速公路、卫生设施及实验站。"

诺贝尔经济学奖获得者诺斯在《制度、制度变迁与经济绩效》一书中，首先强调，"制度对经济绩效的影响是无可争议的……，无论是流行的经济理论还是计量史学，都未能揭示制度在经济绩效中的作用。本书的目的就是提供这样一种基本框架"。诺斯认为，制度是"一个社会的游戏规则，更规范地说，制度是为调节人们的相互关系而设计出来的一些约束条件"。他指出制度的两大功能：一方面，构造人们在政治、社会或经济领域里交换的激励结构；另一方面，通过建立一个人们相互作用的稳定的(但不一定有效的)结构，防止机会主义行为，减少不确定性。

在诺斯等看来，制度可以分为正式制度和非正式制度两类。正式制度指的是由人们自觉和有意识地制定的各项法律、法规和规则(如宪法、企业法、知识产权保护法等)，以及经济活动主体之间签订的正式契约(如合同、协议等)。非正式制度指的是在社会发展和历史演进过程中，自发形成的、不依赖于人们主观意志的文化传统和行为习惯(如价值观念、伦理规范、习俗、文化传统、意识形态等)。

制度变迁是指新制度产生、替代或改变旧制度的动态过程，是效率更高的新制度替代效率低的旧制度的过程。新制度经济学家认为，只有在预期收益大于预期成本的情形下，行为主体才会推动制度变迁直至最终实现。新制度经济学把制度变迁分为诱致性(自下而上)制度变迁和强制性(自上而下)制度变迁。前者是指由个人或一群人，受新制度获利机会的引诱，自发倡导和组织实施的对现行制度的变更或替代。后者是指政府人为设计的，以政府命令和法律形式强制引入和实行的制度变迁。在实际的制度变迁过程中，完全自发演进的制度和完全人为设计的制度并不存在，许多制度的形成往往是自发演进过程与人为设计过程交互作用的结果。电子排污票制度的引入也是诱致性制度变迁和强制性制度变迁相互作用的结果。

2. 推行电子排污票制度的基本要素

根据电子排污票制度的设计思路，为了进一步提高电子排污票制度激励企业生态创新的效果，政府推行电子排污票环境规制，其需要具备以下几个基本要素。

1) 污染排放限额的确定

污染排放限额的确定，是推行电子排污票制度的最关键因素，直接影响电子排污票的交易和市场稳定。结合以往碳交易的实践经验来看，由于市场发育不健全，为了避免企业囤积电子排污票，污染排放限额的确定是动态的，污染排放限额是一段时间内的绝对排放量，所对应的电子排污票应是有时间期限的。为了达到预期的激励企业生态创新目标，应当严格设定污染排放限额，以确保电子排污票的市场需求量并稳定价格。如果污染排放限额过低，电子排污票供给过剩，引发价格过低，不能起到激励企业生态创新的作用。

2) 电子排污票的分配

目前，国际上执行排污权交易，主要采用配额免费发放和配额拍卖的方式。参考排污权交易环境规制，在推行电子排污票环境规制的初期，如果实行配额免费发放，可以减少环境规制推行的阻力，但是免费发放电子排污票存在一些弊端，如增加了市场价格波动的风险、丧失了财富的再分配效应等。因此，在实行初期，拟采用超低价发放电子排污票的方式，给予企业一定的适应和过渡期。市场发育成熟之后，再由超低价发放方式过渡到广泛拍卖方式，以鼓励企业采用更先进的节能减排技术。

3）实施机制

结合中国的实际情况，实施电子排污票环境规制的前提是建立登记注册系统，登记市场中排污企业电子排污票的持有情况，建立完整的统计、监测和核查体系，测量和报告排污企业的实际污染排放量。此外，还需要确定在"污染拥挤"天气，企业所需电子排污票的数量，不允许企业借用电子排污票，进而最大限度地诱使排污企业之间通过货币价格机制的方式相互调剂电子排污票，从而达到激励企业生态创新和保护环境的目标。

4）覆盖行业

电子排污票的价格是由供需双方决定的，供方是电子排污票的拥有者，需方是电子排污票的不足者，特别是在"污染拥挤"天气，电子排污票的价格更高。从理论上说，电子排污票覆盖的范围越广，越能挖掘生态创新的机会，同时电子排污票的交易成本也越低，因此，电子排污票应涉及尽可能多的行业。但在实践中，考虑到管理成本，电子排污票要覆盖全行业的难度非常大。当前中国污染排放主要来自工业制造业，特别是能源产业，因此，推行电子排污票环境规制，应有选择地确定部分行业和相关的参与者，应选择节能减排潜力大的、对价格敏感的行业。依据美国国家环境保护局的模拟测试分析，电力行业的减排潜力最大，此外，钢铁部门、化工部门、煤炭开采部门等对价格也较为敏感。

5）应用条件

虽然在理论上实施电子排污票制度具有许多优势，但是在实践中会遇到各种困难和阻力，因此，推行电子排污票制度必须具备以下条件：第一，在一个适宜的区域和产业范围内，所针对的排污企业必须存在边际污染治理成本差异，这样排污企业之间的排污权交易会有利可图，从而形成电子排污票市场；第二，实施的监管和操作成本不宜太高，过高的交易成本将减少交易者的潜在收益，从而减少市场交易规模；第三，交易对象必须是同一种污染物，其对环境的影响是同质的，如果是不同的污染物，应通过环境影响系数来转换；第四，电子排污票市场必须具备足够多的参与者，以增加市场交易的可能性，保证市场交易的效率；第五，在环境管理部门规定的时限内，电子排污票的受让方累计受让的污染物种类和数量不得超过建设项目环境影响评价文件审核批准规定的污染物种类和数量。

3. 电子排污票制度的优势分析

从中国国内的实际情况来看，电子排污票制度作为一种新生事物，将其具体化为一项可操作的制度安排，需要在运行机制上进行探索，但相比其他环境规制其具有以下优势。

1) 与命令控制型环境规制相比，电子排污票制度能更大程度激励企业生态创新

如图 7-2 所示，企业的边际减排成本曲线是 MAC_1，实行生态创新之后，边际减排成本曲线变为 MAC_2，企业的污染控制成本降低。

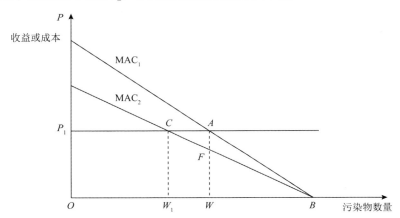

图 7-2　命令控制型环境规制与电子排污票制度的激励效果对比

政府实行命令控制型环境规制时，假设规定污染排放量为 OW，企业实行生态创新之前的污染治理成本为面积 AWB，同样将污染限制在 OW 水平，则企业生态创新之后的污染治理成本为面积 FWB，显然，生态创新使企业福利增加的面积为 ABF。当政府推行电子排污票制度，排污需求大的企业需要在市场上向其他企业购买电子排污票，致使企业的成本增加(特别是"污染拥挤"时价格更高)，企业努力降低污染排放数量至 W_1，可见，实行生态创新之前的污染控制总成本为面积 $ABOP_1$，其中，面积 AWB 为减污治理成本，面积 $AWOP_1$ 为企业排放成本。采取生态创新之后，企业污染控制总成本变为面积 $CBOP_1$，其中，面积 CW_1B 为企业减污治理成本，面积 CW_1OP_1 为企业排放成本，可见，生态创新给企业带来的福利增加为面积 ABC。显然，面积 ABC >面积 ABF，也就是说，电子排污票制度鼓励通过市场信号来影响排污企业的行为决策，而不是制定明确的污染控制水平或方法来规范企业的行为。电子排污票制度能带来更大的成本节约，为企业提供持续生态创新的激励。

2) 与征收污染税相比，电子排污票制度有利于优化环境资源配置

概括地讲，经济学已经解决的或者正在解决的问题都是外部性问题(盛洪，

1995)。自从马歇尔率先提出外部性的概念之后,经济学家们一直孜孜不倦地致力于外部性问题的治理。20 世纪 20 年代,英国经济学家庇古在《福利经济学》中系统研究了外部性问题(李国平等,2015),提出对污染征收税费的看法,依据污染所造成的损害程度收费,使税收的总额刚好等于私人成本和社会成本的距离,即著名的"庇古税"。"庇古税"是政府用于诱发企业减少污染、开发节能技术的一种常用的市场激励型环境规制。

众所周知,增收"庇古税"可以增加国家财政收入,但是人们对国家财政收入的使用监督力度较小,财政收入用于生态创新的比重也不高。而推行电子排污票制度,使从事生态创新的企业节省下来的电子排污票,可以通过市场出售给排放需求大的企业,一定程度上弥补了企业之前的创新投入成本,实现资源优化配置。

4. 诱导企业生态创新的经济学机理

接下来,我们进一步解读这一机制诱导企业生态创新的经济学机理。如图 7-3 所示,电子排污票制度对企业生态创新的促进,可以从该政策机制在同一地区不同企业内部和企业之间的电子排污票交易活动中得到体现。企业经营中常见的一种情形,即一个企业集团内部有多个子公司,子公司的创新能力和污染程度不一样。假设在某一区域,地方政府法律对该企业集团的子公司都规定了允许排放污染物的最大量。假设允许排放的最大量为 Q_m,法律许可的排放量,在分析中被假设为需要企业支付费用向政府购买电子排污票。这个假设和现实是吻合的,如执行江苏省太湖流域的水污染物排放交易的过程中,沿湖的五家企业与当地的环保局签订了购买 817 吨化学需氧量排污指标的合同,需要支付 295 万元的费用。

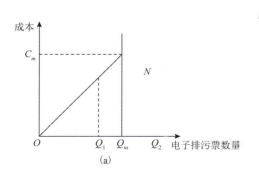
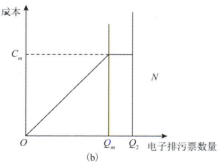

图 7-3　企业内部的电子排污票交易

如图 7-3(a)中,其中一家子公司支付了 C_m 购买了 Q_m 张电子排污票,Q_m 之

后为禁止排放区域 N。由于该公司开展生态创新实现了节能减排，实际只排放了 Q_1 的污染物，节省了 $Q_m - Q_1$ 张电子排污票。如果另一家子公司由于生态技术落后，排放需求过大，那么在企业集团内部，上一家子公司节省的电子排污票就可以转移给排放需求大的子公司，接受电子排污票的子公司不需要支付太多的费用，就能排放 Q_2 的污染物。

上述分析表明，电子排污票制度给予企业集团调控各子公司污染数量的灵活性，生态创新效果好、减排能力强的子公司承担更多的减排任务，以节约更多的电子排污票，体现了"能者多劳"的统筹原则，这样有利于诱发企业进行生态创新，并使企业集团实现污染控制成本最小化。

电子排污票制度对企业生态创新的激励功能在不同企业之间凸显出更大的优势。如图 7-4 所示，生态创新效果好的企业节省下来的电子排污票可以通过市场出售给排放需求大的企业，使得企业之前购买 Q_m 张电子排污票的成本得到一定程度的弥补，这个弥补量 $(C_m - C_1)$ 的大小主要取决于市场上对电子排污票的需求程度。举个例子：如有以二氧化碳为主要污染排放物的 A、B 两家企业，由于政府根据总量控制要求，分配给它们的电子排污票少于它们目前的污染物排放量，它们不得不分别削减 200 吨/年的二氧化碳排放量。现在的情况是，A 企业由于进行生态创新，采用更先进技术，治理二氧化碳的单位成本比 B 企业低。若 A 企业的治理成本是 1000 元/吨，B 企业的治理成本是 2000 元/吨。很显然，在这种情况下，B 企业自己去治理污染是不划算的。理性的做法是，B 企业与 A 企业谈判，由 A 企业负责每年治理 400 吨二氧化碳，而 B 企业以 1500 元/吨的价格从 A 企业买进 200 吨/年的电子排污票。这样不但 A 企业、B 企业都获得了经济收益，而且整个社会的污染物排放总量并没有增加。对 A 企业而言，其增加的经济收益为 $200 \times (1500-1000) = 100\ 000$（元）；对整个社会来说，用于治理污染的费用降低了 $200 \times (1000+2000) - 400 \times 1000 = 200\ 000$（元）。

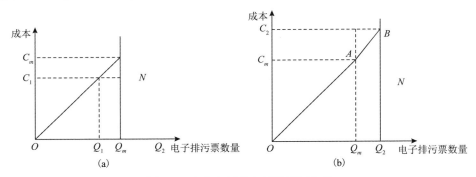

图 7-4　企业之间的电子排污票交易

如图 7-4(b)所示，排放需求大的企业购买电子排污票的成本曲线在 A 点有明显的弯折，即购买 $(Q_2 - Q_m)$ 的价格往往高于从政府那购买电子排污票 Q_m 的价格，特别是出现"污染拥挤"时，电子排污票的市场需求更大，AB 曲线更为陡峭。综上所述，一方面，电子排污票制度能持续地激发企业生态创新行为，企业通过生态创新将节省的电子排污票出售给排放需求大的企业从而获利；另一方面，该制度具有优化资源配置的功能，可以有效地解决外部不经济的环境问题。

7.3　生态技术扩散的机制设计

7.3.1　增加生态技术供给的措施

企业生态创新具有多重目标，加强生态创新内部整合能力是提高创新绩效的必然途径，必须要求企业从战略、组织、技术、制度等各个层面及内部各个业务单元，紧密地整合与协调经济目标和环境目标，做好各创新要素的协同工作以提高生态整合能力，促进企业生态创新绩效提升。实证分析表明，企业生态技术积累和环境管理能力是驱动企业生态创新的关键因素，可以通过以下措施增加生态技术的积累。

1. 科学实施支持性补贴机制

政府支持性补贴在企业生态创新投入初期具有很强的引导性，能够有效激励企业加大创新投入力度，提高企业生态创新水平。政府科学合理地实施支持性补贴，会影响企业生态创新技术演化的路径。企业进行生态创新必然会加大研发和专项投入，假设研发投入值为 C_1，投入后总成本增加，总成本曲线向上移动，即由 TC 曲线上升到 TC$_1$，如图 7-5 所示。企业采用新的生态技术生产一定规模产品（假设为 Q_1）后，由于学习效应，提高了资源利用率，节约了减排成本，在 E 点之后总成本曲线开始下降，甚至低于原来的成本曲线。企业会沿着新的技术轨道继续扩大生产规模，一方面，降低生产成本；另一方面，提高资源利用率，减少污染排放，同时提高经济绩效和环境绩效。此时，如图 7-5(a)所示，我们可以看出，政府在生态技术方面的最高补贴总额为面积 OC_1AE，补贴机制的最大补贴额拐点为 A 点，因为此处采用新的生态技术成本最高，该点是企业生态创新的攻坚阶段转折点，要求补贴力度达到最大。在政府支持性补贴机制下，企业进行生态创新之后，实际生产成本在 E 点之前仍是原成本曲线 TC，到了 E 点之后调整为 TC$_1$，形成一个弯折的曲线，如图 7-5(c)所示。

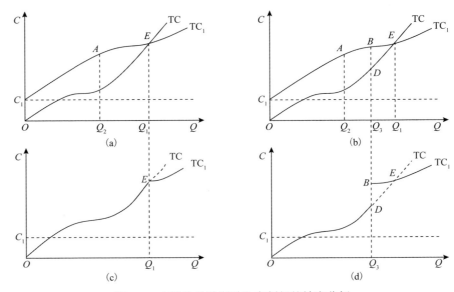

图 7-5　支持性补贴激励生态创新的效应分析

　　需要指出的是，政府支持性补贴机制有三个特点：①补贴是有限度的，不能成为社会的长期负担；②补贴不是一成不变的，而是动态的，存在制度治理的最佳退出时间问题；③有明显的激励效果，当企业获取生态创新的好处，即使没有支持性补贴，企业依然会沿着新的技术路径进行生产，积累生态技术优势，强化下一步创新的能力，并实现生态创新技术的扩散。如何最大限度地发挥政府支持性补贴机制的效果，既保证企业生态创新激励效应，又减少政府为此付出的治理成本，是一个值得研究的问题。

　　政府可以在 A 点之前就停止对企业的生态创新补贴，因为当企业在生态创新方面产生沉没成本（如固定资产、人力资本等无形资产投资无法收回），且能预期到绿色产品的未来收益大于投资成本，企业一般不会退回到原来的生产模式，生态创新具有自发持续性。如图 7-5(b) 所示，假设政府取消补贴的点为 TC_1 曲线上的 B 点，企业产量为 Q_3，对应原成本曲线 TC 上的 D 点，则面积 BDE 为政府科学选择补贴退出时间所节省下来的政府治理成本，实现了帕累托改进，既在激励企业生态创新的同时又增加了社会福利。因此，企业进行生态创新之后，政府合理地取消补贴，那么企业实际总成本曲线变成一条带有断层的、跳跃的成本曲线 OD/BE，如图 7-5(d) 所示。通过观察图 7-5(b)，我们发现政府补贴取消点 B 点位于最大补贴额拐点 A 点和生态创新后成本曲线拐点 E 点之间。政府推行生态创新支持性补贴机制的原则是，实行生态创新补贴之后，企业能满足排放标准并提高能源利用率的前提下，且新产品或服务供应顺畅，这时则可以逐步减少直至取消生态创新支持性补贴。

2. 调整专利政策，为企业生态技术创新注入"利益之油"

发达国家的经验如下：一是建立生态技术专利信息跟踪制度和生态技术专利风险预警机制，为生态技术创新提供专利信息服务。二是完善生态技术专利资助制度，为中小企业生态技术专利申请、转让与实施等提供政策扶持，降低中小企业对公共财政资助生态技术专利的使用费用。三是改进生态技术专利审查与授权程序，对具有比较优势的生态技术(如太阳能热利用、混合动力汽车和风力发电等)的专利申请，可采取加快实质审查和优先复审的程序，提高生态技术发明专利的审查效率与授权速度。

3. 推进生态创新实践、科教示范基地建设

企业生态创新发展需要建立在坚实的科研和实践基础之上，当前中国应进一步推动生态工业园区建设，设立绿色研发中心，开发与推广一批促进循环经济发展的关键技术，促进生态创新型企业集聚式发展，增强生态创新能力的实践基础。教育程度和效果影响着个体创新思维的形成，因此应借助生态技术的外生型机制，充分利用国内高校资源优势，构建一批生态创新科研创新平台。高校本科、硕士增设与生态创新有关的专业，把生态理念和知识纳入高等教育的课程设置。合理制订生态创新教育的总体规划，鼓励高校教师和科研机构努力开发生态创新方面的新课程，加强生态创新方面的图书资料建设。

此外，由于技术发展呈现路径依赖特征，要驱动企业由传统技术向生态技术的跃迁，政府必须引导企业采用兼容技术，下面通过演化博弈来分析生态技术扩散的问题。

7.3.2 生态技术扩散的演化博弈分析

生态创新行为具有观察、学习和模仿的特征，可建立企业生态技术扩散演化博弈模型进行研究。演化博弈在放松完全理性假设的基础上，增加了个体间的行为互动，使分析结果更贴近现实，因此，被广泛运用于解释各种社会经济现象。基于技术路径依赖特点构建演化博弈模型，为了分析简便，我们提出如下假设。

(1)传统技术和生态技术是不兼容的。

(2)获得高收益策略的博弈方比获得低收益策略的博弈方，更容易复制自己的行动策略。在长期的动态演化过程中，后者在群体中所占的比例将会逐渐减少。

(3)博弈方始终以最大化自身利益为目标，且会学习和模仿其他博弈方的行为，他们模仿对象的收益越高，则博弈方模仿的概率越大。

本书把技术的提供者（企业）和技术的使用者（消费者）看成两大博弈参与群体，分别用 e、c 表示。假设有两种可供选择的技术 T_1 和 T_2，企业的选择策略是 $S_e=\{T_1,T_2\}$；消费者的选择策略是 $S_c=\{T_1,T_2\}$。基于上述假设和分析，得到一个演化博弈矩阵，如表 7-2 所示。

表 7-2　企业和消费者的支付矩阵

S_e	S_c	
	T_1	T_2
T_1	$\left(R_1, W_1 - \dfrac{\beta}{a}\right)$	$(0,\ 0)$
T_2	$(0,\ 0)$	$\left(R_2, W_2 - \dfrac{1}{a}\right)$

注：R_1 表示企业选择 T_1 且消费者选择 T_1 时企业的收益；R_2 表示企业选择 T_2 且消费者选择 T_2 时企业的收益；$W_1 - \dfrac{\beta}{a}$ 表示企业选择 T_1 且消费者选择 T_1 时消费者的收益；$W_2 - \dfrac{1}{a}$ 表示企业选择 T_2 且消费者选择 T_2 时消费者的收益

设两种技术 1、2 的消费者总量分别为 a、b，其初始市场份额分别为 $x_1 = \dfrac{a}{a+b}$，$x_2 = \dfrac{b}{a+b}$，$x_i \in (0,1)$。假设使用技术 1、2 的单位成本分别为 $c_1 = \beta / a$，$c_2 = 1 / a$，这里 β 是大于 1 的参数。这说明，在技术 1 与技术 2 的消费者规模相同的情况下，使用技术 1 的收益总是小于使用技术 2 的收益，换句话说，技术 1 是传统技术，技术 2 是生态技术。

所以 $R_1 < R_2$，$W_1 - \dfrac{\beta}{a} < W_2 - \dfrac{1}{a}$。

根据演化博弈分析解决问题的思路，我们通过构建复制动态方程来刻画企业群体和消费者群体之间的演化动态规律。假设在初始博弈阶段，企业群体中提供 T_1 的比例为 p，提供 T_2 的比例为 $1-p$；消费者群体中选择 T_1 的比例为 q，选择 T_2 的比例为 $1-q$。因此，企业提供 T_1 和 T_2 的期望收益及平均期望收益分别为

$$u_{e_1} = qR_1 + (1-q) \times 0 = qR_1 \tag{7-1}$$

$$u_{e_2} = q \times 0 + (1-q)R_2 = (1-q)R_2 \tag{7-2}$$

$$\overline{u_e} = pu_{e_1} + (1-p)u_{e_2} = pqR_1 + (1-p)(1-q)R_2 \tag{7-3}$$

根据演化博弈的有限理性假设，不同类型复制者（博弈方）的比例是随时间变

化的，随时间变化的速度与模仿对象数量的大小及它们的收益正相关（王维国和王霄凌，2012）。综合式(7-1)～式(7-3)，得到企业群体的复制动态方程为

$$F(p) = \frac{\mathrm{d}p}{\mathrm{d}t} = p\left(u_{e_1} - \overline{u_\epsilon}\right) = p(1-p)\left[(R_1 + R_2)q - R_2\right] \tag{7-4}$$

同理，消费者 T_1、T_2 的期望收益和平均期望收益分别为

$$u_{c_1} = p(W_1 - \beta/a) + (1-p) \times 0 = p(W_1 - \beta/a) \tag{7-5}$$

$$u_{c_2} = p \times 0 + (1-q)(W_2 - 1/a) = (1-p)(W_2 - 1/a) \tag{7-6}$$

$$\overline{u_c} = qu_{c_1} + (1-q)u_{c_2} = pq(W_1 - \beta/a) + (1-p)(1-q)(W_2 - 1/a) \tag{7-7}$$

综合式(7-5)～式(7-7)，得到消费者群体的复制动态方程为

$$F(q) = \frac{\mathrm{d}q}{\mathrm{d}t} = q(u_{c_1} - \overline{u_c}) = q(1-q)\left[(W_1 - \beta/a + W_2 - 1/a)p - (W_2 - 1/a)\right] \tag{7-8}$$

演化稳定策略(evolutionarily stable strategy，ESS)也被称为进化稳定策略，指的是如果群体中绝大多数成员都采取这种策略，那么在自然选择的压力下，小的突变群体就不能侵犯这个群体，要么改变策略，要么退出系统被淘汰。而复制动态方程为 0 表明，复制者(博弈方)不再学习和模仿，此时该博弈已达到一种相对稳定的均衡状态。

当 $q > \dfrac{R_2}{R_1 + R_2}$，则 $F(p)=0$，即所有 $p=0$，$p=1$ 都是稳定状态；当 $q < \dfrac{R_2}{R_1 + R_2}$，则所有 $p=0$，$p=1$ 都是稳定状态；但是当 $q = \dfrac{R_2}{R_1 + R_2}$，没有稳定均衡存在。

以上的四个稳定状态，虽然是企业群体和消费者群体博弈的纳什均衡，但并不都是演化稳定策略。演化稳定策略在数学上必须满足 $F'(p*)$ 小于 0，于是对式(7-4)求导，得 $F'(p) = (1-2p)[(R_1 + R_2)q - R_2]$。

当 $q > \dfrac{R_2}{R_1 + R_2}$，则 $p=1$，$F'(p=1)<0$，$F'(p=0)>0$，所以 $p=1$ 是演化稳定策略；当 $q < \dfrac{R_2}{R_1 + R_2}$，则 $p=0$ 是演化稳定策略。

同理可以得出，当 $p > \dfrac{W_2 - 1/a}{W_2 - 1/a + W_1 - \beta/a}$，$F'(q=1)<0$，$F'(q=0)>0$，

所以 $q=1$ 是演化稳定策略；当 $p < \dfrac{W_2 - 1/a}{W_2 - 1/a + W_1 - \beta/a}$，则 $q=0$ 是演化稳定策略。

上述两个群体比例演化的二维关系图如图 7-6 所示，L_1 线和 L_2 线将演化博弈动态相位图分成了四部分。

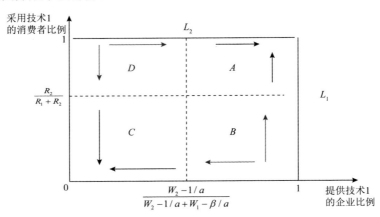

图 7-6　企业群体和消费者群体的演化趋势

（1）当初始策略处于 A 区域，则博弈一开始就有多于 $\dfrac{R_2}{R_1 + R_2}$ 的消费者和多于 $\dfrac{W_2 - 1/a}{W_2 - 1/a + W_1 - \beta/a}$ 的企业采用技术 1，则系统将最终收敛于帕累托的劣均衡 $(1，1)$，传统技术将最终完全普及。

（2）当初始策略处于 C 区域，则博弈初始状态有少于 $\dfrac{R_2}{R_1 + R_2}$ 的消费者和少于 $\dfrac{W_2 - 1/a}{W_2 - 1/a + W_1 - \beta/a}$ 的企业采用技术 1，则博弈将最终收敛于帕累托最优均衡 $(0，0)$，生态技术将最终取代传统技术。

（3）倘若初始策略落在 B 区域和 D 区域，系统演化的方向是不确定的，有可能收敛于 $(0，0)$，也可能收敛于 $(1，1)$，其最终均衡结果与双方学习调整的速度有关。处在 D 区域时，如果双方学习调整使演化动态的发展趋势先进入 A 区域，则最终会收敛于 $(1，1)$；如果演化动态的发展趋势是先进入 C 区域，则最终会收敛于 $(0，0)$；倘若，初始策略处在 B 区域，那么其演化趋势正好与 D 区域相反，该博弈最终均衡点是 $(0，0)$ 和 $(1，1)$。

经过以上的分析，我们发现，博弈的最终演化稳定策略可能有两个，即所有企业和消费者都选择 T_1 或者都选择 T_2，生态技术是否被选择，主要取决于初始状态。生态技术扩散存在多重均衡，均衡结果可能是某一技术垄断市场，一旦到达

均衡点 $(0，0)$，则传统技术演化成均衡状态，陷入技术锁定状态，所以技术演化的结果不一定是最优的。

7.3.3　生态技术路径创造对策

技术演化过程中的路径依赖特征长期制约了企业生态技术的演变，导致生态创新不足。长期来看，外部环境变化和经济系统调整时，企业可以采取兼容技术策略，突破原有技术轨道，实现生态技术路径创造。

如果企业在开发新的生态技术时能兼容传统技术，即生态技术的用户与传统技术的用户都处于同一个网络当中，他们向生态技术转换时不必担心网络规模下降带来的效用损失。通过生态技术兼容传统技术，事实上，可以在一定程度上兼顾两种技术的用户利益，增加他们使用生态技术的意愿，技术兼容下企业和消费者的支付矩阵如表 7-3 所示。

表 7-3　技术兼容下企业和消费者的支付矩阵

S_e	S_c	
	T_1	T_2
T_1	$\left(R_1, W_1 - \dfrac{\beta}{a}\right)$	(R_3, W_3)
T_2	(R_4, W_4)	$\left(R_2, W_2 - \dfrac{1}{a}\right)$

注：R_1 表示企业提供 T_1，消费者选择 T_2 时，企业的收益；R_4 表示企业提供 T_2，消费者选择 T_1 时，企业的收益；W_3 表示企业提供 T_1，消费者选择 T_2 时，消费者的收益；W_4 表示企业提供 T_2，消费者选择 T_1 时，消费者的收益

其中，$R_3 < R_1 < R_2$；$R_4 < R_1 < R_2$；$W_3 < W_1 - \dfrac{\beta}{a} < W_2 - \dfrac{1}{a}$；$W_4 < W_1 - \dfrac{\beta}{a} < W_2 - \dfrac{1}{a}$。

企业提供 T_1、T_2 的期望收益和平均期望收益分别为

$$u_{e_1} = qR_1 + (1-q) \times R_3 \tag{7-9}$$

$$u_{e_2} = q \times R_4 + (1-q) R_2 \tag{7-10}$$

$$\overline{u_e} = pu_{e_1} + (1-p)u_{e_2} = pqR_1 + (1-p)(1-q)R_2 + p(1-q)R_3 + (1-p)qR_4 \tag{7-11}$$

综合式(7-9)～式(7-11)，得到企业群体的复制动态方程为

$$F(p) = \frac{\mathrm{d}p}{\mathrm{d}t} = p\left(u_{e_1} - \overline{u_e}\right) = (1-p)\left[q(R_1 - R_4 + R_2 - R_3) + R_3 - R_2\right] \quad (7\text{-}12)$$

图 7-6 中的 L_1 变为

$$q = \frac{R_2 - R_3}{R_1 - R_4 + R_2 - R_3} = 1 - \frac{R_1 - R_4}{R_1 - R_4 + R_2 - R_3}$$

消费者采用技术 1、2 的期望收益和平均期望收益分别为

$$u_{c_1} = p(W_1 - \beta/a) + (1-p) \times W_3 \quad (7\text{-}13)$$

$$u_{c_2} = p \times W_4 + (1-q)(W_2 - 1/a) \quad (7\text{-}14)$$

$$\overline{u_c} = qu_{c_1} + (1-q)u_{c_2} = pq\left(W_1 - \frac{\beta}{a}\right) + (1-p)qW_3 + (1-q)\left[pW_4 + (1-p)\left(W_2 - \frac{1}{a}\right)\right]$$

$$(7\text{-}15)$$

综合式(7-13)～式(7-15)，得到消费者群体的复制动态方程为

$$F(q) = \frac{\mathrm{d}q}{\mathrm{d}t} = q\left(u_{c_1} - \overline{u_c}\right) = q(1-q)\left[\left(W_1 - \frac{\beta}{a} + W_2 - \frac{1}{a} - W_3 - W_4\right)p + W_4 - \left(W_2 - \frac{1}{a}\right)\right]$$

$$(7\text{-}16)$$

图 7-6 中的 L_2 变为

$$p = \frac{W_2 - 1/a - W_4}{W_1 - \beta/a - W_3 + W_2 - 1/a - W_4} = 1 - \frac{W_1 - \beta/a - W_3}{W_1 - \beta/a - W_3 + W_2 - 1/a - W_4}$$

综合上述分析，生态技术与传统技术兼容性越强，越能影响企业和消费者的收益，企业提供生态技术的收益 R_4 越接近 R_1；而消费者选择生态技术的收益 W_3 越接近 $W_1 - \beta/a$，体现在关系图 7-6 中，线 L_1 越接近于 $q=1$，线 L_2 越接近于 $p=1$，C 区域的面积越大。演化博弈中只要有少数的人采用生态技术，就有可能收敛于最优均衡点(0，0)。生态技术取代传统技术，即提高两种技术的兼容性有利于加快生态技术的扩散，激励下一步的生态创新。

7.4　企业外层偏好的培育机制设计

本书得出企业外层偏好水平越高越倾向于开展企业生态创新活动的结论，凸

显社会经济制度、文化因素和个体认知促进偏好演变的重要作用。目前，国内企业外层偏好的建设还存在着许多亟待探索、解决的问题，应从以下三个层面侧重培育企业的外层偏好。

7.4.1　协同视角下塑造企业外层偏好

中国企业提高外层偏好水平，是改变企业、政府和公众三者的内在失衡的过程，同时也是一个制度化的过程。实践表明，单靠市场机制下企业自身意愿和能力、公众监督，以及自上而下的政府及其委托机构的管制，来塑造企业外层偏好是难以奏效的，必须通过制度解决方案实现视角的转变。

协同视角的实质，就是把企业外层偏好问题视为全局性和系统性的社会问题，通过企业、政府和社会多方的互动与合作，达成对个体意识形态的塑造或修正，进而实现对企业行为控制的软规则。从目前实际情况来看，难以形成三方有效制衡：政府具有相当的主动性，通过正式的法律和行政制度，对企业改进社会绩效进行规范，期待企业提高外层偏好水平；但是公众机构发育不成熟，对企业外层偏好问题的漠视，使企业追求外层偏好的行为缺乏持久的动力；而企业是提升社会绩效的直接主体，但由于目前市场公平竞争得不到保障，企业的外层偏好水平普遍不高。

基于这一现状，在理论研究上要实现由单一视角向协同视角的转换，如图 7-7 所示。首先，应从微观层面入手，要充分理解企业在社会中的角色和处境，深入剖析企业成长阶段、战略导向、增进外层偏好的途径、行为特征及效果等方面的个体差异性。当前我国市场经济体制的不完善，难以保障市场竞争的公平性，这削弱了企业追求外层偏好的动力，因此单一视角注重政府规范和法律强制力，单纯地向企业施加压力，很难得到企业的理解、支持和配合。其次，政府除了制定引导性的政策措施，通过产业准入、税收优惠和资金支持等经济手段，减轻企业实现社会绩效的压力之外，还可以通过政府表彰、榜样示范等方式诱发企业增进外层偏好，增强其竞争优势。再次，必须从尊重社会公众关注企业活动与其利害影响的意愿和权利出发，建立涉及民生的科技创新信息公开透明的制度条件，尤其是涉及具有广泛、深刻影响的伦理和社会议题时，需要从制度上保障公众参与对话、争论、决策的必要机会，通过沟通的方式引导企业以合作的形式切实履行社会责任。最后，过去主要关注政府如何通过"大棒"型环境规制的威慑力，或者社会中的公众和非政府组织的施压影响来督促企业外层偏好的实践，在单一视角下难以从根本上解决问题，必须在现有基础上进一步拓展。政府的"胡萝卜"型环境规制的经济刺激、大众的监督和企业间的交互等，成为外层偏好演变过程中的重要力量，因此，应通过政府、企业和公众三方的协同互动，改变三方失衡的态势并提高企业外层偏好水平。

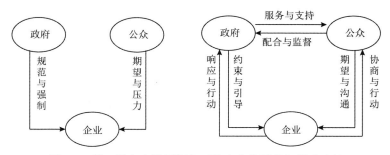

图 7-7　单一视角和协同视角下的企业外层偏好增进路径

7.4.2　大力营造多元价值契合的文化

由于企业外层偏好受正式制度与非正式制度的影响和制约，企业外层偏好的塑造体系应当是正式制度和非正式制度的有机协同发展。但是，由于正式制度与非正式制度在变迁演化过程中存在着不同的路径（马智胜和马勇，2004），可能导致二者在某一时空阶段的不一致性。在这里，围绕企业外层偏好的问题，正式制度的发展与非正式制度的演进之间呈现非协调性，具体表现为：一方面，通过逐步健全的法律法规和政策制度，旨在规范企业进行清洁生产和引导消费者理性、绿色的消费行为；另一方面，在过度功利的经济增长观、利润观和过度享用的物质消费观驱使下，企业过度追求内层偏好，侵害公众利益、有悖社会和生态环境的事件屡屡发生，而大众乃至社会组织在产品消费中追求高碳消费、奢侈消费的现象也比比皆是。这表明，以创新价值观、消费伦理规范和习俗为基本范畴的意识形态结构，尚不能为促进生态创新提供良好的文化环境，客观上制约了有限的正式治理制度的运行效率。

事实上，由文化演化而来的社会规则，始终是制约外层偏好形成的重要因素之一。在新制度经济学的理论框架下，意识形态也是一种生产要素，能生产进入个体偏好函数的商品。例如，英国的功利主义哲学家、经济学家边沁把"虔诚"作为 14 种简单快乐中的一种，因而，意识形态被视为减少其他正式制度安排费用的最重要的制度安排（卢现祥，2011），它使拥有"好"的意识形态的企业在面对强制推行的正式制度时，"听从命令和服从法律的程度，远大于建构行为（受控过程）"（林毅夫，2007），换言之，拥有"好"的意识形态的企业有更高的外层偏好水平。与企业外层偏好活动效应相关联的个人和组织的选择性倾向，极大地依赖于公民和社会组织的意识形态结构。

为了减少其他治理制度安排的费用，营造坚实的企业履行社会责任的社会基础，改变企业和消费者在经济活动中暴露出的非理性伦理和消费习惯，就必须在全社会培育多元价值均衡发展的先进文化和理念。政府要借助在教育、舆论和组织网络方面的资源优势,大力宣扬经济—社会—生态—环境良性发展的价值取向,使重视与追求生产、经营和消费中的经济效益及多重效益理念深入人心,成为共识。在具体路径选择上,可以借鉴国外经验,积极尝试建立一套完整的关于"技术、社会、环境、人文和生态"协同发展的国民教育体系,进而为多元价值的企业文化积淀和理论升华提供必要的学术支持。

7.4.3　提高企业家认知水平

企业家的认知水平影响了企业的外层偏好水平。企业家是企业行为最重要的代理人,其认知的发展是一个适应性的过程,存在三种动力机制(黄凯南,2010):其一,自然选择的生存危机促使企业家认知进化,是企业家进行各种创新的本能动力;其二,社会心理使企业家具有较强的社会角色荣誉感和群体归属感,是一种角色驱动;其三,长期知识学习和人格培养形成的人生观和信仰,使企业家形成超越狭隘群体的抱负水平和使命感。企业家通过本能学习、模仿学习和创新学习等方式,通常会产生规范化和亲社会性行为(Gintis,2004):一方面,企业的行动是基于价值理性,而不是基于工具理性;另一方面,意味着企业的效用函数不仅包括自身的收益,还包括对他人效用的关心。

个体认知系统包括个人局部知识和个体间的共同知识,塑造企业外层偏好水平,必然要增强企业家的这两类知识。由于企业家所处环境不同,企业家与外部环境互动,形成个体的局部知识,这种局部知识往往不为其他个体所理解,需要在同一环境下的个体之间交互,形成共同预期和相同的信号联结,才能够形成个体间的共同知识。可见,提高企业家认知水平需要通过教育和互动的方式,然而,相比于西方发达国家,我国对企业家的社会责任教育体系还有很大的差距。国外十分重视增强企业公民意识、商业道德和环保意识,大部分商学院的工商管理硕士或者高级管理人员工商管理硕士的培养方案中,都把商业伦理、企业责任等相关课程列入核心课程,通过伦理论坛、辩论等形式增强企业家个体间的共同知识。而中国的企业家教育管理体系中,没有包括此类课程或者仅作为次要课程。中国要提高企业的外层偏好水平,必须让企业家意识到,社会倡导的企业社会绩效并不是要求通过牺牲企业来回馈社会,而是希望企业修正行为,找到一条既实现自身可持续发展,又不损害其他利益相关者利益的路径。

7.5　研　究　小　结

本章根据第 5 章和第 6 章对驱动企业生态创新四个主要影响因素的定量研究和仿真结果,有针对性地设计了诱导和激励企业生态创新的政策机制。

　　首先，分析机制设计理论对驱动生态创新的适用性，并阐述中国当前涉及企业生态创新的主要制度安排。其次，提出推行电子排污票制度的激励机制，分析了其理论基础、优势及激励机理，指出该制度安排能够给予企业自主选择减排方式的路径，能有效激励企业生态创新。再次，通过演化博弈的分析方法，结合传统技术演变过程中的路径依赖特征，指出要驱动企业由传统技术向生态技术的跃迁，政府必须引导企业采用兼容技术。最后，在同样的外部规制压力和内部资源条件下，外层偏好型企业生态创新激励水平要高于内层偏好型企业，因此，本书从制度、文化和个体认知角度，构建了企业外层偏好的培育机制。

第8章　结论与展望

通过对人类传统发展模式的回顾与反思,我们意识到企业生态创新是国际竞争的焦点,是中国实现经济转型的重要举措,也是企业在资源约束下获取竞争优势的基本途径。本书以企业生态创新的驱动机理及优化机制设计作为研究对象,在解读企业分层偏好理论结构的基础上,对各驱动因素的作用机理逐个展开剖析,并将这些因素置于一个动力学系统中进行研究,分析了各因素与企业生态创新行为和绩效的相关性、作用路径及强度,在此基础上设计企业主动实施生态创新的市场激励机制和培育企业外层偏好的若干对策,为政府制定环境规制、诱导企业开展生态创新提供理论依据和决策参考。主要研究结论包括以下几个方面。

(1)对不同理论视角下,涉及企业生态创新的相关论述进行了梳理评析。首先,总结了创新经济学的思想,该流派认为,一般的创新管理理论对生态创新研究具有积极的借鉴意义,生态创新也是需求拉动和技术推动共同作用的结果。其次,概括了环境经济学研究体系中,关于企业生态创新驱动的基本观点,他们认为,环境规制可以克服组织"惯性"因素的影响,使企业意识到与环境发生冲突是有代价的,创造必要的压力提升企业环境意识,引导生态创新活动。再次,论述战略管理理论的相关观点,该流派认为,驱动企业生态创新的因素比较广泛,包括企业家对环境的关切、企业环境管理能力、企业内部关键资源等,这些观点及其实证结论,有益于开辟驱动企业生态创新活动的新方向。最后,总结评述了利益相关者理论的主要研究观点。基于文献梳理评析,结合制度理论和资源基础理论,本书提炼了驱动企业生态创新的四个关键因素。

(2)概述了主流经济学、马克思经济学、行为经济学和演化经济学对人性的不同假设,本书基于演化经济学视角,认为个体偏好可理解为部分地由遗传基因决定,部分地由个体在社会文化环境中互动学习逐渐形成,部分受个体认知水平的调整。通过标准的经济学实验,验证分层偏好理论的存在性,并且证实文化、经济制度及个体认知水平的变化会导致个体偏好的变化。

(3)以政府环境规制、市场压力、公众压力和企业内部资源为自变量,以生态创新绩效为结果变量,以生态创新行为和环境绩效为中介变量,外层偏好水平为调节变量,构建企业生态创新驱动概念模型,提出了相关的研究命题。由于相关变量属于难以量化的潜在变量,本书对各个变量进行了操作化定义,采用奥佩勒(Aupperle)问卷来测度企业偏好类型,开发了调查企业实施生态创新的量化表,利用问卷法收集了不同行业的 442 家制造业企业的数据，运用结构方程模型对企业生态创新驱动进行了实证研究。研究表明，政府环境规制、市场压力、公众压力和企业内部资源正向驱动企业生态创新行为，驱动效应由大到小排序依次是：市场压力、政府环境规制、企业内部资源、公众压力。除此之外，本书将企业生态创新绩效分为环境绩效和经济绩效，得到了更为细化、更具有实践意义的研究结果，企业生态创新行为对环境绩效有显著的正向影响，对经济绩效并没有直接的显著影响，环境绩效在企业生态创新行为和经济绩效之间起中介作用。

(4)企业偏好内容是有结构性的，可以划分为稳定的内层偏好和不稳定的外层偏好。其中，外层偏好水平在驱动因素和创新行为之间起调节作用，外层偏好水平越高，企业生态创新发展水平越高。

(5)当前，中国企业生态创新实践存在两个突出的问题：一是企业生态创新绩效不容乐观；二是命令控制型环境规制占据主导地位。中国政府环境规制，应依据企业的偏好强度差异而略有不同，对内层偏好型企业采用命令控制型环境规制和市场激励型环境规制，对外层偏好型企业采用市场激励型环境规制和自愿协议环境规制。

(6)生态创新行为的产生是一个累积的过程。企业生态创新驱动系统是一个开放的复杂系统，包括构想子系统、立项子系统、研发子系统和商业化子系统，各个子系统之间、各子系统与系统边界以外的外部环境之间，不断进行物质和信息的反馈。要实现对企业生态创新行为的驱动，必须依赖于各子系统的合理互动、协调发展和对系统的有效调控。本书运用系统动力学方法，模拟不同驱动因素变化对系统的影响效应，以及外层偏好水平变化对企业生态创新行为的影响，进而定性地、动态地比较分析不同驱动因素对企业生态创新的长期驱动效应。通过对比不同情景下企业生态创新水平的变化趋势可以看出：四种驱动因素的作用效果是有差异的，其中，增加市场压力对企业生态创新驱动效应最大，其后依次为加强政府环境规制、丰富企业内部资源和增加公众压力。此外，外层偏好水平的提高，也会提升企业生态创新水平。

(7)根据对驱动企业生态创新的四个因素的作用机理、实证分析和模拟结果，有针对性地设计了引导和激励企业生态创新的优化机制。具体优化举措为以下几个方面。

其一，基于市场激励型环境规制，可以尝试推行电子排污票制度。一方面，电子排污票制度能够比命令控制型环境规制带来更大的激励效果，企业可以充分自主地选择减排的技术路径，可以将节省的电子排污票调配给内部子公司，从而节约总成本或者出售给排放需求大的企业从而获利，可以给企业带来持续的生态创新激励；另一方面，电子排污票制度体现出灵活调控性特点，能够减少"排污拥挤"现象，可以降低恶劣天气的影响程度。

其二，在促进企业生态技术扩散方面，通过运用演化博弈的分析方法，我们发现，由于技术演化具有路径依赖特征，长期来看，当外部环境变化和经济系统调整，政府应鼓励企业采取兼容技术策略，突破原有技术轨道，实现生态技术路径创造。

其三，本书通过研究得出，企业外层偏好水平越高越倾向于开展企业生态创新活动的结论，凸显社会经济制度、文化因素和个体认知促进偏好演变的重要作用。目前，中国国内企业外层偏好的建设，还存在着许多亟待探索、解决的问题，应从以下三个层面侧重培育企业的外层偏好：①改变过去主要关注政府的"大棒"型环境规制的威慑力，或者社会中的公众和非政府组织的施压影响，来督促企业外层偏好的实践，必须在现有基础上进一步拓展，重视政府的"胡萝卜"型环境规制的经济刺激、大众的监督和企业间的交互等作用；②克服正式制度的发展与非正式制度的演进之间的非协调性，大力营造多元价值均衡发展的文化；③通过教育体系调整等措施，提高企业家认知水平。

当然，从转变人类长期以来秉持的经济至上、增长优先的发展理念，努力实现商品财富、社会财富和自然财富协同增长的发展模式来看，生态创新驱动应是一个极具理论价值和实践意义，并且体系相对丰富的研究方向。不仅企业生态创新驱动因素本身有许多尚待厘清的理论议题，如何将企业分层偏好这一现实因素植入生态创新理论体系，也有许多值得探讨的理论与现实问题。由于研究主旨和个人研究精力所限，本书所述及的只是生态创新驱动机理、量化和优化机制设计方面的若干基本问题，未来的研究可继续在以下方面加以深入。

(1) 本书侧重的是横断面研究，收集到的数据仅是企业某一时点的资料，考察某一时点的各种企业生态驱动因素对创新行为、创新绩效的影响，由于数据收集有难度，本书没有从历史的时间序列维度来跟踪考察这种驱动效用。生态创新对企业经济绩效的影响，很大一部分是隐性的、滞后的，因此在未来的研究中，从历史的角度，通过对个案进行长期跟踪研究和分析，收集不同时期创新驱动因素及企业创新表现和产出，可以更为深刻地理解企业生态创新驱动机制。

(2) 不同类型的企业生态创新驱动机制应该是有差异的，未来研究可以在区分生态创新具体类型(产品创新、过程创新和组织创新)的基础上，测度驱动因素对不同类型生态创新的影响，以得出更为细化的激励对策。

(3) 本书探讨企业生态创新驱动因素的研究方法，假设各观察对象(个体)是相互独立的，而大量的经验事实提示我们：在企业生态创新选择中，同一行业的生态创新选择情况，会较不同行业的生态创新选择更相似，即观察对象并不独立。个体和行业是有嵌套关系的，其中，个体层次的数据是套嵌在行业层次之中的，即若干个企业属于同一行业，所以，运用多层线性模型(hierarchical linear model，HLM)研究个体和行业属性对企业生态创新的影响是值得进一步探索的。

（4）鉴于事实上企业生态创新活动具有跨国界的性质，如何建立驱动企业生态创新的国际有效合作机制，也是一个亟待解决的理论问题。

（5）对于规范和激励企业实施生态创新的政策机制，本书提出的只是总体的理论解决框架，具体操作时可能会遇到一定的新困难，需要在实践中不断地加以完善和细化，未来研究的重点是如何具体贯彻这些优化机制。

总之，本书基于分层偏好理论视角，对企业生态创新驱动的探讨是一次研究尝试，希望本书能为今后在该方向上的同类研究起到有益的铺垫作用，期待着更多学者进行深入探索和研究，取得更丰富的理论和实践的突破。

参 考 文 献

奥瑞克 J C, 琼克 G J, 威伦 R E. 2003. 企业基因重组: 释放公司的价值潜力[M]. 高远洋, 等译. 北京: 电子工业出版社.

鲍尔斯 S. 2006. 微观经济学: 行为, 制度和演化[M]. 江艇, 洪福海, 周业安, 等译. 北京: 中国人民大学出版社: 276.

贝克尔 G S. 2008. 人类行为的经济分析[M]. 王业宇, 陈琪译. 上海: 格致出版社: 159.

蔡乌赶, 周小亮. 2013. 企业生态创新驱动、整合能力与绩效的关系实证研究[J]. 财经论丛, 170(1): 95-100.

陈畴涛, 于俭, 曹卫国, 等. 2002. 电子商务供应链管理[M]. 大连: 东北财经大学出版社.

陈富良. 2005. 规制机制设计在环境政策中的应用评述[J]. 江西财经大学学报, (1): 5-8.

陈叶烽. 2014. 最后通牒实验与人类的公平感[J]. 南方经济, 6: 81-86.

程恩富, 张建伟. 1999. 西方产权理论的哲学审视[J]. 经济经纬, (2): 16.

程华, 廖中举. 2011. 中国区域环境创新绩效评价与研究[J]. 中国环境科学, 3: 522-528.

程叶青, 李同升, 张平宇. 2004. SD 模型在区域可持续发展规划中的应用[J]. 系统工程理论与实践, (12): 13-18.

崔新健. 2007. 企业社会责任概念的辨析[J]. 社会科学, (12): 28-33.

笪贤流, 周小亮. 2010. 广义的利润目标的可能性——基于个体偏好融合的动态演化分析[J]. 产经评论, (2): 135-149.

道金斯 R. 1998. 自私的基因[M]. 卢允中, 张代云, 陈复加, 等译. 长春: 吉林人民出版社.

丁堃. 2003. 基于复杂适应系统的绿色创新系统研究[D]. 大连理工大学博士学位论文.

董炳艳, 靳乐山. 2005. 中国绿色技术创新研究进展初探[J]. 科技管理研究, (2): 62-64.

董洁, 黄付杰. 2012. 中国科技成果转化效率及其影响因素研究——基于随机前沿函数的实证分析[J]. 软科学, (10): 15-20.

董颖. 2011. 企业生态创新的机理研究[D]. 浙江大学博士学位论文.

董志勇. 2005. 行为经济学[M]. 北京: 北京大学出版社: 94-98.

董志勇. 2006. 行为经济学原理[M]. 北京: 北京大学出版社: 95.

恩德勒 G. 2002. 面向行动的经济伦理学[M]. 尹继佐, 高国希, 吴新文译. 上海: 上海社会科学院出版社.

凡勃伦 T B. 1964. 有闲阶级论[M]. 蔡受百译. 北京: 商务印书馆.

范里安 H R. 1995. 微观经济学: 现代观点[M]. 费方城, 朱保华, 等译. 上海: 上海三联书店: 69.

菲吕博腾 E G, 配杰威齐 S. 2002. 产权与经济理论: 近期文献的一个综述[A]//陈昕. 财产权利与制度变迁——产权学派与新制度学派译文集[C]. 上海: 上海三联书店: 204.

傅家骥. 2014. 傅家骥文集[M]. 北京: 清华大学出版社.

傅京燕, 李丽莎. 2010. 环境规制、要素禀赋与产业国际竞争力的实证研究——基于中国制造业的面板数据[J]. 管理世界, (10): 87-98.

龚宏斌. 2014. 企业环境责任的利益相关者驱动、响应及绩效研究[M]. 北京: 经济科学出版社: 78.

管毅平. 2002. 理性动机与利他行为[J]. 中国社会科学评论(香港), (2): 370-383.

哈米尔顿 K.1998.里约后五年——环境政策的创新[M]. 张庆丰, 等译. 北京: 中国环境科学出版社.

赫莫斯拉 J C, 冈萨雷斯 P D R, 康诺拉 T. 2014. 生态创新: 社会可持续发展和企业竞争力提高的双赢[M]. 闻朝君译. 上海: 上海世纪出版集团.

侯杰泰, 温忠麟, 成子娟. 2004. 结构方程模型及其应用[M]. 北京: 教育科学出版社.

胡大伟. 2006. 基于系统动力学和神经网络模型的区域可持续发展的仿真研究[D]. 南京农业大学博士学位论文.

胡晓珍. 2010. 制度创新作用于经济增长的途径及其量化研究[D]. 华中科技大学博士学位论文.

胡元清, 彭福扬, 刘红玉. 2007. 复杂性思维视域中的生态化技术创新[J]. 科技管理研究, 27(7): 17-19.

华振. 2011. 中国绿色创新绩效研究: 与东北三省的比较分析[J]. 技术经济, 7: 30-34.

黄凯南. 2010. 现代演化经济学基础理论研究[M]. 杭州: 浙江大学出版社.

黄凯南. 2013. 偏好与制度的内生互动: 基于共同演化的分析视角[J]. 江海学刊, (2): 79-85.

黄有光. 2005. 社会选择的基本问题与人际可比基数效用的悖论[J]. 北京大学学报(哲学社会科学版), 42(5): 159-165.

惠宁, 霍丽. 2005. 企业社会责任的构建[J]. 改革, 5: 90-95.

贾瑞跃, 魏玖长, 赵定涛. 2013. 环境规制和生产技术进步: 基于规制工具视角的实证分析[J]. 中国科学技术大学学报, 43(3): 217-222.

康芒斯 J R. 1962. 制度经济学[M]. 于树生译. 北京: 商务印书馆.

科斯 R, 阿尔钦 A, 诺斯 D, 等. 1991. 财产权利与制度变迁——产权学派与新制度经济学派译文集[M]. 刘守英译. 上海: 上海三联书店.

柯武刚, 史漫飞. 2004. 制度经济学[M]. 韩朝华译. 北京: 商务印书馆: 32.

李国平, 李潇, 萧代基. 2013. 生态补偿的理论标准与测算方法探讨[J]. 经济学家, (2): 42-49.

李怀祖. 2004. 管理研究方法论[M]. 西安: 西安交通大学出版社.

李婉红, 毕克新, 曹霞. 2013. 环境规制工具对制造企业绿色技术创新的影响——以制造及纸制品企业为例[J]. 系统工程, (10): 112-122.

李卫, 吴坤. 2013. 企业利益相关者、绿色管理行为与企业绩效[J]. 科学学与科学技术管理, 34(5): 89-96.

李旭. 2011. 社会系统动力学——政策研究的原理、方法和应用[M]. 上海: 复旦大学出版社.

李怡娜, 叶飞. 2011. 制度压力、绿色环保创新实践与企业绩效关系——基于新制度主义理论和生态现代化理论视角[J]. 科学学研究, 29(12): 1884-1894.

林毅夫. 2007. 诱致性制度变迁与强制性制度变迁[M]. 北京: 北京大学出版社.

刘安国, 蒋美英, 杨开忠, 等. 2011. 环境政策与环境技术创新的有效性及区域差异研究[J]. 首都经济贸易大学学报, (4): 25-33.

刘林艳, 宋华. 2012. "绿色"公司作用于企业绩效吗?基于美国和中国的一项对比研究[J]. 科学学与科学技术管理, 33(2): 104-114.

刘思华. 1997. 可持续发展经济学[M]. 武汉: 湖北人民出版社.

刘燕娜, 余建辉. 2010. 福建低碳技术创新机制研究[M]. 北京: 中国环境科学出版社: 78.

卢现祥. 2011. 新制度经济学[M]. 武汉: 武汉大学出版社.

卢现祥, 张翼. 2011. 论我国二氧化碳减排治理模式的转型[J]. 经济纵横, (8): 64-67.

罗默. 2015. 高级宏观经济学[M]. 吴化斌, 龚关译. 上海: 上海财经大学出版社.

吕永龙. 2003. 环境技术创新及其产业化的政策机制[M]. 北京: 气象出版社.

马富萍, 郭晓川, 茶娜. 2011. 环境规制对技术创新绩效影响的研究——基于资源型企业的实证
    检验[J]. 科学学与科学技术管理, 32(8): 87-92.

马庆国. 2008. 管理科学研究方法[M]. 北京: 高等教育出版社.

马文军, 潘波. 2000. 问卷的信度和效度以及如何用 SAS 软件分析[J]. 中国卫生统计, 17(6):
    364-365.

马歇尔 A. 1983. 经济学原理[M]. 朱志泰译. 北京: 商务印书馆.

马智胜, 马勇. 2004. 试论正式制度和非正式制度的关系[J]. 江西社会科学, (7): 121-123.

诺斯 D C. 1994. 制度、制度变迁与经济绩效[M]. 杭行译. 上海: 上海三联书店.

彭海珍. 2009. 环境管制对环境创新国际扩散的影响机制研究[J]. 科技进步与对策, 26(16):
    28-32.

彭雪蓉, 黄学. 2013. 企业生态创新影响因素研究前沿探析与未来研究热点展望[J]. 外国经济与
    管理, 35(9): 61-80.

齐善鸿, 邢宝学, 张党珠. 2012. 企业家道德发展阶段模型多案例探索研究[J]. 管理学报, 9(12):
    1744-1751.

邱皓政. 2005. 结构方程模式——LISREL 的理论、技术与应用[M]. 台北: 双叶书廊出版社.

曲峰庚, 董宇鸿. 2013. 绿色创新——新经济时代企业成长动力[M]. 北京: 经济科学出版社: 13.

荣诚. 2004. 生态技术创新研究初探[J]. 中国软科学, (5): 159-160.

单宝. 2009. 解读低碳经济[J]. 内蒙古社会科学, (6): 75-78.

盛洪. 1995. 外部性问题和制度创新[J]. 管理世界, (2): 195-201.

圣吉 P M. 1994. 第五项修炼——学习型组织的艺术与实务[M]. 张成林译. 上海: 上海三联书店.

斯蒂格利茨 J E. 1998. 社会主义向何处去——经济体制转型的理论与证据[M]. 周立群, 等
    译. 长春: 吉林人民出版社: 309.

斯密 A. 2014. 道德情操论[M]. 宋德利译. 南京: 译林出版社.

斯密德 A A. 2004. 制度与行为经济学[M]. 刘璨, 吴水荣译. 北京: 中国人民大学出版社: 2.

宋世涛, 魏一鸣, 范英. 2004. 中国可持续发展问题的系统动力学研究进展[J]. 中国人口•资源与
    环境, 14(2): 42-48.

宋妍, 晏鹰. 2012. 基于偏好分层理论的个体行为选择分析框架[J]. 技术经济与管理研究, (12):
    96-99.

孙亚琴, 容玲. 2011. 排污许可权交易减排机理研究——基于社会成本角度[J]. 上海管理科学,
    33(3): 5-8.

孙育红, 张志勇. 2013. 发达国家生态技术创新的实践及启示[J]. 当代经济研究, (8): 54-58.

田国强. 2003. 经济机制理论: 信息效率与激励机制设计[J]. 经济学(季刊), 2(2): 271-308.

田虹, 潘楚林. 2015. 企业环境伦理对绿色创新绩效的影响研究[J]. 西安交通大学学报(社会科
    学版), 35(3): 32-39.

田红娜, 毕克新, 夏冰, 等. 2012. 基于系统动力学的制造业绿色工艺创新运行过程评价分析[J].

科技进步与对策, 29(13): 112-118.

万寿义. 2007. 成本管理研究[M]. 大连: 东北财经大学出版社.

王炳成, 李洪伟, 李晓青. 2008. 绿色产品创新影响因素的实证研究[J]. 工业技术经济, 27(12): 70-74.

王朝全, 李仁方, 胡树林, 等. 2015. 机制与对策: 循环经济之中国探索[M]. 北京: 科学出版社.

王红. 2013. 企业的环境责任研究[M]. 2版. 北京: 经济管理出版社.

王辉. 2005. 企业利益相关者治理研究——从资本结构到资源结构[M]. 北京: 高等教育出版社.

王林秀. 2009. 清洁生产驱动因素及调控机制研究[D]. 中国矿业大学博士学位论文.

王维国, 王霄凌. 2012. 基于演化博弈的我国高能耗企业节能减排政策分析[J]. 财经问题研究, (4): 75-82.

王小宁, 周晓唯. 2014. 青海省环境规制对技术创新的影响研究[J]. 青海师范大学学报(哲学社会科学版), 36(2): 5-8.

温忠麟, 侯杰泰, 张雷. 2005. 调节效应与中介效应的比较和应用[J]. 心理学报, 37(2): 268-274.

吴传荣, 曾德明, 陈英武. 2010. 高技术企业技术创新网络的系统动力学建模与仿真[J]. 系统工程理论与实践, 30(4): 587-593.

吴雷. 2009. 基于 DEA 方法的企业生态技术创新绩效评价研究[J]. 科技进步与对策, 26(18): 114-117.

吴明隆. 2010. 结构方程模型——AMOS 的操作与应用[M]. 2版. 重庆: 重庆大学出版社.

吴晓波, 杨发明. 1996. 绿色技术的创新与扩散[J]. 科研管理, 17(1): 38-41.

向刚, 段云龙. 2007. 基于制度结构的绿色持续创新动力机制研究[J]. 科技进步与对策, 24(12): 118-120.

向书坚, 郑瑞坤. 2013. 中国绿色经济发展指数研究[J]. 统计研究, 30(3): 72-77.

肖广岭. 1997. 可持续发展与系统动力学[J]. 自然辩证法研究, (4): 37-41.

熊彼特 J. 2015. 经济发展理论[M]. 郭武军, 吕阳译. 北京: 华夏出版社.

徐贵宏, 贾志永, 王晓燕. 2008. "经济人"利他行为的经济分析[J]. 经济学家, (1): 10-17.

许光清, 邹骥. 2005. 可持续发展与系统动力学[J]. 经济理论与经济管理, (1): 69-71.

许士春, 何正霞, 龙如银. 2012. 环境规制对企业绿色技术创新的影响[J]. 科研管理, 33(6): 67-74.

杨东德, 何忠龙. 1994. 技术创新过程的费用分布研究[J]. 科技管理研究, (3): 25-27.

杨东升, 张永安. 2009. 产学研合作的系统动力学分析[J]. 北京工业大学学报, 35(1): 140-144.

杨帆. 2008. 基于中国企业社会责任导向的组织创新气氛与创新行为关系的实证研究[D]. 上海交通大学博士学位论文.

杨中楷, 梁永霞, 刘则渊. 2009. USPTO 中我国专利引用状况的统计分析[J]. 图书情报工作, (2): 42-46.

叶航. 2003. 偏好、效用与经济学基础范式创新[J]. 浙江社会科学, (2): 33-39.

易丹辉. 2008. 结构方程模型方法与应用[M]. 北京: 中国人民大学出版社.

余慧敏. 2015. 环境规制对绿色创新绩效的影响: 以研发密度为调节变量[J]. 新经济, 2: 5-6.

张红凤, 张细松. 2012. 环境规制理论研究[M]. 北京: 北京大学出版社.

张倩, 曲世友. 2013. 环境规制对企业绿色技术创新的影响研究及政策启示[J]. 中国科技论坛,

(7): 11-17.

张沁. 2012. 中国低碳发展的激励型规制研究[M]. 北京: 冶金工业出版社.

张清津. 2006. 强偏好、弱偏好与制度演化[J]. 经济学家, (3): 89-96.

张旭昆. 2005. 试析利他行为的不同类型及其原因[J]. 浙江大学学报(人文社会科学版), (4):
  13-21.

赵红. 2008. 环境规制对产业技术创新的影响——基于中国面板数据的实证分析[J]. 产业经济
  研究, (3): 35-40.

赵细康. 2006. 引导绿色创新——技术创新导向的环境政策研究[M]. 北京: 经济科学出版社.

赵修卫. 2001. 关于中小企业绿色创新的思考[J]. 科技管理研究, (4): 17-19.

赵玉林. 2006. 创新经济学[M]. 北京: 中国经济出版社.

中共中央马克思恩格斯列宁斯大林著作编译局. 1975. 马克思恩格斯选集(第一卷)[M]. 北京:
  人民出版社: 18.

周华, 郑雪姣, 崔秋勇. 2012. 基于中小企业技术创新激励的环境工具设计[J]. 科研管理, 33(5):
  8-18.

周小亮, 笪贤流. 2010. 基于偏好、偏好演化的偏好融合及其经济学意义[J]. 经济学家, (4):
  13-21.

周小亮, 韩涌泉. 2012. "唯物史观" 视角下偏好演化及其应用分析[J]. 政治经济学评论, 3(4):
  135-149.

周业安, 宋紫峰. 2008. 公共品的自愿供给机制: 一项实验研究[J]. 经济研究, (7): 90-104.

周子敬. 2006. 结构方程模型(SEM)——精通 LISREL[M]. 台北: 全华出版社.

朱宪辰, 黄凯南. 2004. 基于生物学基础的行为假设与共同知识演化分析[J]. 制度经济学研究,
  (2): 65-88.

Samuelson P A. 1999. 经济学[M]. 萧琛, 等译. 16 版. 北京: 华夏出版社.

Aggeri F. 1999. Environmental policies and innovation: a knowledge-based perspective on cooperative
  approaches [J]. Research Policy, 28(7): 699-717.

Ahn T K, Ostrom E, Walker J M. 2003. Heterogeneous preferences and collective action [J]. Public
  Choice, 117(3/4): 295-314.

Ambec S, Lanoie P. 2008. Does it pay to be green? A systematic overview [J]. Academy of
  Management Perspectives, 22(4): 45-62.

Andersen M M. 2008. Eco-innovation towards a taxonomy and a theory [C]. 25th Celebration DURID
  Conference 2008 on Entrepreneurship and Innovation-Organizations, Institutions, Systems and
  Regions.

Anderson J C, Gerbing D W. 1988. Structural equation modeling in practice: a review and
  recommended two-step approach [J]. Psychological Bulletin, 103(3): 411-423.

Angelidis J, Ibrahim N. 2004. An exploratory study of the impact of degree of religiousness upon an
  individual's corporate social responsiveness orientation [J]. Journal of Business Ethics, 51(2):
  119-128.

Arduini R, Cesaroni F. 2001. Environmental technologies in the European chemical industry[R].
  LEM Working Paper Series.

Arimura T H, Hibiki A, Johnstone N. 2005. An empirical study of environmental R&D: what encourages facilities to be environmentally innovative? [R]. Washington D C: OECD Conference on Public Environmental Policy and the Private Firm.

Arundel A, Kemp R. 2009. Measuring eco-innovation[J]. UNU-MERIT Working Paper Series, 17: 1-40.

Aupperle K E. 1991. The use of forced-choice survey procedures in assessing corporate social orientation [J]. Research in Corporate Social Performance and Policy, 12: 269-280.

Aupperle K E, Carroll A B, Hatfield J D. 1985. An empirical examination of the relationship between corporate social responsibility and profitability [J]. Academy of Management Journal, 28(2): 446-463.

Bagozzi R P, Yi Y. 1988. On the evaluation of structural equation models [J]. Journal of the Academy of Marketing Science, 16(1): 74-94.

Banerjee S B, Lyer E S, Kashyap R K. 2003. Corporate environmentalism: antecedents and influence of industry type [J]. Journal of Marketing, 67(2): 106-122.

Barney J B. 1986. Strategic factor markets: expectations, luck, and business strategy [J]. Management Science, 32: 1231-1241.

Barney J B. 1991. Firm resources and sustained competitive advantage [J]. Journal of Management, 17: 99-120.

Barradale M J. 2010. Impact of public policy uncertainty on renewable energy investment: wind power and the production tax credit [J]. Energy Policy, 38(12): 7698-7709.

Baumol W J. 2002. The Free-Market Innovation Machine: Analyzing the Growth Miracle of Capitalism [M]. Princeton : Princeton University Press: 284.

Becker G S. 1998. Accounting for Tastes [M]. Boston: Harvard University Press.

Becker G S, Landes E M, Michael R T. 1977. An economic analysis of marital instability [J]. Journal of Political Economy, 85(6): 1141-1187.

Berkel R V. 2007. Eco-innovation: opportunities for advancing waste prevention [J]. International Journal of Environmental Technology and Management, 7: 527-550.

Bernardin H J, Kane J S, Ross S, et al. 1995. Performance appraisal design, development, and implementation [A]//FerrisG R, Rosen S D, Barnum D T. Handbook of Human Resource Management [C]. Cambridge:Blackwell: 26.

Bernauer T, Engels S, Kammerer D, et al. 2006. Explaining green innovation [R]. CIS Working Paper.

Berrone P, Fosfuri A, Gelabert L, et al. 2013. Necessity as the mother of "green" inventions: institutional pressures and environmental innovations [J]. Strategic Management Journal, 34(8): 891-909.

Bester H, Guth W. 1998. Is altruism evolutionarily stable? [J]. Journal of Economic Behavior & Organization, 34(2): 193-209.

Blind K. 2012. The influence of regulations on innovation: a quantitative assessment for OECD countries [J]. Research Policy, 41(2): 391-400.

Boer A L D. 2001. The value of the herrmann brain dominance instrument (HBDI) in facilitating effective teaching and learning of criminology [J]. Acta Criminologica, 1: 119-129.

Bowen H R. 1953. Social Responsibilities of the Businessman [M]. New York: Harper and Borthers.

Bowles S. 1998. Endogenous preferences: the cultural consequences of markets and other economic institutions [J]. Journal of Economic Literature, 36 (1): 75-111.

Brouwer E , Kleinknecht A. 1996. Firm size, small business presence and sales of innovative products: a micro-econometric analysis[J]. Small Business Economics, 8 (3): 189-201.

Bruneau J F. 2004. A note on permits, standards, and technological innovation [J]. Journal of Environmental Economics & Management, 48 (3): 1192-1199.

Brunnermeier S B, Cohen M A. 2003. Determinants of environmental innovation in US manufacturing industries [J]. Journal of Environmental Economics and Management, 45: 278-293.

Calvin L, Krissoff B. 1998. Technical barriers to trade: a case study of phytosanitary barriers and the US-Japanese apple trade [J]. Journal of Agricultural and Resource Economics, 23 (2): 351-366.

Campbell J L. 2007. Why would corporations behave in socially responsible ways? An institutional theory of corporate social responsibility [J]. Academy of Management Review, 32 (3): 946-967.

Carrillo-Hermosilla J, Río P D, Könnölä T. 2010. Diversity of eco-innovations: reflections from selected case studies [J]. Journal of Cleaner Production, 18 (10/11): 1073-1083.

Carroll A B. 1979. A three-dimensional conceptual model of corporate performance [J]. Academy of Management Review, 4 (4): 497-505.

Charter M, Clark T. 2007.Sustainable innovation: key conclusions from sustainable innovation conferences 2003–2006 organised by the centre for sustainable design [R]. Ts Manufactures.

Chen Y S. 2008. The positive effect of green intellectual capital on competitive advantages of firms [J]. Journal of Business Ethics, 77 (3): 271-286.

Cheng C J, Yang C L, Sheu C. 2014. The link between eco-innovation and business performance: a Taiwanese industry context [J]. Journal of Cleaner Production, 64: 81-90.

Churchill G A. 1979. A paradigm for developing better measures of marketing constructs [J]. Journal of Marketing Research, 16 (1): 64-73.

Clark J M. 1916. The changing basis of economic responsibility [J]. The Journal of Political Economy, 24 (3): 210-229.

Clark M. 2005. Corporate environmental behavior research: informing environmental policy [J]. Structural Change and Economic Dynamics, 16 (3): 422-431.

Clarkson M B E. 1995. A stakeholder framework for analyzing and evaluating corporate social performance [J]. Academy of Management Review, 20 (1): 92-117.

Damasio A R. 1999. The neurobiology of emotion at systems level [J]. Biological Psychiatry, 45(8): 44.

Dangelico R M, Pontrandolfo P, Pujari D. 2013. Developing sustainable new products in textile and upholstered furniture industries: role of external integrative capabilities [J]. Journal of Product Innovation Management, 30 (4): 642-658.

Dasgupta P, Stiglitz J. 1980. Industrial structure and the nature of innovative activity [J]. The Economic Journal, 90 (358): 266-293.

Davis K. 1960. Can business afford to ignore social responsibility? [J]. California Management Review, 2 (3): 65-81.

Deniz M C D, Sudrez M K C. 2005. Corporate social responsibility and family business in Spain [J].

Journal of Business Ethics, 56(1): 27-41.

Dimaggio P J, Powell W W. 1983. The iron cage revisited: institutional isomorphism and collective rationality in organizational fields [J]. American Sociological Review, 48: 147-160.

Donaldson T, Preston L E. 1995. The stakeholder theory of the corporation: concepts, evidence and implications [J]. Academy of Management Review, 20(1): 65-91.

Doran J, Ryan G. 2012. Regulation and firm perception, eco-innovation and firm performance [J]. European Journal of Innovation Management, 15(4): 421-441.

Downing P B, White L J. 1986. Innovation in pollution control [J]. Journal of Environment Economics and Management, 13: 18-29.

Eiadat Y, Kelly A, Roche F, et al. 2008. Green and competitive? An empirical test of the mediating role of environmental innovation strategy [J]. Journal of World Business, 43(2): 131-145.

Engels S. 2008. Determinants of environmental innovation in the Swiss and German food and beverages industry: what role does environmental regulation play? [D]. Zurich: ETH Zurich.

Fershtman C, Weiss Y. 1998. Social rewards, externalities and stable preferences [J]. Journal of Public Economics, 70(1): 53-73.

Forruster J W. 1958. Industrial dynamics: a major breskthrough far decision makers [J]. Harvard Business Review, 36(4): 37-66.

Foster J. 1997. The analytical foundations of evolutionary economics: from biological analogy to economic self-organization [J]. Structural Change and Economic Dynamics, (8): 427-451.

Frederick W C. 1994. From CSRl to CSR2: the maturing of business-and-society thought [J]. Business and Society, 33(2): 150-164.

Friedman M. 1962. Capitalism and Freedom [M]. Chicago: University of Chicago Press: 133.

Frondel M, Horbach J, Rennings K. 2007. End-of-pipe or cleaner production? An empirical comparison of environmental innovation decisions across OECD countries [J]. Business Strategy and the Environment, 16(4): 571-584.

Fussler C, James P, 1996. Driving Eco-Innovation: A Breakthrough Discipline for Innovation and Sustainability[M]. London: Pitman Publishing.

Galaskiewicz J, Wasserman S. 1989. Mimetic processes within an interorganizational field: an empirical test [J]. Administrative Science Quarterly, 34 (3): 454-479.

Gintis H. 2003. Solving the puzzle of pro-sociality [J]. Rationality and Society, 15(2): 155-187.

Gintis H. 2004. The genetic side of gene-culture co-evolution: internalization of norms and prosocial emotions [J]. Journal of Economic Behavior and Organization, 53(1): 57-67.

Gladwin T N, Kennelly J J, Krause T S. 1995. Shifting paradigms for sustainable development: implications for management theory and research [J]. Academy of Management Review, 20(4): 874-907.

Goel R K, Ram R. 2001. Irreversibility of R&D investment and the adverse effect of uncertainty: evidence from the OECD countries [J]. Economics Letters, 71(2): 287-291.

Green K, McMeekin A, Irwin A. 1994. Technological trajectories and R&D for environmental innovation in UK firms [J]. Futures, 26(10): 1047-1059.

Hale E O. 1993. Successful public involvement [J]. Journal of Environmental Health, 55: 17-19.

Halila F, Rundquist J. 2011. The development and market success of eco-innovations: a comparative study of eco-innovations and "other" innovations in Sweden [J]. European Journal of Innovation Management, 14(3): 278-302.

Hall B H, Mairesse J, Mulkay B. 1998. Does cash flow cause investment and R&D: an exploration using panel data for French, Japanes and United States scientific firms[R]. IFS Working Paper.

Handelman J M, Arnold S J. 1999. The role of marketing actions with a social dimension: appeals to the institutional environment [J]. Journal of Marketing, 63(7): 33-48.

Hart S L. 1995. A natural-resource-based view of the firm [J]. Academy of Management Review, 20(4): 986-1014.

Hayek F A. 2003. Individualism and Economic Order [M]. Beijing: SDX Joint Publishing Company.

Henderson R, Cockburn L. 1994. Measuring competence? Exploring firm effects in pharmaceutical research [J]. Strategic Management Journal, 15(1): 63-84.

Henrich J. 2000. Does culture matter in economic behavior? Ultimatum game bargaining among the machiguenga of the Peruvian Amazon [J]. American Economic Review, 90(4): 973-979.

Horbach J. 2008. Determinants of environmental innovation: new evidence from German panel data sources [J]. Research Policy, 37: 163-173.

Horbach J, Rammer C, Rennings K. 2012. Determinants of eco-innovations by type of environmental impact: the role of regulatory push/pull, technology push and market pull [J]. Ecological Economics, 78: 112-122.

Jaffe A B, Palmer K. 1997. Environmental regulation and innovation: a panel data study [J]. The Review of Economics and Statistics, 79(4): 610-619.

Jang E K, Mi S P, Roh T, et al. 2015. Policy instruments for eco-innovation in Asian countries[J]. Sustainability, 7: 12586-12614.

Jennings P D, Zandbergen P A. 1995. Ecologically sustainable organizations: an institutional approach [J]. Academy of Management Review, 20(4): 1015-1052.

Johnstone N, Hascic I. 2008. Eco-innovation: environmental policy and technology transfer[R]. Paris: OECD ENV/EPOC/WPNEP 6.

Johnstone N, Hascic I, Kalamova M. 2010. Environmental policy design characteristics and technological innovation: evidence from patent data [D]. OECD Environment Working Papers.

Jung C, Krutilla K, Boyd R. 1996. Incentives for advanced pollution abatement technology at the industry level: an evaluation of policy alternatives [J]. Journal of Environmental Economics and Management, 30: 95-111.

Kagan R A, Thornton D, Gunningham N. 2003. Explaining corporate environmental performance: how does regulation matter? [J]. Law and Society Review, 37(1): 51-90.

Kahneman D. 2003. A perspective on judgment and choice: mapping bounded rationality [J]. Daniel American Psychologist, 58(9): 697-720.

Kahneman D, Tversky A. 1979. Prospect theory: an analysis of decision under risk [J]. Econometrica, 47(2): 263-291.

Kammerer D. 2009. The effects of customer benefit and regulation on environmental product innovation: empirical evidence from appliance manufacturers in Germany [J]. Ecological

Economics, 68: 2285-2295.

Kemp R. 1997. Environmental Policy and Technical Change: A Comparison of the Technological Impact of Policy Instruments[M]. Cheltenham: Edward Elgar Publishing.

Kemp R, Arundel A, Smith K. 2001. Survey indicators for environmental innovation[R]. Garmisch-Partenkirchen: International Conference "Towards Environmental Innovation Systems".

Kesidou E, Demirel P. 2012. On the drivers of eco-innovations: empirical evidence from the UK [J]. Research Policy, (41): 862-870.

Khanna M, Deltas G, Harrington D R. 2009. Adoption of pollution prevention techniques: the role of management systems and regulatory pressures[J]. Environment Research Economics, 44(1): 85-106.

Kim L S. 1998. Building technological capability for industrialization: analytical frameworks and Korea's experience [J]. Industrial and Corporate Change, 8(1): 111-136.

Klassen R D, McLaughlin C P. 1996. The impact of environmental management on firm performance [J]. Management Science, 42(8): 1199-1214.

Klewitz J, Hansen E G. 2014. Sustainability-oriented innovation of SMEs: a systematic review [J]. Journal of Cleaner Production, 65(2): 57-75.

Kneller R, Manderson E. 2012. Environmental regulations and innovation activity in UK manufacturing industries [J]. Resource and Energy Economics, 34: 211-235.

Kong N, Salzmann O, Steger U, et al. 2002. Moving business/industry towards sustainable consumption: the role of NGOs [J]. European Management Journal, 20(2): 109-127.

Leitner A, Wehrmeyer W, France C. 2010. The impact of regulation and policy on radical eco-innovation: the need for a new understanding [J]. Management Research Review, 33(11): 1022-1041.

Leonard-Barton D. 1992. Core capabilities and core rigidities: a paradox in managing new product development [J]. Strategic Management Journal, 13(1): 111-125 .

Liddle S, Kafafi S E. 2010. Drivers of sustainable innovation push, pull or policy [J]. World Journal of Enterpruership Management and Sustainable Development, 6(4): 293-305.

Malueg D A. 1989. Emission credit trading and the incentive to adopt new pollution abatement technology [J]. Journal of Environmental Economics & Management, 16(1): 52-57.

Markusson N. 2001. Drivers of environmental innovation [D]. Stockholm: The Swedish Agency for Innovation Systems.

Maruyama G. 1988. Basics of Structural Equation Modeling [M]. Los Angeles: Sage Publications Inc.

Maxwell W J, Lyon T, Hackett S. 2000. Self-regulation and social welfare: the political economy of corporate environmentalism [J]. Journal of Law and Economics, 43(2): 583-617.

Mazzanti M, Zoboli R. 2006. Examining the factors influencing environmental innovations [R]. FEEM Working Paper Series.

McFarland R G, Bloodgood J M, Payan J M. 2008. Supply chain contagion [J]. Journal of Marketing, 72(2): 63-79.

Milliman S R, Prince R. 1974. Firm incentives to promote technological change in pollution control [J]. Journal of Environmental Economics & Management, 17(3): 247-265.

Mirata M, Emtairah T. 2005. Industrial symbiosis networks and the contribution to environmental innovation: the case of the Landskrona industrial symbiosis programme[J]. Journal of Cleaner Production, 13: 993-1002.

Mohr R D. 2002. Technical change, external economies, and the porter hypothesis[J]. Journal of Environmental Economics and Management, 43(1): 158-168.

Montabona F, Sroufeb R, Narasimhan R. 2007. An examination of corporate reporting, environmental management practices and firm performance [J]. Journal of Operations Management, 25(5): 998-1014.

Montalvo C. 2008. General wisdom concerning the factors affecting the adoption of cleaner technologies: a survey 1990-2007 [J]. Journal of Cleaner Production, 16: 7-13.

Montero J P. 2002. Permits, standards, and technology innovation [J]. Journal of Environmental Economics & Management, 44(1): 23-44.

Murphy J, Gouldson A. 2000. Environmental policy and industrial innovation: integrating environment and economy through ecological modernization [J]. Geoforum, 31(1): 33-44.

Nelson R A, Tietenberg T, Donihue M R. 1993. Differential environmental regulation: effects on electric utility capital turnover and emissions [J]. Review of Economics and Statistics, 75(2): 368-373.

Nelson R R, Winter S G. 1982. An Evolutionary Theory of Economic Change [M]. Boston: Harvard University Press.

Nikiforakis N. 2008. Punishment and counter-punishment in public good games: can we really govern ourselves? [J]. Journal of Public Economies, 92(1/2): 91-112.

Nogareda J S, Ziegler A. 2006. Green management and green technology-exploring the causal relationship[R]. CIS Working Paper.

Nogareda S. 2007. Determinants of environmental innovation in German and Swiss chemical industry—with special consideration of environmental regulation [D]. Zurich: ETH Zurich.

OECD. 2009. Sustainable manufacturing and eco-innovation: framework, practices and measurement [R]. Synthesis Report.

Oliver C. 1997. Susrainable competitive advantage: combining institutional and resource-based views[J]. Strategic Management Journal, 19(9): 697-713.

Palmer K, Oates W, Portney P. 1995. Tightening environmental standards: the benefit-cost or the no-cost paradigm [J]. Journal of Economic Perspectives, 9(4): 119-132.

Parry I W H. 1996. The choice between emission taxes and tradable permits when technological innovation is endogenous resources for the future [R]. Discussion Paper: 96-131.

Pavitt K. 1984. Sectoral patterns of technical change: towards a taxonomy and a theory [J]. Research Policy, 13: 343-373.

Penrose E T. 1959. The Theory of the Growth of the Firm [M]. Oxford: Oxford University Press.

Popp D. 2003. Pollution control innovations and the clean air act of 1990 [J]. Journal of Policy Analysis and Management, 22(4): 641-650.

Popp D, Hafner T, Johnstone N. 2011. Environmental policy vs. public pressure: innovation and diffusion of alternative bleaching technologies in the pulp industry [J]. Research Policy, 40(9):

1253-1268.

Porter M E, van der Linde C. 1995a. Toward a new conception of the environment-competiveness relationship [J]. Journal of Economic Perspective, 9(4): 97-118.

Porter M E, van der Linde C. 1995b. Green and comparative: ending the stalemate [J]. Harvard Business Review, 73: 120-134.

Prahalad C K, Hamel G. 1990. The core competence of the organization [J]. Harvard Business Review, (5/6): 79-91.

Rabin M. 1993. Incorporating fairness into game theory and economics [J]. The American Economic Review, 83(5): 1281-1302.

Rehfeld K M, Rennings K, Ziegler A. 2006. Integrated product policy and environmental product innovations: an empirical analysis [R]. ZEW Discussion Paper.

Reidenbach R E, Robin D P. 1991. A conceptual model of corporate moral development [J]. Journal of Business Ethics, 10(4): 273-284.

Rennings K. 2000. Redefining innovation: eco-innovation research and the contribution from ecological economics [J]. Ecological Economics, 32(2): 319-332.

Rennings K, Ziegler A, Ankele K, et al. 2006. The influence of different characteristics of the EU environmental management and auditing scheme on technical environmental innovations and economic performance [J]. Journal of Ecological Economic, 57(1): 45-59.

Requate T, Unold W. 2003. Environmental policy incentives to adopt advanced abatement technology: will the true ranking please stand up? [J]. European Economic Review, 47: 125-146.

Roberts D H. 1995. The Role of universities in industrial innovation and technology transfer [J]. Industry & Higher Education, 9(3): 56-149.

Robson A J. 2001. The biological basis of economic behavior [J]. Journal of Economic Literature, 39(1): 11-33.

Robson A J. 2002. Evolution and human nature [J]. The Journal of Economic Perspectives, 16(2): 89-106.

Rogers A R. 1994. Evolution of time preference by natural selection [J]. American Economic Review, 84(3): 460-481.

Russo M V, Harrison N S. 2005. Organizational design and environmental performance: clues from the electronics industry [J]. Academy of Management Journal, 48(4): 582-593.

Saaty T L. 1980. The Analytic Hierarchy Process: Planning, Priority Setting, Resource Allocation[M]. New York: McGraw Hill.

Samuelson P. 1954. The pure theory of public expenditure [J]. Review of Economics and Statistics, 36(4): 387-389.

Sarkis J, Gonzalez-Torre P, Adenso-Diaz B. 2010. Stakeholder pressure and the adoption of environmental practices: the mediating effect of training [J]. Journal of Operations of Management, 28(2): 163-176.

Schmookler J. 1966. Invention and Economic Growth[M]. Boston: Harward University Press.

Schmutzler A. 2001. Environmental regulations and managerial myopia [J]. Environmental and Resource Economics, 18: 87-100.

Scott W R, Meyer J W. 1994. Institutional Environments and Organizations: Structural Complexity and Individualism [M]. Thousand-Oaks: Sage.

Sheldon O. 1965. The Philosophy of Management [M]. London: Sir Isaac Pitman and Sons Ltd: 70-99.

Shrivastava P, Huff A, Dutton J. 1994. Advances in Strategic Management [M]. Greenwich: JAI Press.

Simon H A. 1957. Theories of decision-making in business organizations [J]. American Economic Review, 49: 253-283.

Starik M, Rands G P. 1995. Weaving an integrated web: multilevel and multisystem perspectives of ecologically sustainable organizations [J]. The Academy of Management Review, 20(4): 908-935.

Stigler G L. 1950. The development of utility theory [J]. The Journal of Political Economy, 58(4): 307-327.

Stigler G J, Becker G S. 1977. De gustibus non est disputandum[J]. The American Economic Review, 67(2): 76-79.

Thornton D, Kagan R A, Gunningham N. 2003. Sources of corporate environmental performance [J]. California Management Review, 1: 127-141.

Triebswetter U, Wackerbauer J. 2008. Integrated environmental product innovation in the region of Munich and its impact on company competitiveness[J]. Journal of Cleaner Production, 16: 1484-1493.

Triguero A, Moreno-Mondéjar L, Davia M A. 2013. Drivers of different types of eco-innovation in European SMEs [J]. Ecological Economics, 92: 25-33.

Utterback J M. 1974. Innovation in industry and the diffusion of technology [J]. Science, 183: 620-626.

Wagner M. 2008. Empirical influence of environmental management innovation: evidence from Europe [J]. Ecological Economics, 66: 392-402.

Watson K. 2004. Impact of environmental management system implementation on financial performance: a comparison of two corporate strategies [J]. Management of Environmental Quality: An International Journal, 15(6): 622-628.

WCED. 1987. Our Common Future [M]. New York: Oxford University Press.

Webster J. 1999. Resisting traditions: ceramics, identity, and consumer choice in the outer hebrides from 1800 to the present [J]. International Journal of Historical Archaeology, 3(1): 53-73.

Weitzman M L. 1974. Prices vs. quantities [J]. Review of Economic Studies, 41(4): 477-491.

Wernerfelt B. 1984. A resource-based view of the firm [J]. Strategic Management Journal, 5(2): 171-180.

Wood D J. 1991. Corporate social performance revisited [J]. Academy of Management Review, 16(4): 691-718.

Wortzel R. 1979. Multivariate Analysis [M]. New Jersey: Prentice Hall Press: 141.

Yousef E, Aidan K, Frank R, et al. 2008. Green and competitive? An empirical test of the mediatin role of environmental innovation strategy [J]. Journal of World Business, 43: 131-145.

Zhu Q H, Sarkis J. 2004. Relationships between operational practices and performance among early adopters of green supply chain management practices in Chinese manufacturing enterprises [J]. Journal of Operations Management, 22 (3): 265-289.

Zhu Q H, Sarkis J. 2007. The moderating effects of institutional pressures on emergent green supply chain practices and performance [J]. International Journal of Production Research, 45 (18/19): 4333-4355.

Ziegler A, Rennings K. 2004. Determinants of environmental innovation in Germany: do organizational measures matter? A discrete choice analysis at firm level [R]. No Further Information.

附　　录

附录 1　企业生态创新调研提纲

尊敬的女士/先生，您好！

本调研的目的在于了解目前中国企业实施生态创新的内外部驱动因素，为政府制定引导企业主动实施生态创新的规制提供决策参考。本调研纯属做科学研究之用，不存在任何商业目的，我们将恪守科学研究道德规范，不以任何形式向任何人泄露有关贵企业的商业信息，敬请放心。

感谢贵企业的无私帮助！

附：生态创新，也称为绿色创新或环境创新，是指采用或开发新的或改进的产品、工艺、服务、组织管理或营销方式等，从而减少对环境的不利影响或提高资源效率。

福州大学经济与管理学院

访谈问题

1. 贵企业近三年有哪些生态创新行为(即节能减排的技术改造项目)？

2. 这些生态创新行为(即节能减排的技术改造项目)带来哪些经济绩效和环境绩效？

3. 贵企业在节能减排方面有哪些技术积累或者技术优势？

4. 请详细介绍贵企业的企业内部环境管理体系(如 ISO14000 环境管理体系)及其效果。

5. 政府出台了哪些环境规制政策(包括排放标准、排污税费、环保法规、清洁生产管理条例等)促进这些生态创新行为(即节能减排的技术改造项目)的产生？政府出台了哪些支持性政策(如补贴)促进这些生态创新行为(即节能减排的技术改造项目)的产生？

6. 公众舆论监督是否激励了这些生态创新行为(即节能减排的技术改造项目)的产生？如果是，请列举一个例子。

7. 外部竞争压力是否迫使贵企业开展生态创新行为(即节能减排的技术改造项目)？

8. 贵企业这些生态创新行为(即节能减排的技术改造项目)是为了满足消费者的哪些绿色需求？

附录2　企业生态创新调查问卷

尊敬的女士/先生，您好！

　　本调查的目的在于了解目前中国企业实施生态创新的内外部驱动因素，为政府制定引导企业主动实施生态创新的规制提供决策参考。本问卷数据纯属做科学研究之用，不存在任何商业目的，我们将恪守科学研究道德规范，不以任何形式向任何人泄露有关贵企业的商业信息，敬请放心。

　　感谢贵企业的无私帮助！

　　附：生态创新，也称为绿色创新或环境创新，是指采用或开发新的或改进的产品、工艺、服务、组织管理或营销方式等，从而减少对环境的不利影响或提高资源效率。生态创新可以有意为之，也可以是其他创新活动的副产物。

福州大学经济与管理学院

企业的基本信息：

　　(1)您所在的企业的名称：_____
　　(2)您所在的企业所在地(地区)：_____省(自治区、直辖市)_____市
　　(3)您所在的企业从事的主要行业：
　　①能源(　)；②化工(医药)(　)；③电力(　)；④钢铁(　)；⑤机械(　)；
　　⑥交通(　)；⑦建筑材料(　)；⑧纺织(　)；⑨电子(　)；⑩其他(　)
　　(4)您所在的企业性质：
　　①国有企业(　)；②集体所有制企业(　)；③合资企业(　)；④三资企业(　)；
⑤其他(　)
　　(5)您所在的企业成立年限：
　　①1～8年(　)；②8年及以上(　)
　　(6)您所在的企业的资产总额：
　　①4000万元以下(　)；②4000万～1亿元(　)；③1亿～4亿元(　)；④4亿元及以上(　)
　　(7)公司全职员工人数：
　　①300人以下(　)；②300～1000人；③1000～2000人(　)；④2000人及以上(　)

(8) 公司新产品产值率：

①5%以下（　）；②5%～10%（　）；③10%～20%（　）；④20%～50%（　）；⑤50%及以上

(9) 您所在的部门：_____

(10) 您的 email：_____

企业分层偏好测度：

请您在以下各题四个选项中，进行两两比较									
比较双方分别在左右两边，请您根据心中排序，在相应的分值上打"√"。 7——左边极其重要； 5——左边非常重要； 3——左边较重要 注：由于"强烈极其重要"的 9 分项目根据实情并不存在，故只列出 1～7 分		左边极其重要	左边非常重要	左边较重要	两边一样重要	右边较重要	右边非常重要	右边极其重要	1——两边一样重要； 1/3——右边较重要； 1/5——右边非常重要； 1/7——右边极其重要
CSR01： 您认为贵企业的企业行为准则在右列两个因素中哪个更重要	A 经济效益最大化	7	5	3	1	1/3	1/5	1/7	B 遵守政府要求和法律规范
	A 经济效益最大化	7	5	3	1	1/3	1/5	1/7	C 参与社会慈善事业
	A 经济效益最大化	7	5	3	1	1/3	1/5	1/7	D 遵守社会标准和伦理规范
	B 遵守政府要求和法律规范	7	5	3	1	1/3	1/5	1/7	C 参与社会慈善事业
	B 遵守政府要求和法律规范	7	5	3	1	1/3	1/5	1/7	D 遵守社会标准和伦理规范
	C 参与社会慈善事业	7	5	3	1	1/3	1/5	1/7	D 遵守社会标准和伦理规范
CSR02： 当贵企业有机会改进或增强组织右列两个方面时，您觉得应优先哪个	A 在社会中的道德和伦理形象	7	5	3	1	1/3	1/5	1/7	B 遵从地方、国家法律条例的记录
	A 在社会中的道德和伦理形象	7	5	3	1	1/3	1/5	1/7	C 保持金融财务健康
	A 在社会中的道德和伦理形象	7	5	3	1	1/3	1/5	1/7	D 解决社会问题的能力
	B 遵从地方、国家法律条例的记录	7	5	3	1	1/3	1/5	1/7	C 保持金融财务健康
	B 遵从地方、国家法律条例的记录	7	5	3	1	1/3	1/5	1/7	D 解决社会问题的能力
	C 保持金融财务健康	7	5	3	1	1/3	1/5	1/7	D 解决社会问题的能力

请您在以下各题四个选项中，进行两两比较

比较双方分别在左右两边，请您根据心中排序，在相应的分值上打"√"。 7——左边极其重要； 5——左边非常重要； 3——左边较重要 注：由于"强烈极其重要"的9分项目根据实情并不存在，故只列出1～7分		左边极其重要	左边非常重要	左边较重要	两边一样重要	右边较重要	右边非常重要	右边极其重要	1——两边一样重要； 1/3——右边较重要； 1/5——右边非常重要； 1/7——右边极其重要
CSR03： 您认为右列两个因素中，哪一个是更好的企业行为	A 做法律允许的事情	7	5	3	1	1/3	1/5	1/7	B 自愿参与社会慈善事业
	A 做法律允许的事情	7	5	3	1	1/3	1/5	1/7	C 做符合道德伦理期望的事情
	A 做法律允许的事情	7	5	3	1	1/3	1/5	1/7	D 获得更大的经济效益
	B 自愿参与社会慈善事业	7	5	3	1	1/3	1/5	1/7	C 做符合道德伦理期望的事情
	B 自愿参与社会慈善事业	7	5	3	1	1/3	1/5	1/7	D 获得更大的经济效益
	C 做符合道德伦理期望的事情	7	5	3	1	1/3	1/5	1/7	D 获得更大的经济效益
CSR04： 您认为右列两个因素，哪个是企业更加重要的近期目标	A 支持教育事业	7	5	3	1	1/3	1/5	1/7	B 保证企业高效率运营
	A 支持教育事业	7	5	3	1	1/3	1/5	1/7	C 成为一个遵纪守法的企业
	A 支持教育事业	7	5	3	1	1/3	1/5	1/7	D 认可并尊重新的伦理/道德规范
	B 保证企业高效率运营	7	5	3	1	1/3	1/5	1/7	C 成为一个遵纪守法的企业
	B 保证企业高效率运营	7	5	3	1	1/3	1/5	1/7	D 认可并尊重新的伦理/道德规范
	C 成为一个遵纪守法的企业	7	5	3	1	1/3	1/5	1/7	D 认可并尊重新的伦理/道德规范
CSR05： 您觉得右列两个因素，哪个更可能成为企业努力的方向	A 尽可能健全企业财务	7	5	3	1	1/3	1/5	1/7	B 积极参与慈善事业
	A 尽可能健全企业财务	7	5	3	1	1/3	1/5	1/7	C 遵守法律规范
	A 尽可能健全企业财务	7	5	3	1	1/3	1/5	1/7	D 符合道德和伦理要求
	B 积极参与慈善事业	7	5	3	1	1/3	1/5	1/7	C 遵守法律规范
	B 积极参与慈善事业	7	5	3	1	1/3	1/5	1/7	D 符合道德和伦理要求
	C 遵守法律规范	7	5	3	1	1/3	1/5	1/7	D 符合道德和伦理要求

请您在以下各题四个选项中，进行两两比较

比较双方分别在左右两边，请您根据心中排序，在相应的分值上打"√"。 7——左边极其重要； 5——左边非常重要； 3——左边较重要 注：由于"强烈极其重要"的 9 分项目根据实情并不存在，故只列出 1～7 分		左边极其重要	左边非常重要	左边较重要	两边一样重要	右边较重要	右边非常重要	右边极其重要	1——两边一样重要； 1/3——右边较重要； 1/5——右边非常重要； 1/7——右边极其重要
CSR06： 您觉得右列两个因素，哪个是企业更为重要的行为准则	A 通过企业的努力，提升社会的生活质量	7	5	3	1	1/3	1/5	1/7	B 提供的商品和服务，满足法律最起码的要求
	A 通过企业的努力，提升社会的生活质量	7	5	3	1	1/3	1/5	1/7	C 不会为了达到目的，而违反社会规范和伦理道德
	A 通过企业的努力，提升社会的生活质量	7	5	3	1	1/3	1/5	1/7	D 追求能够增加利润的任何机会
	B 提供的商品和服务，满足法律最起码的要求	7	5	3	1	1/3	1/5	1/7	C 不会为了达到目的，而违反社会规范和伦理道德
	B 提供的商品和服务，满足法律最起码的要求	7	5	3	1	1/3	1/5	1/7	D 追求能够增加利润的任何机会
	C 不会为了达到目的，而违反社会规范和伦理道德	7	5	3	1	1/3	1/5	1/7	D 追求能够增加利润的任何机会
CSR07： 您觉得右列两个因素，哪个是企业更为重要的经营原则	A 好的结果并不总是能证明手段也是正当的	7	5	3	1	1/3	1/5	1/7	B 遵守各种法律规章制度
	A 好的结果并不总是能证明手段也是正当的	7	5	3	1	1/3	1/5	1/7	C 坚持做好的事情
	A 好的结果并不总是能证明手段也是正当的	7	5	3	1	1/3	1/5	1/7	D 坚持企业竞争优势
	B 遵守各种法律规章制度	7	5	3	1	1/3	1/5	1/7	C 坚持做好的事情
	B 遵守各种法律规章制度	7	5	3	1	1/3	1/5	1/7	D 坚持企业竞争优势
	C 坚持做好的事情	7	5	3	1	1/3	1/5	1/7	D 坚持企业竞争优势
CSR08： 您觉得在企业运营过程中，右列两个因素，哪个更需得到注意	A 除了遵守法律规范，还要提倡诚信和符合道德伦理的规范行为	7	5	3	1	1/3	1/5	1/7	B 迅速遵从新的法律和法院裁决
	A 除了遵守法律规范，还要提倡诚信和符合道德伦理的规范行为	7	5	3	1	1/3	1/5	1/7	C 保持高水平的运营效率

请您在以下各题四个选项中，进行两两比较

比较双方分别在左右两边，请您根据心中排序，在相应的分值上打"√"。 7——左边极其重要； 5——左边非常重要； 3——左边较重要 注：由于"强烈极其重要"的9分项目根据实情并不存在，故只列出1~7分		左边极其重要	左边非常重要	左边较重要	两边一样重要	右边较重要	右边非常重要	右边极其重要	1——两边一样重要； 1/3——右边较重要； 1/5——右边非常重要； 1/7——右边极其重要
CSR08: 您觉得在企业运营过程中，右列两个因素，哪个更需得到注意	A 除了遵守法律规范，还要提倡诚信和符合道德伦理的规范行为	7	5	3	1	1/3	1/5	1/7	D 自愿持续参与慈善事业
	B 迅速遵从新的法律和法院裁决	7	5	3	1	1/3	1/5	1/7	C 保持高水平的运营效率
	B 迅速遵从新的法律和法院裁决	7	5	3	1	1/3	1/5	1/7	D 自愿持续参与慈善事业
	C 保持高水平的运营效率	7	5	3	1	1/3	1/5	1/7	D 自愿持续参与慈善事业
CSR09: 您觉得右列两种衡量企业绩效的标准，哪一个更重要	A 慈善行为	7	5	3	1	1/3	1/5	1/7	B 利润率
	A 慈善行为	7	5	3	1	1/3	1/5	1/7	C 遵守法律
	A 慈善行为	7	5	3	1	1/3	1/5	1/7	D 遵从社会规范、风俗和不成文的规范
	B 利润率	7	5	3	1	1/3	1/5	1/7	C 遵守法律
	B 利润率	7	5	3	1	1/3	1/5	1/7	D 遵从社会规范、风俗和不成文的规范
	C 遵守法律	7	5	3	1	1/3	1/5	1/7	D 遵从社会规范、风俗和不成文的规范
CSR10: 您觉得右列两种行为，哪一个是更重要的行为准则	A 寻找能够提供最高回报率的机会	7	5	3	1	1/3	1/5	1/7	B 鼓励组织成员自愿参与慈善事业
	A 寻找能够提供最高回报率的机会	7	5	3	1	1/3	1/5	1/7	C 完全和诚实地遵守颁布的法律、规范和法院裁决
	A 寻找能够提供最高回报率的机会	7	5	3	1	1/3	1/5	1/7	D 认可社会不成文的法律规范与成文的法律规范一样重要
	B 鼓励组织成员自愿参与慈善事业	7	5	3	1	1/3	1/5	1/7	C 完全和诚实地遵守颁布的法律、规范和法院裁决

请您在以下各题四个选项中，进行两两比较									
比较双方分别在左右两边，请您根据心中排序，在相应的分值上打"√"。 7——左边极其重要； 5——左边非常重要； 3——左边较重要 注：由于"强烈极其重要"的9分项目根据实情并不存在，故只列出1～7分		左边极其重要	左边非常重要	左边较重要	两边一样重要	右边较重要	右边非常重要	右边极其重要	1——两边一样重要； 1/3——右边较重要； 1/5——右边非常重要； 1/7——右边极其重要
CSR10：您觉得右列两种行为，哪一个是更重要的行为准则	B 鼓励组织成员自愿参与慈善事业	7	5	3	1	1/3	1/5	1/7	D 认可社会不成文的法律规范与成文的法律规范一样重要
	C 完全和诚实地遵守颁布的法律、规范和法院裁决	7	5	3	1	1/3	1/5	1/7	D 认可社会不成文的法律规范与成文的法律规范一样重要
CSR11：您觉得右列描述的企业获取最大化财务绩效的手段和方式，哪一个更为重要	A 利用各种在实践中被认可的竞争手段	7	5	3	1	1/3	1/5	1/7	B 仅仅确保适度遵守社会强加的法律限制
	A 利用各种在实践中被认可的竞争手段	7	5	3	1	1/3	1/5	1/7	C 遵守正式法律限制和社会伦理规范
	A 利用各种在实践中被认可的竞争手段	7	5	3	1	1/3	1/5	1/7	D 认可社会各种法律、伦理和慈善规范
	B 仅仅确保适度遵守社会强加的法律限制	7	5	3	1	1/3	1/5	1/7	C 遵守正式法律限制和社会伦理规范
	B 仅仅确保适度遵守社会强加的法律限制	7	5	3	1	1/3	1/5	1/7	D 认可社会各种法律、伦理和慈善规范
	C 遵守正式法律限制和社会伦理规范	7	5	3	1	1/3	1/5	1/7	D 认可社会各种法律、伦理和慈善规范

以下题目是对企业实施生态创新驱动因素的描述，请在您认为合适的相应分值上打"√"。

一、企业实施生态创新的内部驱动

题项 1：企业生态技术优势对实施生态创新的促进作用。

很不同意→非常同意

1. 贵企业生态生产技术的获得较为方便、应用成本能够接受	1	2	3	4	5
2. 贵企业很容易获得生态创新咨询服务(生态创新策划、评估、培训等)	1	2	3	4	5
3. 贵企业有着成功的生态(绿色)创新案例	1	2	3	4	5

很不同意→非常同意

4. 贵企业拥有开展绿色产品设计的必要资源(人、财、物)	1	2	3	4	5
5. 贵企业研发团队的能力很强	1	2	3	4	5

题项 2：企业内部环境管理体系对实施生态创新的促进作用。

很不同意→非常同意

6. 贵企业参加 ISO14000 环境管理体系认证活动	1	2	3	4	5
7. 贵企业把内部审核(环境、节能或生态创新)视为企业管理的常态	1	2	3	4	5
8. 贵企业能够对开展节能减排有突出贡献的部门和个人实施物质与精神奖励	1	2	3	4	5
9. 贵企业有成文的生态技术创新与应用计划	1	2	3	4	5
10. 贵企业有成文的生态管理章程、规则等系统来指导生态管理工作	1	2	3	4	5

二、企业实施生态创新的外部驱动

题项 3：政府环境规制对实施生态创新的促进作用。

很不同意→非常同意

11. 政府约束性政策(技术标准、排放标准)强化了企业生态创新	1	2	3	4	5
12. 政府对违规企业的严厉惩罚措施激励企业开展生态创新	1	2	3	4	5
13. 政府的执法程度(执法部门到企业的监管次数增加)促进生态创新	1	2	3	4	5
14. 政府信息性政策(环境公报、清单公示、排污公示)促进了企业生态创新	1	2	3	4	5
15. 政府相关部门会根据企业实施生态创新的水平给予相应的补贴或优惠	1	2	3	4	5
16. 如果存在官方的生态创新指导机构，将极大地提高生态创新水平	1	2	3	4	5
17. 政府出资让企业家赴日本、北欧的生态创新观摩活动非常有效	1	2	3	4	5
18. 政府建设生态技术信息网络平台对生态创新起着有力的推动作用	1	2	3	4	5

题项 4：市场压力对实施生态创新的促进作用。

很不同意→非常同意

19. 企业所在的产业链系统中，更多的商业合作伙伴开展了生态创新活动，"绿色供应"的需求越来越突出	1	2	3	4	5
20. 消费者越来越看重产品是否标注"十环"标志、ISC140C1 环境管理体系等认证，促使企业开展生态创新	1	2	3	4	5

续表

很不同意→非常同意

21. 企业对外出口，尤其是出口到欧盟的产品，其面临"绿色壁垒"的压力呈增强趋势	1	2	3	4	5
22. 竞争对手在新材料、新技术、新装备的突破，促使本企业开展生态创新活动	1	2	3	4	5

题项 5：公众压力对实施生态创新的促进作用。

很不同意→非常同意

23. 随着环保、权益观念的增强，企业周边的社区居民越来越关注"三废"排放对自身生活质量的影响	1	2	3	4	5
24. 由于媒体的关注，企业开展生态创新的努力直接关系到企业的公众形象	1	2	3	4	5
25. 社会公众获取环境信息的渠道增多	1	2	3	4	5
26. 金融机构更愿意为实施生态创新的企业提供融资服务	1	2	3	4	5
27. 商业保险机构更愿意为实施生态创新的企业提供风险保险	1	2	3	4	5

三、企业实施生态创新行为的状况

2011～2013 年，贵企业是否开展过如下活动？

作用对象	活动	若是，请打"√"
末端处理	是否上马了水处理工程或者设施，如生物、物理、化学废水处理等	
	是否上马了大气污染治理工程或者设施，如除尘、脱硫、脱硝等	
	是否上马了固体废物或危险废物治理工程或设施，如建设焚烧炉、填埋储存场等	
	是否对厂内污染场地进行生态修复	
	是否购买环境监测仪器设备展开自身环境监测	
清洁生产	是否开展清洁生产的审核工作	
	是否进行生态创新工艺投资	
	是否对能源系统进行了改造或替换了能源，如从燃油改为燃气	
	是否对毒性较强的原辅材料进行替换或弃用	
	对于主要废物，是否进行了企业内部的循环再利用	
产品或服务创新	是否对产品开展环境绩效方面的评价	
	是否定期对企业内部生态投资项目或者管理项目进行审查	
	是否有专门用于生产技术研发的费用	
	是否进行过环保产品、节能产品、节水产品方面的认证	
	产品开发时是否对环保性能进行专门的设计考虑	

四、企业生态创新绩效水平

通过实施生态创新，贵企业实现了以下效益。

很不同意→非常同意

1. 降低了废气、废水、废物的排放量	1	2	3	4	5
2. 减少了综合能源的消耗	1	2	3	4	5
3. 提高了企业环保形象	1	2	3	4	5
4. 增加了环境专利申请数	1	2	3	4	5
5. 降低了废物处理费用开支	1	2	3	4	5
6. 提高了税后收益率	1	2	3	4	5
7. 通过销售废料和废旧物资、设备获得盈利	1	2	3	4	5

再次感谢您的支持，祝您身体健康，生活幸福！

附录 3 企业偏好测算程序

计算 VBA 编程程序：

```
Function ystj(col As Range, countrange As Range)
 Dim i As Range
 Application.Volatile
 For Each i In countrange
     If i.Interior.ColorIndex = col.Interior.ColorIndex
Then
          ystj = ystj + i
          'MsgBox i
     End If
 Next
 End Function


 Function mycolor(mycell As Range)
     Dim i As Range
     Application.Volatile
     mycolor = mycell.Interior.ColorIndex
 End Function
```

后　记

　　本书是我近年来学术研究成果的集成。在付梓之际，谨向我的博士生导师周小亮教授致以诚挚的谢意。周小亮老师始终认为，科研学术工作应承担服务和引领现实社会、提升民生福利的使命，他的研究重点集中在技术、偏好、民生、制度等领域。在周小亮老师的指点和启发下，我最终将分层偏好理论融入企业生态创新驱动机制，并以此作为自己的研究方向。攻读博士学位期间，周小亮老师培养了我的学术情怀，让我逐渐觉得做学术研究是一件快乐的事情。

　　2015 年，我有幸承担了国家自然科学基金青年项目"企业生态创新驱动机理、量化及调控对策研究"（项目编号：71503049)，在研究的过程中，先后参加了中欧碳交易能力建设项目系列培训研讨会、中国管理科学年会、中国科技政策与管理学术年会等，到广东省、浙江省、湖北省、江苏省、四川省和福建省各地开展了实际调研工作，掌握了大量翔实的案例、资料和数据等基础性素材。

　　本书得以出版，也凝聚着众人的心血，包含着多方的支持。感谢我的硕士生导师陈明森教授对我无微不至的关怀和享谆教诲。衷心地感谢黄志刚教授、陈国宏教授和唐振鹏教授，作为领导和良师，他们不仅在学术、工作上给予我极大帮助，更是在我人生迷茫时给予许多睿智的指点和鼓励。在本书的撰写过程中，多位学识渊博的专家提出了很多中肯和宝贵的意见，为本书的顺利完成提供了不可多得的学术见解。在此，向黄和亮教授、刘义圣教授、李登峰教授、郗永勤教授、孙秋碧教授、叶阿忠教授、张岐山教授致以深深的谢意！

　　感谢福州大学社会科学研究管理处和福州大学经济与管理学院领导及同事为我的研究创造的良好条件，以及长期以来对我的关爱和支持！感谢林威、田丽君、王志玮、曹红军、李广培、许娇、李红、郭炬、陈泓、卢雨婷、吴武林、李巍等众多好友和同学给予我的鼓励和各种形式的帮助，这为我的工作与生活增添了不可或缺的温馨和友谊！感谢我的研究生李青青承担了大量的文字校对工作。

　　本书部分内容曾先后在 *Journal of Cleaner Production*、*Sustainability*、《经济学家》和《财经论丛》等期刊上发表，感谢相关刊物评审专家和编辑对我的认可与帮助。

　　当然，最想说的是，感谢我的先生卫朝辉和爱子梓玄，家的温暖使我能够一次次坦然面对学习和工作中的困难而不轻言放弃。感谢我的父母对我的养育和牵挂。感谢公公、婆婆给了我无私的帮助。

　　最后，向所有关心、帮助过我的人致以最诚挚的感谢！

蔡乌赶

2017 年 3 月 18 日